版权声明

Media and Crime, 1st Edition, 2004
English language edition published by Sage Publications of London,
Thousand Oaks and New Delhi,© Yvonne Jewkes, 2004

【英】伊冯·朱克斯（Yvonne Jewkes） 著
赵星 译

Media & Crime

传媒与犯罪

北京大学出版社
PEKING UNIVERSITY PRESS

北京市版权局登记号图字:01-2005-1752号

图书在版编目(CIP)数据

传媒与犯罪/(英)朱克斯(Jewkes, J.)著;赵星译.—北京:北京大学出版社,2006.4

ISBN 978-7-301-10603-7

Ⅰ.传… Ⅱ.①朱… ②赵… Ⅲ.传播媒介-作用-犯罪-研究 Ⅳ.①D917 ②G206.2

中国版本图书馆 CIP 数据核字(2006)第 026942 号

书　　　　名：传媒与犯罪
著作责任者：〔英〕伊冯·朱克斯　著　赵　星　译
责 任 编 辑：王　宁　王　晶
标 准 书 号：ISBN 978-7-301-10603-7/C·0404
出 版 发 行：北京大学出版社
地　　　　址：北京市海淀区成府路 205 号　100871
网　　　　址：http://www.pup.cn
电　　　　话：邮购部 62752015　发行部 62750672　编辑部 62752027
出版部 62754962
电 子 邮 箱：law@pup.pku.edu.cn
印　刷　者：三河市新世纪印务有限公司
经　销　者：新华书店
650mm×980mm　16 开本　19.5 印张　262 千字
2006 年 4 月第 1 版　2008 年 8 月第 2 次印刷
定　　　　价：33.00 元

未经许可,不得以任何方式复制或抄袭本书之部分或全部内容。
版权所有,侵权必究
举报电话:010-62752024　电子邮箱:fd@pup.pku.edu.cn

给我的兄弟，Michael 和 Martin，

并给我的姐姐，Sarah

目　录

序一	1
序二	5
前言	9
致谢	13
第一章　理论化的传媒和犯罪	1
第二章　犯罪新闻的结构	42
第三章　传媒和道德恐慌	76
第四章　传媒对儿童的塑造:"邪恶怪物"和"悲惨的被害人"	105
第五章　传媒的女人厌恶:妖魔化的妇女	129
第六章　犯罪观察	168
第七章　犯罪和监管文化	207
贬损、感情用事和神圣化:总结性的思考	240
参考文献	247
术语表	262
索引	275
译后记	291

序 一

认识赵星先生是在北京大学,他豪爽的性格和流利的英语给我留下了深刻印象。在接下来的交往中,我们发现双方有不少的共同点:赵星热爱文学,我也喜欢;赵星是工作12年以后再读的北大博士,我也是工作多年后读的博;赵星正在翻译一本关于《传媒与犯罪》的书,我则刚刚完成一本关于中国传媒产业的书……

由于职业的关系,我一直关注赵星译著的进展。当他捧着厚厚的译稿要我为他做序的时候,我由衷地为他高兴。在仔细阅读了书稿之后,感到这本由英国著名的传媒与犯罪问题研究学者伊冯·朱克斯的专著无论是对我国法学界和传媒界都非常有参考价值。

在当今社会,传媒已经成为人们认识事物不可或缺的一座桥梁;在当今社会,关于犯罪问题的报道,已成为大众媒介重要的内容组成部分。因此,从某种意义上说,传媒对其所传播的关于犯罪信息的塑造决定着人们对于犯罪的理解和认识——而且这种影响远比一般人想象的广泛深远得多。朱克斯教授这本"令人印象深刻"的著作分为7个章节。

第一章主要以犯罪学、社会学、传媒研究和文化研究等不同角度对现代影响犯罪学和传媒学研究领域的理论进程进行一个概括性的浏览。

第二章创造性地对作为犯罪新闻所必须符合的12个具体标准进行了研究。在作者看来,在现实生活中,哪些事件会被作为新闻加以报道,哪些被置之不理,绝不是一个随意的个人的过程,编辑和记者们会按照一系列的专业标准以确定一个事件的"新闻价值"而选择、制作和提供该新闻产品。

第三章重点讨论了道德恐慌概念以及道德恐慌的5个限定性特征：将平常报道成异常、当局在放大恐慌中的角色、道德规范的概念、社会变化相关的风险概念以及对年轻人的突出影响。

第四章揭示了西方传媒在何种程度上将儿童和青年人塑造为公众的恶魔同时又是恶魔的牺牲品，从而助长了他们作为加害人或被害时的歇斯底里。

第五章从心理社会学的角度出发提出主张，认为传媒强化了那些不能成功地适应作为根深蒂固的文化信仰的理想妇女标准的女性厌婚主义者形象。对这些妇女而言，把她们作为"异端性"的报道使她们成为敌意和责备的标靶。

在第六章中，作者探讨了被害人、罪犯和警察在英国电视上被构建成何种角色的一些规律。

第七章则通过考察监管技术在什么程度上作为一种法规和社会控制的压迫方式被加以利用来继续论证被妖魔化的"他性"这个主题。

本书提出了许多非常有价值的鲜明观点，对许多我们平时耳濡目染的传媒现象进行了拷问。例如，充斥着警察、犯罪、监狱犯人、法庭的侦探片为何能统治了全球、垄断了世界？为什么我们这些观众如此着迷于犯罪和道德的偏离？如果传媒关于犯罪问题的传播可以如此成功地吸引公众的注意力，它们能否成功地影响公众的行为和观念或增加公众对犯罪的恐慌？传媒对犯罪的兴趣是否有害？大众传媒和犯罪之间的关系到底如何……

由于我曾经做过《东方时空》、《焦点访谈》的制片人，管理过CCTV第二套节目，参与过大量犯罪案件的报道，如何处理好这类报道的"度"，如何既揭露了犯罪的恶行，又不会对社会、对受众——特别是妇女、儿童、老人产生负面的影响，是我和同仁们一直在不断总结、探索的课题。

毋庸置疑，中国的传媒一方面代表党和政府，一方面代表祖国和人民，其立场绝对不会等同于一些西方媒介更多地以营利为目的，为了最大限度地吸引受众，大肆传播犯罪与暴力。对一部分西方媒介来说，传播性、名人、暴力的内容是其吸引公众最有效的利器。但是一个值得我们认真关注的现象是，近年来，我国的法制报道的数量在极其迅速的增加，几乎所有的大型电视台都开辟了法制栏目，北京地区收视最高的节目就是北京电视台的"法治进行时"，而法制杂志，法制报纸更是随处可见。中国的媒介在普法宣传上做了实实在在的巨大努力，但另一方面，我们也到了应该更加冷静、理性、科学地反思、研究犯罪报道对公众、对儿童、妇女的影响以及与社会的和谐环境营造等众多严肃的问题的时候。在这些方面，我们的理论研究还相当薄弱，急需有所突破。因此，在这样的时候，赵星先生的这本关于传媒与犯罪的理论译著对我国传媒业和法律界都是非常有参考价值的。

最后我想说的是，本书是赵星先生的第五本译著。在这个喧闹的、充满了各种诱惑的年代，赵星先生能放弃工作，静居书斋，以安静的心态完成了这部"不安静"的译著，令人敬佩。作为传媒人，我感谢他的努力，也祝赵星先生的明天会更好。

中国国际电视总公司副总裁
张海潮
2006 年 3 月

序 二

当赵星同学将他翻译完毕的《传媒与犯罪》书稿交给我并邀我为他写译序的时候,一直关注着该书翻译进展的我为之由衷地高兴。阅读书稿之后,感到该书内容丰富,视角新颖,寓意深刻,因此乐于为之作序。

"大众传播"在二战后正式成为一个学术措词以来,它所代表的传媒手段对于公众的影响越来越大。人们本来期望着现代传媒给受众带来信心和力量,给社会风尚带来淳化和净化,为建设和谐美好的社会出力,但由于商业化社会大环境等原因的影响,传媒越来越多地成为"社会的垃圾筒",其内容充满着色情、暴力、怪诞等内容,犯罪日益被报道成随机的、无意义的、不可预测的和准备好在任何时间袭击任何人的一种罪恶*。据统计,除了对当权者的赞誉之外,风险、性、名人、暴力等要素成了传媒90%的报道内容,戏剧化和娱乐性成了决定能否登上新闻日程的重要参照。而在当今社会,传媒已经成为人们认识事物不可或缺的一座桥梁,可以说,人们对事物的认识离不开传媒的中介作用,传媒对其所传播的关于犯罪的信息决定着人们对于犯罪的认识,从这个意义上讲,没有传媒,就没有对犯罪的理解和认识。因此,对于"人们需要什么样的信息"、"关于犯罪的信息应该怎样加以传播才是对社会负责任的,尤其对于我们的未成年受众来说才是安全的"等等这类问题,都需要我们认真地面对和加以研究,但是,不无遗憾的是,我国在这方面的研究基本上尚属空白,因此,《传媒与犯罪》一书在我国的

---

* Yvonne Jewkes, *Media and Crime*, Sage, 2004, p.48.

翻译出版具有重要的现实意义。

本书的作者伊冯·朱克斯女士任教于英国 Hull 大学,是犯罪学专业的资深教师,她以和他人共同创办综合性刊物《犯罪、传媒、文化——国际杂志》(Crime, Media, Culture: An International Journal)而闻名于西方犯罪学与传媒学界。在过去几十年关于犯罪和传媒关系及相关理论的讨论中,来自犯罪学和其他领域的学者们提出了各式各样的观点,但是,并没有一部能够系统、权威阐释该领域基本理论的著作,伊冯·朱克斯的《传媒与犯罪》填补了这一空白。正如谢菲尔德大学博士 Maggie Wykes 所言,本书是献给犯罪与公众传媒问题研究者的一本理想的综合引导性作品。

本书主要有以下特点:首先,层次清楚、条理清晰。为了方便阅读和使用,本书的每一章都设置了章节内容、概览、关键词、总结、需要研究的问题和对进一步阅读书目的建议等独立的内容,使得读者在很短的时间内就可以提纲挈领、重点突出地把握每一章所涉及的主要问题,既可以迅速帮助读者理解作者的核心关切,又为进一步深入研讨提供了难得的专家建言,这极大地方便了阅读者,节约了他们的时间,也为他们指明了方向;其次,本书具有非常明显的全面系统的特征。本书开篇从总体上先进行了关于传媒和犯罪的基本理论问题的探讨,接着阐释了作者所提出的关于传媒对于犯罪新闻报道的 12 大原则,并对这些原则进行了一般性的概括和研究,接下来,作者重点突出地对传媒报道犯罪新闻的标准原则进行了具体的分析,全书举例丰富、说理透彻、论述客观、阐释周到;最后,本书的内容不仅涉及传媒和犯罪两个领域,而且还涵盖了法学、社会学、伦理学、哲学、心理学、人类学诸多学科,因此,对于本书的阅读和研究在很大程度上可以启发读者从不同的角度深入思考传媒和犯罪的关系以及其他社会问题,这大概是为什么 Wykes 评价本书在"思想上富有启发性"的原因。

作为北京大学法学院的博士生,赵星是我指导的又一位有着较好的英文功底的学子。他有着扎实的法学知识功底和司法实践一线的工作经历,勤奋上进,乐于学术,已经成功地参与了多部著作的翻译与写作。期待着这本让译者"青灯黄卷伴更长,花落银釭午夜香"的作品会给读者带来新的收获和愉悦。

赵国玲[*]

2005年12月

---

[*] 北京大学法学院教授、博士生导师,兼中国犯罪学研究会副会长、中国监狱学研究会常务理事。

前 言

在过去的十年,不仅大学里讲授的《犯罪学》一般学位课程在增多,而且给本科生和研究生开设的关于"传媒与犯罪"的专家专题数量也在增加。我们当中那些长期从事这门功课教学的人对这些新发展深表欢迎,尤其是这意味着会有和传媒与犯罪相关的各种新的文献的不断产生,这将很有希望不断激励学生们的学习热情并引导对该领域研究的不断深入。我个人的成果主要针对那些学习关于"传媒与犯罪"专家课程和相关内容的攻读犯罪学学位的学生以及那些在本书所涵盖的领域内做自己的研究论文的人。

我希望本书也能够经得住传媒学、文化学、社会学、性别学和法学等领域对犯罪和传媒的交叉研究有兴趣的学者们的考察。尽管本书旨在以一种批评的、有时是理论挑战式的方式发掘本书论题所涉及到的历史的、现代的和将来的争执与辩论,但它仍主要是一本教科书。因此,它必然包含一些学究的特征(概览、关键词、小结、研究的问题、进一步阅读的建议和词表),希望这些能使本书对学习者和做类似研究的学者有吸引力和为他们所理解,也希望本书具有鼓舞性和挑战性。关键词在章节中首次出现时也被同样做了重点标识。

本书分为7章,前2章为后面的章节提供了一个基础,这两章中提及的很多主题和争论将在本书其他部分以与具体涉及到的相关课题和案例研究相联系的方式被重新述及和论证。第一章汇集了以犯罪学、社会学、传媒研究和文化研究等不同角度所进行的理论分析,以期提供一个对这些学术研究领域相互关系的批判性的理解,并综合分析这些学科对于我们理解新闻和犯罪所做的贡献。第二章讨论犯罪新闻的"制造",尤其是为什么犯罪往往拥有并且一如既往地突出地具有"新闻性",本章列举了一系列的"新闻标准",这些标准在现代新闻制作中影响着涉及犯罪、违法及其惩罚的事件的选择和报道。尽管该章主要集中在新闻上,这些标准使我们关注那些给公众提供理解犯罪信息时隐含的偏见,它们超越了新闻工作室,强化了现代英国对传媒所促成的犯罪图景的认识。

本书余下的章节将通过考察一系列不同的、已经获得传媒明显关注的事件,来举例说明在何种程度上犯罪和司法程序被按照占主导地位的文化假设和意识形态构建。尽管涉及的问题很多,本书的中心议题是,现代传媒往往通过将公众对犯罪和被害人的反应极端化,以及延续思想上的"自我"和"异端"的观念和促进植根于"自己人"和"外人"基础上的个体身份的建立的方法来实现以二极对立的方式述事。本书因此认为,无论哪种传媒,都是社会包容和排斥的主要依据,这是本书第三章"道德恐慌"一章相关的一个主题。Stanley Cohen 的《公众魔鬼和道德恐慌》(Folk Devils and Moral Panics)一书的影响是如此深远(现已有了第三版,1972/2002),因此作为一部关于传媒和犯罪的书籍不能不提及道德恐慌问题——Cohen 令此概念闻名于世。但是,本文将超越那些忠实地遵守 Cohen 对摩登派和摇滚族久负盛名的、为许多评论家所赞成的研究的复述,也不会按照道德恐慌传统上被构想的那样对其提出问题所进行的研究。

第四章通过分析今天的传媒在何种程度上将儿童和青年人视为公众的妖魔同时又是妖魔的牺牲品,来进一步深化前几章对年轻人的道德恐慌的考察——这一点突出表现在恋童癖上。本章讨论了21世纪的儿童在何种程度上仍然被通过19世纪那样的、在思想上广泛以他们为纯真的理想化化身加以报道。当儿童们实施了非常严重的犯罪或他们自己成为这种犯罪的牺牲品时,这是一种仅仅助长了公众歇斯底里的失实报道。

第五章也仍然和罪犯的报道有关(并述及被害人),这些报道置根于维多利亚时代(the Victorian Age),只在这里把焦点放在了有偏离行为的、尤其是那些犯谋杀罪或严重性犯罪的妇女身上。运用精神分析理论和女权理论,本章从心理社会学的角度出发提出主张,认为传媒强化了那些不能成功地适应作为根深蒂固的文化信仰的理想妇女标准的女性厌婚主义者形象。对这些妇女而言,把她们作为"他性"("others")的报道使她们成为敌意的责备的标靶,她们的犯罪可以在公众的意识中占据一个特殊的标志性的地位。

我们的性别分析在第六章会继续。在该章中,我们将探讨被害人、罪犯和警察在英国电视上被构建的形式。本章的结论是,从总体上讲,犯罪叙事基本上围绕女性被害人展开(而且这种被害人通常要么非常年轻要么年龄非常大)、或围绕男性罪犯(常常是黑人,通常是陌生人);犯罪要么发生在被害人的家中(相应地增加了个体违法和女性的易受伤害的印象)、或者在公共场所(如"街道",在那里我们可能都经受着风险),这些案件都会被调查并可以从体贴的有效率的警察那里得到公正的结论,而每位警察都可以回溯到你最喜欢的巡逻警察 George Dixon 那里。这种对原始档案细节的叙述偏好突出地表现在《英国犯罪观察》(*Crimewatch UK*)中。该节目提升了人们对于像这样的传媒节目在何种程度上在人们中间——尤其是在某些特殊受众中间——增加了对犯罪的恐慌的讨论。

第七章通过考察监管技术在什么程度上作为一种法规和社会控制——但仅和社会的某些部分相关——的压迫方式被加以利用来继续论证被妖魔化的"异端"这个主题。这个论点在最大程度上经受着挑战,但它确实提出了关于社会排斥和"他性"这样的重要问题,这个问题在考虑到监控影像给电视和公众文化带来的影响分量时更显得富有意义。本章也阐明了一个将在本书的结论中做最后讨论的问题,即传媒的诬蔑与歪曲(不仅对罪犯而且对那些仅仅看起来与众不同的人)是他们对某些被害人感情用事和神圣化的一个对照,这些被害人是最严重的犯罪的牺牲品或他们家庭的牺牲品,没有"他性"、"外人"、"陌生人"和"内部敌人"等这样的措词,传媒就不能成功地构建道德的一致性,而这种一致性在一个需要出售报纸、获得观众认可、(最重要的是)维持一个自我协调的世界是必需的。

致 谢

过去的几年是我的学术生涯中特别忙碌又令人激动的时光，有许多人我要谨致谢忱——不仅是因为他们的帮助、建议以及对这本书写作的支持，而且为他们在我生命历程和工作过程中每时每刻的存在。尤其应感谢 Chris Greer，感谢她给我的学术智慧、无比珍贵的参考资料、温暖的友情和当我以为我将永远无法完成本项目时，她所给予我的让我恢复幽默感的无穷的怡乐。尤其应该感谢的是她阅读了本书所有的草稿。我也非常感谢 Hull 大学犯罪学系的同仁们，这里给我提供了如此优越和令人激励的工作环境。尤其感谢 Helen Johnston 和 Simon Green 参与了本书中包含的一些观点的讨论。我还要感谢 Mike McCahill 和 Russell Waterman，感谢他们对本书章节草稿有帮助的评议。

在我的学术生涯中，我很幸运能在不同的机构同许多给我灵感和鼓励我的人共事，这些人中对本书写作影响尤其显著的是 Rinella Cere、Steve Chibnall、Jeff Ferrell、Ros Minsky、John Muncie、Tim O' Sullivan、Mike Presdee、Terry Willits 和 Maggie Wykes。也感谢那些在 Leicester 大学、De Montfort 大学和 Hull 大学听我开设的《传媒与犯罪》这门课的学生们。还要感谢那些尤其包括 Graham Murdock、Peter Golding、Jim Halloran、Poul Hartman、Peggy gray 在内的使我对此课题产生兴趣、并曾经在（现在非常令人遗憾已经解散的）"公众传播研究中心"（CMCR）做过讲座的人们。久存于心的感激也奉献给我先前的英语教师 Charlie Conquest，是他将写作的激情融入我的血脉，并且在我来 CMCR 追求更高的学位的选择中起了宝贵的帮助作用。这个选择如果不算太迟的话，最终产生了本书。谢谢 Sage 出版公司的 Miranda Nunhofer 和 Caroline Porter,谢谢她们对此项目和其他项目的热情帮助。最后,谢谢我的合作伙伴 David Wright,谢谢他历尽千辛万苦理顺了一些章节的草稿。

第一章
理论化的传媒和犯罪

章节内容

传媒"影响"	6
大众社会理论	7
行为主义和实证主义	8
"效果"研究的遗产	12
紧张理论和失范	16
马克思主义、批判犯罪学和"主导意识形态"方法	18
马克思主义主流意识形态方法的遗产	23
多元主义,竞争和意识形态斗争	24
现实主义和接受分析	28
后现代主义和文化犯罪学	29
总结	37
研究的问题	40
进一步阅读	40

概览

第一章包括如下内容：
- 对现代影响犯罪学和传媒学术研究领域的理论进程进行一个概括性的浏览。
- 探讨关于"传媒的影响"的讨论；包括它的来源、认识论价值和它对现代传媒、犯罪和暴力的影响。
- 分析各种理论——个体理论（行为主义、实证主义）和社会理论（失范、主导意识形态）——这些理论已经在学术界内部支配着传媒和犯罪的关系的讨论。
- 分析那些学术界出现的理论（多元主义、左翼现实主义），这些理论虽然来自学术界，但明显地涉及到实际部门和政策制定者对理论的适用。
- 探究包括文化犯罪学在内的、总体上可以被称作"后现代主义"的、正在形成的新理论。

关键词

失范	功能主义	范式
行为主义	支配权	多元主义
犯罪	皮下注射模式	政治经济
犯罪化	意识形态	实证主义
批判犯罪学	马克思主义	后现代主义
文化犯罪学	大众传媒	现实主义（左翼和右翼）
效果研究	大众社会	接受分析
刻板印象	传媒促成	

这是一个寒冷的 11 月的夜晚，我站在他们的地盘上，走向我的命运，当我靠近那间废弃的房子时，有一种恐惧感油然

而生。现在已经没有退路,我已深陷其中,我必须全力以赴,无论会发生什么。四周悄无声息——只有我快速的心跳打碎这种沉寂,没有征兆我的心跳会慢下来。我稍事停顿,检查了一下自己的手枪,我深知自从他们从我身边拿走一切以后我已经追随这一刻三年之久,是报复的时候了。

现在我踹开门冲了进去,他们对我的出现毫无预料,他们正围坐在桌子周围纵情烟酒。一颗颗的子弹飞出枪膛、空的弹壳不断落在地板上、受伤者的呼喊声四起。有人倒下了,许多人散落地趴在地板上,我扑到我右边的几个箱子后面,稍稍地让自己镇静了一下。我看到自己的左肩正在汩汩地流血,我的肾上腺分泌正旺,因此不感到疼痛也没时间去考虑这些。狂暴填满了我的思想,我跑了出来。子弹从我的耳畔飞过,我没有停止射击,我又中弹了,我的胸中充满了铅弹,我感到两眼发黑,我知道一切都结束了。那些暴怒的小字又出现在屏幕上:游戏结束了!

(感谢 Michael Jewkes 允许我使用以上文字)

每天的报纸头条都用震憾、威吓、挑逗和娱乐的犯罪事件来吸引我们的注意力。每个政党的政治家运用把复杂的犯罪问题简化为容易接受的现成的广播和电视的新闻专题的"简短评论"(sound bite)的形式,掀起各种各样的关于法律和秩序问题的运动。从 19 世纪 20 年代的"吉斯通式的警察(keystone cops)庸俗喜剧无声片"到现在的警匪片,犯罪情节无所不在。如《侠盗车手全集》(Grand Theft Auto)和《亡命大煞星》(The Getaway)(上文描述的)这样的影碟和电脑游戏使我们通过某种中介涉足暴力犯罪的行动,而像饶舌音乐或嬉哈音乐这样的当代流行音乐也常常在音乐自身之中或在艺术家所采取的街头团伙的表现形式中美化犯罪和暴力。互联网更是把所有的一切变得和犯罪有关,网络既给人们提供了交换对犯罪看法的论坛,也给像欺诈、盗窃、僭越和骚扰这样的犯罪提供了一种新的方法。警方和电视公司结成了统一的伙伴,旨在抓获罪犯的名为"真实"(reality)的电视节目和那些借用"隐藏"的相机去录制那些被抢劫、被欺诈的或被"牛仔"(Cowboy)商贩骗走钱财的不聪明的被害人的节目在数量上剧增。肥皂剧常常用严重的暴力犯罪作为中心故事来提高收视率;法庭审判变成了电视剧的主打产品,电视节目中充斥着警察、罪犯、监狱犯人、法庭。美国的侦探片——从《谋杀,她报案》(Murder, She Write)到《CSI:犯罪现场调查》(CSI: Crime Scene Investigation)——统治了全球、垄断了世界。我们怎么解释这些流行的原因?为什么我们这些观众如此着迷于犯罪和偏离?如果传媒可以如此成功地吸引公众的注意力,它们能否渗透进或增加公众对犯罪的恐慌?传媒对犯罪的兴趣——有人认为是"痴迷"——是否有害?大众传媒和犯罪之间的关系到底如何?

　　长达一个世纪以来,学生和研究者无论是搞犯罪学还是搞传媒研究的,都在寻求理解传媒和犯罪之间的关系,下列问题令人颇感兴趣,即尽管很少在一起合作,但犯罪学学者和传媒、理论家之间在理解和"揭示"违法、犯罪、犯罪和传媒之间的关系时有着令人印象深刻的类似之处;另一方面,传媒和公众文化间也有抵触。的确,我们不仅可以在犯罪和传媒之间的交汇点找到两个学科的交叉,而且当我们在思考像"什么形成了犯罪?"、"为什么大众传媒重要?"这样的两个领域的学者都关心的基本问题时,犯罪学和传媒学研究的共同点总会变得非常明显。出现这种情况的原因是,当犯罪学和传媒研究发展成为利益领域(学科)时,他们受一些不同的理论和经验主义的视角所影响,而这些角度又反过来受到尤其是社会学、心理学这样的相关学科极大的影响——当然还包括来自跨艺术、科学和社会科学的学科的影响。因此,我们可以追溯历史,注意到主要的事件和发展——例如,弗洛伊德对潜意识的发现;或者犹太知识分子被驱逐到美国(在德国受纳粹统治时期)——是如何常常通过综合彼此的关注来影响犯罪学和传媒研究的知识进程的。除此之外,两门学科的交叉性质及它们在社会科学中共同的起源,意味着自20世纪60年代它们被引入大学作为学位课程以来,许多作为犯罪学和传媒/文化研究联通桥梁的关键人物成功地将他们的著作带给了两个领域的读者,这些人物中的一部分包括 Steve Chibnall, Stanley Cohen, Richard Erickson, Stuart Hall 和 Jock Young。

本章的目的在于,介绍一些跨学科的学术成就,为本书的其他部分建立一个理论背景。本章不打算把在现代影响传媒和犯罪学研究的所有的理论角度、观点作一个综合性的概览,这些概览本身就将是一个至少可以写满全书篇幅的努力。相反,本文将从每一种观点的传统中吸取一些主要的理论"支点",通过它们可以展开我们关于犯罪学和传媒学的关系的思考。这些方法将以类比的形式得到体现,即强调相似点和两个领域的研究的汇集点(但请记住,大体上,传媒研究的学者们是完全独立于犯罪学者的,反之亦然)。此外,本章将主要以时间顺序来讨论不同的理论方法发展演进的过程,但同时要强调,在这种顺序中,这些理论视角并非是出现后在稍后某个时候消逝\被一些总体上更加精密和更富有启发的理论所代替。我们可以对某种学科的发展做一个总体的概览,可以在发现批判思考的根本转型的基础上找出某种基本程度的继承性,这种继承性并不意味着当每个理论阶段交替时,总有思想上的决定性的突破的出现。事实上,在下述的方法中,存在着大量的交叉,许多观点既对应又冲突,这种理论的变更并不必然意味着思想在一个理论位置的统一性,也不必然意味着我们对某些事物的理解和知识的进步。正如 Tierney 指出的:

> 当努力给一些历史背景着色时,存在着过分简单化的倾向,表现在用非常宽泛的画笔以至于把过去变成了它自身的漫画,消除或脱离所有那些令人生厌的细节,造成了继承和优雅的简朴之间明显的混淆。(1996:49)

然而,虽然随后的事实不可避免的是经过选择的、浓缩的和粗线条的,本章寻求在超过一百年的关于犯罪学和传媒之间理论和经验联系的思想文献中定位过去四十年的大学传授的犯罪学课程和传媒研究。本章将要讨论的理论观点包括:紧张理论和失范论;

马克思主义、批判犯罪学和意识形态主导方法;多元主义和意识形态斗争;现实主义和接受分析;后现代主义和文化犯罪学。

然而,我们的讨论将从作为最持久的研究对象之一的"传媒的效果"入手。

传媒"影响"

在学术圈和非专业人士中关于大众传媒效果最持久的一个争论是,在何种程度上,传媒可以被指责为引起反社会的、偏离的或犯罪的行为;换句话说,传媒的影像在什么程度上给它们的观众带来了负面影响?对此现象的学术研究——通常以"效果研究"闻名——的发展主要来自**大众社会理论**和**行为理论**。尽管来自两个不同的学科——分别出自社会学和心理学,这两个学科在对社会主要采取的是悲观主义观念这一点上有一致之处,它们都坚信,人的本性是不稳定的,会屈从于外界的影响,本节将会探索大众社会理论和心理行为理论的共同影响,并勾勒出它们是如何提出了已经变得有点像谚语一样的一个观念:传媒影像对消融道德标准、颠覆大家已成立的行为规则和败坏年轻人的思想负有责任。

社会自从现代传媒产业产生以来变得更加富有暴力倾向的说法常常被视为是一个无可攻讦的事实。电影、电视和稍后的计算机技术的产生与发展,只是起到了增加公众焦虑的作用,但是,除了传媒努力把它们报道成这样以外,几乎没有真正意义上的新的犯罪浪潮的产生,对于许多观察家来说,自从电影和电视出现,社会不断地变得以**犯罪**——尤其是暴力犯罪——为特征已经是个"常识"。这种认识导致了一种持久的神话,即传媒和暴力犯罪存在"自然的"关联。然而像 Pearson(1983)论述的那样,体面的恐慌的历史可以追溯到几百年以前,但公众对于想象的犯罪浪潮的义愤随着每一种新的传媒手段的革新更加集中。从 18 世纪的戏院的演出、商业电影院的产生和出现到 19 世纪末的廉价的、哗众取宠的、以"珀涅罗珀的烦恼"(Penny Dreadfuls)这样的以新奇事物为内容的一毛钱小说到爵士乐以及 20 世纪早期的"低俗小说"(pulp fiction)*，公众对可视影像给脆弱的思想可能带来的影响的恐慌在英国和其他国家不断地排演，焦虑不断地在"受众"的观念中形成，这造就了 19 世纪的一个神话，即社会公众聚笼在一起时，他们易受外界的影响并且变得不理智，甚至是野兽一样的疯狂(Murdock，1997；Blackman and Walkerdine，2001)，在这些观点中最有影响的是 Gustave Le Bon 的主张。他是大革命时期的法国宫廷作家，他相信当一个人成为更大群体的一部分时，"他会在文明的梯级中下降好几个档次"(Le Bon，1895/1960：32)。当 Le Bon 说出以下的言语时，他自己也已经陷入传媒有说服力的影响力中。

> 仅仅通过形象才能思维的人们只能被形象所感动。只有形象才能吸引他们并成为他们活动的动机，没有什么能比戏院演出更能影响人群想象力的活动了……有时，形象所带来的激情是如此有力，以至于他们像习惯暗示那样，倾向于把自己转化为行动。(1893/1960：68)

上述陈述是对此种观点的最早发表之一，并随着 20 世纪转折时期出现的摄影、电影和大众传媒的迅猛发展迅速取得了可信度。简单地说就是，对于作家和思想家而言，他们报怨一种需要一定程度的批判性思考的有学问的文化的消逝，惋惜它被流行的视觉文化取代，而这种视觉文化被认为是不需要理性思考和理解的直接塞进大脑的(Murdock，1997)东西。

大众社会理论

对于"人群"的恐慌催生了大众社会理论，大众社会理论形成于 19 世纪末 20 世纪初，在二战后作为一种社会学理论牢固地建立

---

* 指记录美国加州洛杉矶地区一些犯罪人生活中的某一天真实特写的图片画册，它迎合了人们猎奇的心理，但也引发了人们对它的社会意义的一些关注。pulp，原义是纸浆，引申为"印刷粗糙的"、"低级趣味的"寓意。——译者注

起来。该理论包含着负面的含义,常常将公众或者"普通人"(common people)描述为缺乏个体性、疏离从工作和宗教领域中得到的道德和伦理价值、对政治缺乏兴趣、对低层次文化情有独衷的群体。在该理论的许多版本中,个人被视为无教养的、蒙昧的、潜在不守法的、难控制的、倾向于暴力的角色(McQuail,2000)。19世纪末20世纪初是一个剧烈动荡的不安定的年代,大众社会理论认为,和工业化、城市化及世界大战相关的社会的不稳定使人们感觉到越来越无助,在这个被分裂成原子的世界里,有两个重要的思想。第一,随着社会的解体和传统的社会纽带的脱落,社会变成了一个从亲缘关系和组织纽带切割开来的处于漂流状态的孤立的个体的集合,它缺乏道德的继承性。犯罪和反社会行为似乎不可避免,当公众社会以它复杂的、过度官僚化的不可思议的方式取得控制地位的时候,公民就会从他们视为疏远的、冷漠的、无能的执政者那里躲开。相反,他们寻求一种个人的、社区为导向的微观的犯罪解决方案——包括保持警惕、设置个人安全设施、在一些国家中还包括拥有枪械。从公众社会概念中出现的第二个有意义的发展是,传媒既被视为在困难环境下帮助人们从精神上坚持下去的支撑(McQuail,2000),又被视为控制人们的有力的工具并且可以将他们从政治行动上移开。

大众社会理论更多地被描述为对时代病症的诊断而不是一个完全联贯发展的社会理论(McQuail,2000)。由此悖论得到的事实是,该理论将社会视为是"原子化的"(atomized)、中央控制的;而将个体视为是相似的、无差别的但又是孤立的、缺乏社会继承性的。然而,当今背景下的大众社会理论的重要性在于,它提出了一系列主张公众传媒能够颠覆性地成为操控脆弱思想的一种有利手段的理论化和经验化的模式。

行为主义和实证主义

除了大众传媒理论以外,传媒效果的模式一直被另一种研究分支——行为主义——所影响,这是一种在20世纪初的十年中由

J.B. Watson 主张的经验主义的心理学研究方法,这种理论来自一种被称为**实证主义**的哲学思潮,而这种哲学源于自然科学,认为世界是固定的可以被量化的,行为主义代表着一种对更有权威性的观点——心理分析法——的挑战。通过将研究的重点从思想领域转到更加重视反观和个体解释,行为心理学家认为,个体的特性受他们对那些形成固定的、可以识别行为的环境的反应的影响。除了仿效对自然界生物体间的关系的科学调查,Watson 受到了伊万·巴甫洛夫(Ivan Pavlov)通过对狗的实验而得到生物对外界条件"条件反射"的著名实验的启发。在实验中,狗一听到打铃就流口水。这些实验的影响导致了这种信念的产生:组成人的行为的复杂的结构和系统能够被一般性地观察和测量,因此对于人的未来的行为,可以做出预测。除了心理学和其他自然科学领域的条件反射实验,对人类的行为持同样看法的其他方面的进展也不断在其他领域出现。现代教育制度被视为是建立在学习可以被检验的基础上的。消费型的社会随着财富的不断增长开始形成,广告发布者被视为是"潜在的说服者",他们可以影响消费者,甚至于可以劝说他们背离本来清醒的判断力而盲目消费。

  同时,在犯罪学学科中通过对科学的积极适用以获得客观知识的努力导致了这样的认识,即犯罪不是一个自由意志的问题,生理的、心理或者社会环境条件决定着犯罪几乎或压根不可能被控制。通过获得行为如何被这些条件所决定的知识——或者是因为基因缺陷或和他们的社会环境的不利相联系,一般认为,犯罪和偏离行为的原因能够被审查出来并给予治疗或应对,实证主义犯罪学家中最闻名遐尔的名字是切萨雷·龙布罗梭(Cesare Lombroso),他在 1876 年发表了《天生犯罪人》一书、在 1895 年又和菲利(Ferrero)合著了《女性犯罪人》一书。两部书都突出了他对下述这种观点的信奉:犯罪的原因可以在个体的生物特征中找到根据。这位意大利医生的思想深受达尔文进化论思想的影响,他研究了被处死人员的尸体后得到结论,违法犯罪者从生理上不同于守法者。罪犯隔代返祖会回到生物进化的早期阶段,这可以从突出的颚部、强壮的犬牙、倾斜的前额、不正常的耳朵大小等等非正常的生理特征体现出来,尽管在近几年,实证主义的犯罪学形式已经从理论上变得更加复杂(请参阅 Wilson and Herrnstein,1985),但龙氏有点粗线条的生物犯罪学的方法今天仍然没有落伍,尤其是仍可以在关于犯下了严重暴力犯罪的儿童和妇女的流行的传媒说教中找到踪迹(参见第四和五章)。

当犯罪学家们在 20 世纪早期将重心放在分离很可能在罪犯身上找到的、不同于守法者的变量时,传媒研究者们也在发展新的基于实证假设和行为主义方法的理论。所有人的行为都能从环境之中找到原形。因此,"行为更多的由一个人对环境的刺激的反应所促成、而不是作为个人的主观能动的结果"的认识,使得作为联络公众的中介的传媒成为明显的被考虑的候选对象。在研究传媒结果的时候,这种方法常以在实验室条件下进行的实验的结果,试图在传媒的暴力性或有潜在危害性的影像和实际行为的结果性变化之间建立联系——那些研究参与者尤其希望证明,明显的被激发或强烈的好斗倾向与传媒之间有直接的因果联系。

最著名的一系列实验是 20 世纪 50—60 年代由 Albert Bandura 和他的同事们在加州斯坦福大学进行的。在实验中,儿童被组织观看一场描写暴力动作的电影或卡通,然后分发"波波(BoBo)娃娃"给他们去玩耍,这些玩具是巨大的可充气的娃娃,底部加重以使她们被击打时会摇晃但不会歪倒。孩子们对玩具娃娃的行为方式被视为是对该项目结果的一种检验手段。相比一群没有观看暴力内容的孩子而言,这些孩子如果被发现有攻击性的行为,就会被视为是"银幕暴力"和青少年攻击行为之间存在直接因果关系的证据。尽管这些研究毫无疑问有一定影响且确实声名远播,但它们还是存在着许多问题。除了他们宣称的"科学的"地位,行为主义的方法由于其自身太多的缺陷和不一致而被绝大多数当代的传媒学者所摒弃。Bandura 及其同事也在以下的诸多领域中失去了可信度:没有能复制一个"真实生活"的传媒环境、将人的复杂的行为模式简单化为综合作用体系中一种单一的要素,从而相应地把儿童当作简单的"实验室的小鼠"来对待;只能评测对传媒的即时的反应,没有对长期的、累积性的暴露于暴力物的结果做出说明;使用设计好给人带来挫折感的玩偶;当孩子们如预期那样反应时称赞和奖励他们;忽视即使没有受到任何电视刺激的儿童当他们被给予"波波"娃娃时也会有的暴力现象——尤其是当孩子们感到他们被希望按照实验者的要求那样做时(进一步的对这些实验的批评性的观点和以后由 Bandura 倡导的实验的情况,请参见 Gauntlett,1995:17—23)。

对传媒研究的第一个主要的阶段有时被称作"**功能主义**"(functionalism),因为该理论的支持者热衷于说明大众传媒的作用,或者大众传媒对人们的影响。由于传媒和观众间的关系被视为是商业性的和简单的关系,因此效果研究常常被总体性地称为"**皮下注射模式**"(hypodermic syringe model)。在这种模式下,传媒将价值、思想和信息直接"注射"(inject)给被动的接受者产生了直接的未经调和的"后果",进而对思想和行为带来负面影响。对传媒效果的焦虑传统上呈现为三种形式。第一种是道德和宗教方面的恐慌,它暴露在鼓励下流的行为、破坏已经建立起来的得体和道德信心规则的大众传媒中;第二种焦虑,从知识阶层的右翼来看,是大众传媒损害了高阶文化的教化性的影响(高阶文化指伟大的文学、艺术作品等等)和争论的层次品味;第三种忧虑和传统的左翼知识分子有关,认为大众传媒代表的是处于支配地位的精英的思想,是按照他们的利益来操控公众良知的手段。这种观点随着 20 世纪 20—30 年代遍布欧洲的法西斯主义和集权主义政府的出现而被赋予了特殊的动力,这些政府在最大程度地动用宣传的力量并最终获得了欧洲人民的青睐。那种相信公众交流的最新传媒形式是这些政权制度最有力的武器之一的看法受到法兰克福学派——一个主要由犹太学者组成的学派,这些犹太学者自己也逃离希特勒德国去了美国——的成员的学术关注。

一个来自美国的著名的例证——这个例证看起来支持大众社会理论对无所不在又潜在有害的传媒的认识和行为主义理论对可

以观察到的脆弱与易受影响的公众反应的假设——是在1938年10月的万圣节之夜上 H. G. Well's 对《世界大战》的广播转播,尽管许多人认为他们在收听一场真实的火星人入侵的报道,其实那个广播是关于来自火星的外星人袭击的一个虚构的戏剧。该广播播出时,恐慌现象产生了,许多美国人祈祷、哭喊、逃离他们的家园或者打电话给他们心爱的人表达离情别绪(Cantril,1940,载于 O'Sullivan 和 Jewkes 1997 编辑之书)。据说1/6的收听者被该节目吓坏了,故事的讲授者 Orson Wells 庄重的举止和扮演"专家"的演员做出的撤离和反击的命令加剧了这种恐惧。正像观众说的,"当我一听到普林斯顿大学的教授们和华盛顿的官僚们的说辞时就开始相信广播的内容是真的"(1997:9)。这个《世界大战》广播给那种盲信传媒可以产生有害影响、会引起负面社会后果的公众骚动或者引起毁灭性心理效果的信念的观点提供了一个强有力的能引起共鸣的比喻式的证明。然而,将该事件描述为"皮下注射效果"的证据的作法是非常具有误导性的,因为刺激因素和回应之间的关系并不是简单和直接的,因为显而易见,一些听众所遭受的恐慌并非是没有背景的。因为当时正是大萧条时期,美国公民正经受着一次漫长的经济动荡和大范围的失业的折磨,他们正在眼巴巴等待着领导人的保证和指引;战争在欧洲爆发了,许多人想象来自外界的袭击迫在眉睫(1997)。因此,就不奇怪广播的现实性质——作为一种延伸的新闻报道,收音机播音员表现得好像是展现在他面前的可怕事件的目击证人一样——有力地触动了人们不安全的感觉;再加上变故、丧失等那些美国公民经历过的感受,最终形成了这种较大规模的恐慌。

"效果"研究的遗产

英国的学者多年来一直坚定地反对企图在传媒影像和偏离行为之间建立直接的原因联系的努力。那种企图将电视、电影或其他媒介分离出来作为一种变量,并忽略其他可能影响人的行为的因素的作法被认为太草率和简略而不具有认识论上的价值。许多效果研究不能正视和应对传媒的细微的含义、传媒背景意义上的分歧（也就是说，它们常常可以被多重解释）、受众独一无二的特点和个性以及传媒**话题**和受众成员之间的遭遇出现的文化和社会背景。它错误地假设我们对于"攻击性"、"暴力"和"偏离"的内容都有相同的看法，认为那些易受有害的影像影响的受众能被"一次性"的传媒事件所影响，而不管塑造意义的生命进程的更宽阔的背景如何（Boyd-Barrett，2002）。它还无视朝着相反的方向发生影响力的可能性，也就是说，受众的特点、利益和关心或许决定着传媒制作人的产品。

但除了在效果研究中明显的弱点，行为主义者对传媒影响犯罪和反社会行为的能力的假设尤其——有点讽刺意味地——将讨论坚守在常常旨在给政府和其他当权者带来压力以强化对传媒的其他要素的控制的大众传媒上。例如，你会惊奇地发现那么多现代关于传媒影响力的流行的说教集中在支持所谓的"皮下注射"模式的假设上面，这样的假设明显地利用龙布罗梭关于有些个体极易受有害的传媒内容的影响的观点（见以下内容）。除此之外，它们灵活地吻合大众社会理论家的担心，比如像家庭和宗教这样的机构失去影响青年人思想的力量，并且通过像"**大众传媒**"这样的外部力量来实现社会化的过程。是否要评价广告的效果、评估在预测投票行为中政治运动的作用、决定电影和影碟的分级或者引进软件帮助父母们控制儿童们不暴露于某种形式的互联网内容，这些领域中的许多政策都受到以传媒为中心的包括具体信息的、微观指导的、实证主义的、权利主义的、短期的对人的行为假设的支持。

当严重的、高调犯罪出现的时候，尤其那些由儿童和青年人实施犯罪的情况下，不断发展的对传媒的审查和控制的政治讨论有时会达到极点。例如，1993年2月当只有2周岁大的James Bulger惨死在两个比他稍大的男孩手中的时候，在大众传媒中就有很多人推测，谋杀者已经观看并且模仿了《鬼娃回魂3》（*Child's Play 3*）——这是一个关于神经质玩具娃娃的较温和的暴力"电视滥片"。虽然没有证据表明那两个杀人的男孩曾经看过这部电视，而且警方始终如一地否定两者有联系,Child's Play 3 恶毒而诱人的特征不久还是在公众的良知中生了根。电视制片人 Anne Diamond 在她的小报新闻栏目中总结了"常识共同体"(common-sense brigade)的含义：

> 我们的内心告诉我们,他们一定收看过邪恶的娃娃玩偶 Chucky 这种节目,他们一定很喜欢那部影片,他们一定看了一遍又一遍,因为他们做的一些事几乎就是剧中情节的完全拷贝……我们都知道,暴力产生暴力。
>
> （镜报,1993 年 12 月 1 日,引自 Petley,1997:188）

这种对"常识"的借助（"我们都知道……"）是那种被视为"盲目的照搬"的犯罪理论的最持久的特征,这被它的支持者视为是自然的不容置疑的。然而,在这里,记住 Gramsci 给"常识"下的定义是有裨益的：它是"历史间断和不连续的思想的水库,它作为非哲学家的哲学发生作用",它是一种民间传说,它的基本特征是"片断、不连贯和非因果（Gramsci,1971:419）"；同时,还有人举例论证说,我们接受为常识的不容置疑的真理、其实从文化上讲不仅可以追溯到具体的个人文化上,而且可以追溯到时间的某个特定的点上（例证请参见 Barthes,1973；Foucault,1977；Geertz,1983）。

在 Bulger 案的余波中,当诺丁汉大学儿童发展部的主任 Elizabeth Newson 制作那份由 25 位心理学家、儿童医师和其他学者签署的报告时,屏幕暴力和现实生活暴力之间的关联被赋予了一种崇高学术的假象。尽管在传媒中取得了广泛的持久的名声,但事实最终证明这份报告仅仅是一份长 9 页、不包括原创性的研究,而且像这类报告不可避免地宣称：它并不完整还有很多研究要做（McQueen,1998）。尽管对传媒内容的潜在危险性存在着较高可疑度的证据,但传媒对犯罪和暴力的描绘使观众对"现实"痛苦与折磨感觉迟钝,从而可能会刺激和唤醒一些人做出相似的暴力行为的主张却在公众的想象中持续,在公众的这种想象中,这种观点尽管很少被广泛适用,但是它倾向于带有明显的以阶级划分的偏见。

对大众社会理论和犯罪实证主义的回应都可以在许多关于犯罪和传媒的论文中探知,在这些论文中长期有这样一种观念,就是存在着一个较低级的阶层,这个阶层受某种程度的智力缺陷所妨碍,使他们不能在传媒影像和真实生活中做出区别。例如,像 Anne Diamond 这样的中产阶级的专栏作家并不认为中产阶级的子女会经历电视和视频内容所带来的风险(由于电脑技术有互动性,所以它稍微有点不同),恰恰是本身已经给社会带来威胁的那些"下层阶级"的子女给社会带来了威胁。借助"具有可靠的判断和推理的阶层"这样的常识性的观念和不定形的、组成社会无价值一端的普通群众之间的对立,这种观点还包含着性别歧视。当代的惩罚文化通常指向"魔鬼后代"(monstrous offspring)和"坏母亲"(bad mothers),这是一种把两种**公众妖魔**相结合并且触及对"他性"文化恐慌的作法,在后面的第四和五章中将做深入发掘。相应地,当特别骇人听闻的犯罪发生时,一个社会不愿意承认在它的内部存在邪恶和残酷的"膝跳反射"(knee-jerk)效应,常常会拿大众传媒这个替罪羊去顶罪。

在大众社会理论中已经生根的这种方法的第二个版本和更广阔的对文化形式和文化产品的全球化的成见有关,尤其是与来源于美国的全球流行文化相联。电视、电影、影像和最后出现的互联网这些东西尤其受到那些把一切来自美国的东西视为廉价、垃圾和英国文化和个性格格不入的人士的批判。可以回溯一百年的传统阶层和品味等级的崩溃及对社会变得世俗化和民主化的担心,已经在这样的观点中生根——流行的可视传媒通过引入来自大西洋彼岸的更粗俗、垃圾的价值正在慢慢腐蚀"英国式"的生活方式。法兰克福学派的理论家 Adorno 和 Horkheimer 对低级文化形式和高级文化形式的贬损在英国精英们对二战后围绕在美国式"奶吧"*

---

* Burt 兄弟 1934 年在澳大利亚创立了全球首家奶吧,随后在英美盛行。到了 20 世纪 40 年代,奶吧成为一种年轻人可以购买食品、购买不含酒精饮料以及聚会不归的好处所,一些关于年轻人的时尚问题往往成为奶吧讨论的时髦话题,基于习惯,人们现在还仍然称之为"奶吧"。——译者注

周围的青年文化的担心中找到了演绎推理式的证明。从那时起，有些事物在美国出现不足几个月就会在英国产生多种多样的道德恐惧与惊慌，像摇滚乐、抢劫伤人、危险的家伙、汽车抢劫、对儿童的魔鬼虐待、持枪犯罪和帮伙火并这样的广泛的现象已经被我们的媒体赋予不是"英国式"的而是来自美国的一种不受欢迎的异域的犯罪浪潮的特征(见第三章)。

紧张理论和失范

在20世纪60年代以前，学者们开始反对实证主义、行为主义的研究方法。传媒研究者认为，行为主义给传媒赋予了过大的力量并且低估了传媒消费的社会背景和调节国家和个体、受众的复杂性和多样性之间关系的社会结构的重要性。同样地，以个体的生物根据来解释犯罪的实证主义方法让位于起源于20世纪20—30年代芝加哥学派的更加社会化的方法。芝加哥学派和那些被该学派影响的人们主要关注社会环境和社会互动对偏离和犯罪所起的作用。换句话说就是，人们成长的地方和他们所关联的人群与他们的可能的犯罪和反社会行为紧密相联。

限于篇幅，这里不可能对社会学方法做一个全面的讨论，但一个重要的和当前的讨论相关的研究传媒和犯罪的重要的早期理论即 Robert Merton(1938)的紧张理论——或者称为"**失范**"理论——不能不提及。Merton 从 Durkheim 那里借用"失范"(即无规范)这个术语，并追随芝加哥学派摒弃对犯罪的个体解释的方式而去寻求犯罪的社会和结构要素。和大众社会理论一样，紧张理论以统一性和社会秩序的下降和它们被异化及混乱的代位作为出始论点。整个社会被分割得相互分裂，不能再适应传统上把社区拧成一体的规则。然而，在这种无规范状态下，社会却作为一个整体或多或少地保持完整性，正如 Durkheim(1983/1933)指出的，虽然有周期性的经济危机发生(例如社会的某些部分急速繁荣而其他部分相伴而生的相对贫困化)，但社会联贯性或许可以部分地被对一般目标的追求所解释。失范现象将注意力集中在人们被鼓励去追求的目标上,例如令人舒适的财富或地位。大多数人会适用取得这些目标的社会接受的手段,例如,勤奋工作和对传统的一致的价值观的坚守。通过社会化,绝大多数人既接受目标也接受实现这些目标的途径——这个过程被称作"美国梦",但对文化目标和获得成功的制度化手段的过分强调导致了社会紧张,失范常被用来描述那种一个社会把很多的重点放在某个特定目标上而较少地将重点放在实现它们的正确的合适方法上的情况。正是这种不平衡导致了 Merton 所称的"革新者"(innovators)采取不遵从或非法的途径去获得成功和财富等这些文化上认可的目标。

Merton 的理论,不仅给后来的偏离亚文化(delinguent subcultures)(Cohen,1955; Cloward 和 Ohlin,1960),而且给当代的相对剥夺概念(relative deprivation)(Lea 和 Young,1984;1993;Young,1992)都铺平了道路。该理论是很有吸引力的,因为它好像通过给那些否则可能通过非法手段获取文化认可的目标的人一个合法的机会、从而给我们提供一种减少犯罪的方案,然而,涉及文化目标内在化核心的时候——尽管有商量的余地——大众传媒却向人们灌输了除了用犯罪手段很难用其他手段达到的目标。尤其是广告,通过给那些从社会被分离和孤立的人提供一种虚假的归属感而利用了失范理论(Osborne,2002),在一个繁荣的以传媒为动力的全球性的消费主义热潮中,是它们更倾向于通过革新式的方法获得社会的奖赏。有些人在孤注一掷中做出这种选择:在 1972 年对 60 年代现代派和摇滚族之间的冲突的解释中,Stanley Cohen 声称参与者在很大程度上是因为担心被指向"十几岁年轻人"的新的消费文化浪潮抛在一边这种痛苦感情所驱使。也有人认为许多青年人犯罪是因为出于一种"算计的快乐主义"(calculating hedonism),或者是为了追求刺激或者是面对平庸和乏味的日常生活显示一种控制能力(这是一种和**文化犯罪学**相一致的理论,见下文,另参见 Fenwick 和 Hayward,2000;Morison,1995)。

对于其他一些人而言,盲目的动机或许很少和绝望感有关、而更多地涉及消费行为和同辈人认可的需要。Elizabeth Burney 指出,青年犯罪人突出的特征是他们对"坚持群体类型"的渴望,这意味着需要非常昂贵的装束,需要通过犯罪来获得经济支撑(1990:63)。在其他场合,我已经提到在服长期监禁刑的年轻人中间存在的、通过紧追最新的、极昂贵的运动鞋设计而得到盲目快感的趋势(Jewkes,2002)。该理论的进一步的应用可见于关于观看暴力的**影响**讨论,这在前几章已经讨论过,常常有这样的主张,那些易受伤害的、被边缘化的社会成员最容易受大众传媒富有魔力的暴力影像的有害后果的影响(2002)。Cohen 和 Norris(2000)甚至认为,紧张理论还可以帮助我们解释系列杀人行为这种通常和现代美国相关的现象,他们声称,从 20 世纪 60 年代开始的美国经济的增长也相应地带来了系列杀人案件的增多,不可避免地,人群中一部分人被排除在生活水平的一般增长之外,这在一个以暴力为荣的文化中,往往会导致一些不受欢迎的个体(通常被误导)对复仇的渴望。

失范理论在过去的几年中具有显著的流动性,它时而受到欢迎,时而受到冷落,但是自 20 世纪 70 年代当 Rock 和 McIntosh 指出"失范理论传统的衰竭"开始处于最低点以来(参见,1988:110,Downes 和 Rock),多亏了两种不同的现象失范论最近有了点复兴的味道。第一个是,作为对包围现代生活的、已经成为惯例的边缘化的一种抗争手段(以这种方法为核心的活动被视为"文化犯罪学";参见下文),在犯罪学和文化研究中出现的对从极端的玩笑到暴力犯罪这样的有攻击倾向的兴奋形式的兴趣;另一个是电子通讯的发展,例如互联网,它似乎通过催生一种跨越时空的归属感来给错位问题提供一个解决的方案,在一个虚拟真实的世界里,失范"既是一个情境又是一种快乐"(Osborne,2002:29)。

马克思主义、批判犯罪学和"主导意识形态"方法

从上述讨论中已经能清晰地看出,到目前为止,20 世纪中叶研究的中心经历了从个人向社会的转变。这种范式的转变导致了在

关于传媒影响力的学说中受马克思主义影响的学派取得了主导地位的现实,尤其是卡尔·马克思(1818—1883)本人和 Antonio Gramsci(1891—1937)的影响更大。他们关于社会结构的理论导致了一种被称作"主导意识形态"或"传媒支配权"模式的发展,这种方法被犯罪学家和传媒研究者在 20 世纪 60 年代所采用,并且在长达 20 年的关于传媒影响力的讨论中处于学术上的支配地位。

马克思主义认为,传媒和其他的资本主义机构一样被处于统治地位的资产阶级精英所占有并且为了这个阶级的利益而运转,反对的或替代性的观点是没有可能涉足的。尽管在马克思生活的年代,传媒还远远不是当今这样的公共现象,但时至今日,传媒作为重要的资本主义产业的地位,以及它们对于一个阶级分层社会具有合理、合法性的信息的广泛传播,使马克思的理论变得与后来经历了扩张、解除管制以及所有权、控制权的集中过程相结合的大众传媒非常有关联性。Gramsci 发展了马克思的理论并将**支配权**的概念合并了进来,支配权这个概念在传媒对犯罪、偏离、法律与秩序的描述的理论化的过程中起了核心的作用,简单讲就是,支配权是指这样一种过程,通过它可以使统治阶级的行动得到批准,这种批准又以赞同的方式而不是采取强制的手段获得。这在很大程度上通过像法律、家庭、教育体系和大众传媒这样的社会和文化机构来实现。所有这些组织每一天都用一种使当权阶级的利益成为看起来是自然的、理所应当的、从而雄辩地宣称代表着每个人的利益的方式来再生产每天的报道、意义和活动。一句话,传媒报道往往会支持或(很少)挑战对某一种境况占支配地位的概念,它们可以延伸、合法化、颂扬或者批评那些流行说教。因此传媒对一个社会系统的价值及其占主导地位的利益赢得满意与认可以及对这种价值和利益的摒弃都起到了关键性的作用。这是对马克思原始公式的一个重要的提纯,因为 Gramsci 剔除了人们被动地完全接受统治精英的思想的观点(这种情况通常被称作"虚假的良知"),相反,他建立了一种权力模式,在这种模式中,不同文化要素被微妙地结合在一起以求达致最大可能的思想范围。

马克思和 Gramsci 的著作使出现在 20 世纪 70—80 年代的绝大多数重要的、有影响的理论工作机构活跃了起来。例如,尽管马克思对犯罪总是很少述及,对他的关于社会结构的理论的再发掘却给我们指出了一种寻求揭示在犯罪结构、尤其是**犯罪化**上的不平等的意义。同样在很大程度上也借助标签理论——这种理论认为犯罪和偏离不是"病态个体"或"病态社会"的产物,相反,"偏离行为是人们这样给它贴标签的结果"(Becker,1963:8),新一代的激进犯罪学者,像 Taylor,Walton 和 Young(他在 1973 年发表了有巨大影响的《新犯罪学》一书)采纳了这种观点并给它注入了马克思主义的成分,认为给人们加上走上歧途或成为罪犯的标签并相应地追究责任、给予惩罚是国家的功能。换句话说,行为被定义为犯罪是因为统治阶级利益的要求。强权意志违反了法律可能不被追究,而劳动阶层则会被处罚。

受"新犯罪学"的影响,有一些更激进的研究出现了,它们关注国家的犯罪基因功能和传媒在指挥协调公众对犯罪产生恐慌因而使他们对资本主义制度本身出现的问题分散注意力的作用,这个学派被称作批判主义犯罪学,最有特殊意义的是 Stuart Hall 等人的《应对危机:抢劫伤人、国家、法和秩序》(Policing the Crisis:Mugging, the State and Law and Order)(1978)一书,这是一部关于传媒在定义和报道犯罪以及偏离行为中所起的意识形态作用的最重要的文本。在传媒研究中,"哥拉斯哥大学传媒集团"(Glasgow University Media Group,简称 GUMG)的工作也值得关注。GUMG 通过考察电视新闻报道对工业冲突、政治争议和战争行为的歧视性的报道,取得了一系列基于经验主义和符号语言学的成果[这些成果被总称为"坏新闻"(Bad News)丛书,现在被编在了一个版本中,见 Philo,1995]。这些研究的核心成果是发现电视新闻在任何情况下都压抑观点的多样性,以形成一个占主导地位的意识形态(例如基于中产阶级、压制异议和支持家庭的观点),并让反对的声音闭上嘴巴、悄无声息,在 20 世纪 80 年代前后影响传媒影响力的重要视角是政治经济方法,这种方法宣称,近年来不断增加的传媒所有权的集中使马克思的分析非常贴切地和当代的关于传媒力量的讨论相吻合(McQueen,1998)。政治经济理论以传媒和其他经济、政治组织的关系为焦点,认为既然大众传媒大多数为私人所有,利润动机肯定会影响他们的产品和政治立场。一般认为,所有权的集中导致了可以得到的素材的减少(尽管有更多的联系渠道),这导致了以平等和选择为代价的对等级的专注,导致了对先前关于变革和经历风险的成功的作法的偏爱。这个过程的最终结果是可用的资源减少到限于商业上可行的、普通的、容易理解的、和基本上没有挑战性的范围(Golding and Murdock,2000),有些作者甚至认为,这种"倾倒"文化是控制人民不去从事严肃的政治思考和活动的代表军事工业联合体利益更大范围操作策略的一部分。例如,Noam Chomsky 的"宣传模式"(propaganda-model)可以作为例证来说明由于军事工业的利益,某些事实是如何被敷衍地报道的。在对《纽约时报》进行的内容性分析中,他揭示了对印尼人在东帝汶所犯下的暴行的报道仅仅相当于对柬埔寨的 Khmer Rouge 大屠杀报道的细枝末节的分量。Chomsky 声称,这种不平衡的报道的原因是东帝汶大屠杀的武器由美国、英国和荷兰提供(Herman and Chomsky 1992;另参见 Pilger,1991)。

尽管对这些观点不无批判,但这些著作都是系统而且严格地拷问大众传媒在塑造我们对犯罪和偏离行为以及对犯罪化过程理解的最早的作品之一。这些研究的共同主题是信息自上而下进行传播,传媒反映着政治、军事领导、或警察首长、法官、知识精英分子、广告商和大企业主、新闻报纸的所有人和民意领导人(Vocal opinion leaders)的观点。同时,它们把收视者、阅读者或收听者的角色降低为被动的接受者,而不顾及他或她的个人观点、关注和信仰。一个关于信仰的等级结构被建立起来,在这个等级结构中,社会的有权势的成员的主张和说教是优先的、有特权的,而"一般"的收视者或读者由于缺乏可以比较的资料从而无法进行批判性或比较性的思考(Ericson 等,1987)。

传媒与它的"强力"的来源之间的结构关系对犯罪、罪犯和犯罪司法的报道有着重要的影响,尤其是和那些自由人、男性、异性恋者和有教育特权的精英设立的行为"准则"偏离的人的生活方式和行为。例如,在前面提及的《应对危机》一书中,Hall 和他的同事论证了支配权如何通过传媒获得。简言之,该书详细讨论了在 20 世纪 70 年代新闻界对觉察到的暴力犯罪如何过度反应。并且轻率地在加强警力对付黑人罪犯之后制造了一个关于"抢劫伤人"的道德恐慌。这些力量的净结果是,由耸人听闻的传媒报道所过度渲染的公众恐慌与敌意和由警察对黑人所采取的铁腕手段结合在一起,制造了一种更多的黑人被逮捕并被送上法庭的境况,这种境况反过来造成了持续升温的对传媒的关注。但是,像 Hall 他们解释的,这种事件能够在 20 世纪 70 年代英国经济和结构危机的背景中找到解释,当时的危机可以说明为何传统的、规则的生活的解体可以移位到黑人和亚裔移民的后代身上的原因。该书的核心思想是,截至 20 世纪 70 年代,那种先前统治阶级赢得的支持被严重地削弱了,国家在努力重获权力。认可先发治人、增加对少数群体控制为特征的"法律和秩序"社会的诞生,起到了把公众注意力从不断逼近的经济和结构危机转移开来的作用。以黑人抢劫伤人来形成公众的恐慌,创造一个一致授权采取更严峻刑罚措施的公众说教,最终证明对朝着意识形态压迫的转移的正当性。所有这些发展都被已经成为维持支配权的最重要的工具之一的传媒所揭示、支持并使它们被大众接纳(Hall 等,1978)。

批判支配权方法的观点认为它过分夸大了强力部门误导公众的敌意,他们认为传媒产业维持一个故意忽视或边缘化他们一大部分受众的政策的说法并不属实。职业传媒人延续想当然的一致性政治的假设的倾向并不必然是公开的、故意的、甚至都不能确定地描述成是一种有意的预谋。相反,这或许可以归因于成为新闻机构特点的潜在的思想框架(Halloran,1970)。换句话说,新闻记者类似于那些在任何机构或组织里工作并逐渐同他们的环境方式和气氛相适应的人,这些人找到了对付总是存在的微妙压力的办法,却很少公开做出反应。在新闻工作室中,这些"反应的方式"包括从感觉什么可以成为一个"好的报道事件"和"给公众他们想要的东西"这样的个体报道者的直觉,到更多的已经形成的意识形态偏见,这使传媒倾向于某些事件并使它们成为"新闻"(Cohen,1972/2002,也参见本书第二章)。但是,支配主义者坚持认为,因为原来曾经有过的资源的传播现在已经不可再得,所以任何特定的境况的替代性的概念不可能被公开显现。大众传媒的所有权和控制权越来越被少数的个体所掌握,在编辑中间存在着对相对有限的专家库和固定可得资源的依赖。这些官方资源和可信赖的"专家"和新闻记者自己一样,因此成为许多新闻和信息的"限定者",一种对偏离行为进行解释的精英(Ericson 等,1987,19/20)。相应的,按照"主流意识形态"的方法,存在着文化上占主导地位的集团将它们的信仰和行为模式强加给那些伦理、文化和宗教都与他们有冲突的弱势群体的不断增加的风险。女权主义者认为社会中的性别不平等通过父系(patriarchal)的传媒产生并在意识形态领域中被复制,这个问题将在下面的第五章的内容中做进一步探讨。

马克思主义主流意识形态方法的遗产

像我们已经看到的那样,主流意识形态成功地强调了那些权力阶层充分利用传媒内容,并达到了将它们作为将那些在社会上拥有较少权利的人犯罪化的工具的程度,而且以马克思主义主导的犯罪学在提高对权力阶层自身的犯罪的认识方面也很有用处,这些人实施的犯罪换句话说就是那些由公司、商人以及政府和国家实施的犯罪。像文化根基扎根于马克思主义学说的 Steven Box 这样的批判犯罪学家指出的,除非包含"爆炸性"因素或者具有一些传统上被视为有新闻价值的特征,传媒的内容很少涉及"白领犯罪"或者"组织体"犯罪这类的犯罪(参见第二章)。这种对组织犯罪惜墨如金地报道同传媒大量制造"街头"犯罪浪潮和在给罪犯贴标签时所反应出的充溢的偏见形成了对比。尽管这种趋势不仅反应在传媒当中,并且如可证明地那样对所有社会单位来说,都存在着一种对组织体犯罪"集体性的忽视"(collective ignorance)(Box,

1983:31),但对传媒是对维持极狭窄的犯罪概念承担主要责任的主体则是鲜有置疑,事实上,传媒应该被认定具有两方面的可责性:首先,把财富描绘成终极的、盲目的目标并且美化犯罪的形象;其次,吸引并迎合公众对戏剧性的和复杂问题仓促做出结论。正像 Box 所称,"相对于理解有组织犯罪的经济意义的困难,公众更容易理解被攫取了 5 美元对一个老妪意味着什么"(1983:31)。

像第二章所揭示的那样,犯罪被传媒描绘成一种个人的反常行为从而缓和对发生于较大的组织体的不良行为的调查和报道力度。从总体上讲,组织体犯罪不是能吸引眼球的头条素材,并且往往倾向于以强化它们不同于"普遍犯罪"的性质和特点的方式被报道(Slapper 和 Tombs,1999;Croall,2001;Hughes 和 Langan,2001)。组织体犯罪不发达的词汇表达与将它视为犯罪的困难相交织。像"意外"、"灾难"这样的词汇出现在本来应该使用"犯罪"和"疏忽"更准确的场合,组织体犯罪常常不能被视为是犯罪行为,常用例如"丑闻"(scandals)或"权力的滥用"(abuse of power)这样的词语来代替"上流社会的私通"(sexy upper-world intrigue)(Punch,1996),或者被报道成"上帝的规则"从而强化现代社会充满风险和所造成的灾祸与不幸结果的行为是随机和注定了的、取决于你的宗教信奉的观念。这种语言的选择不仅可以适用于满足沉浸在发行和收视、收听率战争中的传媒的商业目的,而且也可以用于组织体自身用来掩护其政治盟友并且微妙地控制和操纵对可恶的意外信息的报道与传播(Herman and Chomsky 1992)。因此,当一些记者维护调查传统并准备充当发现组织体犯罪行为的裁判时,绝大部分的传媒机构或者传媒理论家或者忽视有权力阶层的犯罪,或者对他们进行失实报道,这样做的结果是,新闻报道实现了同国家对犯罪和刑事法律的定义相协调。

多元主义、竞争和意识形态斗争

到目前为止所介绍的理论类型都确信传媒的无所不能,并且承认下列假设,即存在着消极的分层的受众,那些处于社会分层最底端的受众无论他们是传媒内容所影响的结果,还是相反地使用大众传媒作为它的喉舌的强有力的精英阶层的歧视的后果,他们都易受传媒影响力的伤害。相比较而言,出现在20世纪80—90年代的"竞争性的"或"多元主义"的范式是一个提供给有见识的、持怀疑论的受众(作为一种知识自由和多样性的体现)的比较积极的解读。考虑到传媒产业的这个令人乐于接受的特征,就不奇怪尽管"主流世界观"的方法在学术界富有影响,**多元主义**却为实践工作者和政策制定者所拥护(Greer,2003a)。

多元主义者主张,过去一二十年发生在传媒产业的管制撤销和私有化进程(尤其是——尽管不是独有的——发生在北美和欧洲的这个过程)成功地将传媒从国家的管制和审查中移开,鼓励公开的传媒组织之间的竞争。这个进程的支持者宣称,不断增加的新的电视、广播频道、杂志和以电脑为基础的服务给多样和公开的传媒市场提供了一个以前不能想象的选择范围,自由时代已经来临。这个过程的结果除了政治家、警察首脑等等这些已经提到的主要定义者以外,还存在着"对应定义者"(counter definer),即那些观点和意见同官方发言人相左并由传媒代表了他们言论的人。相应地,这种传媒主张,尽管我们在抽象和实际意义上还能够识别出一个占主导地位的阶层,但这个阶层却很少作为一个统一的连贯的政治力量起作用,并且不断受到像刑事司法这样的领域中来自个人和组织政策变化运动的挑战。而且,那些传统的在阶级、性别和人种路线上形成的意识形态不平等,不再像那些前述的主流意识形态方法的倡导者所认为的那样存在于僵化的位置上。多亏了公众教育、社会流动和"名人文化"(Celebrity Culture),现在"统治阶级"(Ruling Class)比先前任何时候更富有多样性,现代大众传媒已经站在了腐蚀传统精英价值的最前线(McNair,1998)。

传媒频道的增多和多样化当然使更多的人的思想和主张可以被更广泛地认识到。然而我们可以说,多元主义的方法被它的纯粹的理想主义所限制,尽管传媒或许被视为一个意识形态斗争的潜在的基点,但竞争、多元性范式的要素相信,通过现有交流渠道的多样性,能够满足所有少数派弱势群体的利益。这种观点虽然在理论上正确,但在实际上却有些不切实际,因为它没有考虑在传媒拥有权、控制权上的既得利益以及下列事实,即相对于不断增加的新传媒的多样性而言,传媒产业仍然主要为一小部分富裕的中产阶级的白人男性所控制和拥有(或者由这些人所创始设立的组织所控制或拥有)。这种观点也没有给予许多传媒生产不断增长的谋利特征以足够的关注,这种谋利性不可能给那些不能负担参与费用的人一个公共参与的机会形式。而且,还有人认为,竞争和解除管制会给信息性的分析节目带来严重的威胁。在一个不断增长的商业市场中通常对传媒组织的责难是,对顾客份额的竞争常常导致简短的广播评论,这种节目空间有限,几乎没有背景、解释和情境性的内容,因此,一方面是更多的骇人听闻的、或者可视的戏剧化的事件,另一方面很少有证据证明公众广泛参与了作为这些事件基础的政策、政治或改革事件,也几乎没有证据证明有哪种传媒乐意将这种背景传达给公众(Barak,1994;Manning,2001)。公众对传媒**促成的**说教似乎有了更多的参与权,因为毕竟更多的人能够通过广播、电视的观众秀或者新闻报纸的投票来传递他们对于严重事件的观点,同时,电话和电脑资源也将传统的交流渠道拓宽,就连电视新闻广播现在也鼓励观众将自己的想法和意见通过电话、短信和电子邮件传递过来,但是,这只有 20—30 秒的观众的参与是在复杂的分析和详细的批评缺失的前提下实现的,这种传媒多元主义——也就是说,多种渠道——并不必然能产生信息多元主义,即不能产生内容的多样化(Barak,2001;Manning,2001)。批评者认为传媒持续提供避免争议、维持现状的同质化现实的版本,相应地、对受众的忽略、给某些集团贴上标签、**生生成见**和犯罪化(通常以阶级、人种或性别的形式)的作法得以延续。

政治经济学家也强调了一个以市场为基础的系统对于民主参与潜在的不利之处,他们认为,传媒机构不断增加的商业化特征造成了经过检验和证明了的刻板套路,它具有娱乐偏见,瞄准那些很容易分辩出来的作为广告商潜在商业目标的、处于"最小公分母"

地位的受众。在似乎是对曾经具有创新性的思想没完没了和不断僵化地模仿所主宰的英国主流电视节目单上,那种提供令人震慑的、耸人听闻的和"真实"节目的力求稳妥的倾向变得日益明显。即使像 CNN 这样的 24 小时滚动的有线卫星新闻服务机构,也受制于他们不得不适应的新闻标准(参见第二章)和必须在商业环境中成功的压力。像 Blumler 对美国广播新闻传媒的观察所揭示的那样,尽管它们有专业政治新闻的传统,但是"不断加重的竞争压力诱导着全国的网络新闻避免复杂性的报道,仅仅选择那些获得和取得观众注意力的最主要的事件"(Blumler,1991:20)。这些最精彩的部分很少涉及深层的政治评论和后续的分析,相反,给观众提供了一个可能有很强的"人类兴趣"(human interest)特征的报道角度或者特别有戏剧性或暴力性的内容的娱乐片。这种常常被它的批评者描述为"倾倒"(dumping down)的新闻和报道现代事务的传媒在分析和讨论的基础上以受众的收视率为优先的作法,导致了一个"有缺陷的公众责任程序,在此过程中几乎没有提供能有规律地从不同角度发现问题的论坛"(1991:207)。犯罪成了一个被无休止要求流行、赢利节目模式的传媒内容所特别限制和约束的对象。从这种解除管制浪潮中生存下来的、为数不多的为多元主义者所赞扬的"记录"电影是一种"真正的犯罪"类型,通过它,严重的犯罪案件可以通过一种预测的模式被重新审视——它往往以犯罪自身的戏剧化的重构为出发点,在嫌疑人被逮捕判罪的戏剧化结尾之前,对有时被搞糟、常常转弯抹角的警察的调查进行一个自鸣得意的但又往往是事后聪明的审查。通常包括强奸和系列杀人这样的十分罕见然而引人关注的案件的这些节目迎合了受众寻求刺激、满足**窥私癖**这样的不良习性的要求,同时还满足了他们对报复的渴望。

尽管像互联网这样的以计算机技术为基础的科技看起来似乎支持了多元主义者对传媒可以方便对话和思想与意识形态的自由交换的信念,然而这些技术仅对那些能负担必要硬件、软件和开通上网费的人适用。对于解除管制和私有化的批评者而言,信息变成了一种出售给那些能买得起的人的商品,而不是一个可以得到的公共服务,信息娱乐片只是提供给公众的一种可选择项。而且,互联网就像可以证明的那样,鼓励人们从国家论坛的竞技场后退并且拒绝传统的政治团体的信息,相反,它喜欢存在于基于个性、生活类型、**亚文化**和简单政治学的专家社区之中。这或许被视为是多元主义的积极结果,新的社会运动和身份主义政治学往往更加易受传媒的危言耸听和污蔑的影响(Manning,2001),因此多元主义与其说是描述事物是怎样,不如说是在表达事物应该是怎样,另一方面,虽然这是一种必须和占主导的享有结构优势的集团的认可相符合的开放,无论是社会组织机构内部、还是在传媒内部,都有正在冲突的程序的存在(Schlesinger 等,1991;Manning,2001),多元主义提醒我们一定的程序的开放还是可得的。

现实主义和接受分析

在整个20世纪80年代,已经建立起来的理论都在遭受着反驳,先前被接受的假设均受到挑战,并因而改变了犯罪学和传媒学者研究的重心。在犯罪学领域中,一种新的被称为"**左翼现实主义**"的方法,作为像《应对危机》这样的著作中介绍的被视为左翼理想主义姿态的产物和反应出现了。归罪式的左翼的作家对犯罪适用简化论的观点,美化了工人阶级的罪犯,左翼现实主义者声称,政治论坛对于保守的法律和秩序运动来说是敞开大门的。这种运动的观点忽视以下事实,即绝大多数犯罪不是发生在阶级之间(也就是指劳动阶级对中产阶级的犯罪)而是阶级内部(即大部分犯罪对本阶级和本社区进行),像 Lea 和 Young(1984)这样的作者呼吁犯罪学家对犯罪"采取现实的观点",集中在它们结果的严重性上——尤其是对妇女和种族弱势群体来说——并主张在分析中提升犯罪的被害人的经历的分量(参见第六章),毕竟,如果对犯罪是一个严重问题的论断缺乏理性的精髓,传媒对公众的意识就没有影响力,正如本章前面内容讨论的那样,无数的使传媒和犯罪关系理论化的努力将会永远实现不了(Young,1992)。

同时,在传媒和文化研究中一种被称作"接受分析"的受众研究主宰了20世纪80—90年代早期的议事日程。研究者重新对传媒的影响进行了思索,不再把它视为一种超越个人控制的力量,而是一种有意识地被人们利用的资源(Morley,1992)。在拥有丰富传媒的现代交流环境中,每一种单一的中介或渠道的无所不能的特性消失了,许多受众将会选择与他们的工作、家庭和社会关系实际相联系的影像和意义,而且在一个民主、互动和科技驱动的年代里,传媒和公众文化被认为由"内部"和"下面"造就,而不是像传统所定义的那样来自"外部"和"上面"的强加(Fiske,1989)。到20世纪90年代中期,研究者已经不再讨论传媒能对人们做些什么,而是换了个说法,拷问:"人们拿传媒做什么?"

后现代主义和文化犯罪学

即使在不同的思想学派之间已经发展起来了对立和共识,仍然存在着一个清晰的贯穿到目前为止所有讨论的理论轨迹。**后现代主义**作为社会科学领域中最新的一种范式转换,可以被视为是对全球性的文化、政治和经济生活的有意义的新模式的一种反应,它取代和现代国家相联系的包括阶层结构、资本主义、工业主义、军国主义和民族国家等等许多结构特征。后现代主义常被报道为相对原来出现过的事物的一个决定性的转折点,像马克思主义这样的宏大理论因为主张包揽一切知识和真理而被摒弃,马克思主义还因为它不能认识到通过控制言论系统能使一些主张优于其他观点的途径——例如,法庭上的主导性话语能把被告人引入一个疏远他、压抑他的制度体系中(Walklate,2001;Bowling和Phillips,2002)——而归于失败。

然而,早期理论的轨迹可以在后现代主义的叙述中找到痕迹。像接受分析家那样,后现代主义的作者把受众视为积极的有创造力的意义建构者。后现代主义和现实主义者一样,也对犯罪和被害怀有恐慌,并和早期的标签理论者所做的那样都制造了像"犯罪"、"偏离"这样的存在问题的概念。而且,与赞同多元主义的学者相类似,后现代主义者认为传媒市场已经被解除管制,这导致了节目、题材和形式的爆炸性丰富,所有的兴趣和品味都可以得到满足,消费者拥有最终决定选择看什么、听什么、读什么、参与什么的权利,当然同时也有不理睬和拒绝的权利。在这个富丽而虚饰的互动的传媒市场中,只要不把受众的注意力紧张3分钟以上,任何事情都可行,都可被包装成"娱乐"面市。因此,后现代主义关心的是信息的无节制和现在能得到的娱乐,除了传媒的实际内容,它还强调传媒产品的类型和包装。这是一个"过度展示的社会"(Debord,1967/1997)、一个"超现实主义"的社会,在这个社会里,传媒的支配权到了这种程度,以至于影像和现实之间的差别已经不复存在(Baudrillard,1981/1983)。公众的传媒和意义的崩溃创生了一个以即时消费和耸人听闻影响为中心的文化而几乎没有对场合和分析结果的深入介绍(Osborne,2002)。被观察到的都是片断的、瞬间的、模棱两可的、快乐的、影像的、东拼西凑的,拙劣的模仿和讽刺是后现代主义传媒作品的特产,娱乐是传媒的义务,观众认可是唯一值得为之奋斗的压力和目标。

然而,这种对信息和娱乐区别的抛弃造成两个问题,其一是对后现代主义者可能要适用的意义讨论的威胁,一个基于多元主义类型的意识形态斗争的传媒市场可能能够满足提供一个讨论论坛的需要,但这得依靠公众辨别对错以及事实与解释的能力。在早期的对后现代主义的批语中,Dick Hebdige 警告道:

> 可以被核实的信息规则的观念,无论多么靠不住和富于变化,无论怎样服从于由竞争的意识形态之间的妥协还是争议,都会消逝在这个时代的转型时期……今天,来自火星的外星人绑架了慢跑者、昨天奥斯维辛事件没有发生、明天谁还在乎发生了什么?这里,所谓的后现代主义的"无深度"时代超越了……传媒越来越贪婪的依靠彼此需求的趋向,并影响了信息的功能和地位。(1989:51)

后现代主义的第二个困难存在于我们如何定义"娱乐",像

Hall等人所指出的那样,包括暴力犯罪在内的暴力常常被视为对受众有本来的娱乐作用,这些受众已经变得对从世界上每个角落轰击他们的大量的视觉影像在情感上超然物外、麻木不仁。许多人将此视为一个不断恶化的问题,Jerry Mander这样概括道:

> 新闻发布会能被报道一次,集会比新闻发布会更受关注,而游行又胜于集会;静坐示威又优于游行,而暴力优于静坐,理论在进化:提升每一个后续行为的戏剧化程度以维持报道的相应水平。(198:32)

通常是组织机构能够最透彻地理解这种加速原理,并超出主流的被广泛认可的关系。具有激进政治议事日程的集团对操控传播的艺术驾轻就熟,常常在知道将会很受欢迎的情况下,通过使用自相矛盾的但又游刃有余的手腕来创造事件。"动物解放前线"(Animal Liberation Front)和"绿色和平组织"(Greenpeace)和其他的反全球化、反资本主义的团体就是一些能够吸引传媒关注和确保成为抓住受众注意力的头条新闻的极端成功的压力集团的例证,甚至警方也在利用技巧来提高戏剧性和悬疑性以制造场面的可视性,他们甚至安排满足窥私癖的电视节目;他们还幕后指挥举办包括被怀疑有不正当行为的严重犯罪的被害人的新闻发布会,或者安排现场拍摄警官对偷窃和毒品嫌疑分子的住处进行的戏剧化的袭击突查。

但是,像有证据证明的那样,是恐怖分子学会了借助耸人听闻影响来给人们的内心带来最大的,最有破坏力的影响:

> 恐怖分子公开展示的暴力行为可以被视为是对沉溺于高度戏剧化的新闻报道文化益处的一次演习……恐怖分子的行为是极端的"虚拟事件"(pseudo-event),除非这种事件在新闻传闻中被报道,否则它既没有政治价值也没有军事意义。(McNair,1998:142)

然而,这种"迎合摄像头"的作法可能对恐怖分子、唱反调者和国家侵略者皆如此。例如,正像有目共睹的2003年联军对伊拉

克的作战中反映出来的那样,当时新闻记者被和军事人员安排在一起并前所未有地被允许对军队和战争进行了报道,同样:

> 当里根总统在1986年轰炸利比亚时,从军事角度看,他的命令并不是在一天最有轰炸效果的时段做出的,轰炸袭击时间的选择主要由美国电视新闻的时间表决定;时间被计划为使电视的影响最大化的方式,轰炸袭击的时间被安排在里根可以在主要的晚间新闻中宣布"袭击刚刚发生"的那个时段——袭击被设计成了电视事件。(Morley,1992:63—64)

但是最引注目的记录后现代传媒"表现"的例证发生在2001年9月11日,当成千上万的美国人将会把旋钮调到电视的早餐新闻时段时,恐怖分子对世界贸易中心的袭击发生了。这个时间安排确保了世界各地的观众在错失了对北塔楼令人耸然的初次袭击之后可以正好赶上观看第二架被劫持的客机在16分钟后撞上南塔楼的"生动的现场画面"。从那天起,电视图像——被瞬间传遍全球——已经无可争议地成为最引人注目的曾经出现过的最令人难忘的新闻场景,它引起了无可胜数的从《火烧摩天楼》(The Towering Inferno)到《独立日》(Independence Day)的电影再现,这个"震撼世界的事件"之所以有如此的压倒性的影响,是因为它在屏幕上有如此即时和戏剧化的影像内容,它的确是后现代主义的一个奇观。

恐怖分子对无辜平民的袭击和我们都可能是潜在的被害人的后现代主义的观念合拍,后现代主义的分析摒弃传统的犯罪学对犯罪原因和后果的分析,它向我们揭示出社会的支离破碎,向我们指出可能麻痹整个社会的恐慌以及可能在任何社会层次爆发的随机的暴力以及政府采取措施应对这些问题时明显的无能。这种潜在的、不可预知的危险被一种无所不在的传媒所强化。后现代主义的批判者Richard Osborne认为,这种无所不在的传媒促成的犯罪加重了成为被害人的感受:"传媒关于犯罪的论断让所有的受众同样地屈服于片断的、随机的犯罪的威胁,这种作法给始终存在的、永不停歇的犯罪威胁叙事提供了先决条件。"(Osborne,1995：27)因此,传媒将所有受众变为相同的潜在的"被害人"的倾向倔强地存在于后现代主义对犯罪的迷恋的中心,对 Osborne 而言,在传媒和公众那里有一种迷恋这种叙事的势向,一种重复演习成为被害可能和避开这种被害的歇斯底里。(1995:29)

包围在犯罪案件周围的对成为被害人的歇斯底里的忧惧和后现代主义迫切的娱乐受众的要求融为一体的另一个方面是,传媒把普通从突出分离开来的无能或是不情愿。受众无论是在报道事实类的传媒中,还是在虚构性报道中,都经受着像系列杀人案、陌生人绑架儿童这样的非常稀少的犯罪的轰炸,把不正常的事件报道为常态的案件,起到了加重公众焦虑和将他们的注意力从像街头犯罪、组织犯罪和家庭内部虐待儿童这种非常普通的犯罪移开的效果。对"始终存在的"凶残的恋童癖者、那些对领养老金的人下手的恶棍和准备为了一点点小钱就杀人的年少流氓的报道,是知道这种惊恐、暴怒和恐惧会使报纸销量大增的传媒产业所经常采取的老套的作法。近几年,传媒的兴趣已经转移到了对在某种暴力和/或犯罪行为中可以观察到的共同的困扰的发泄上,这使得这些犯罪在公共印象中占据着一个特别的标志性的位置。一般认为,个体"聚笼起来"来表达共同痛苦和以一种同情并和被害人团结一致的姿态来关注犯罪场景是人们需要归属感的一个信号,是对大众社会以前总体性的一种回归,或者使用工党的措词,是一种对"人民力量"的断言(Blackman 和 Walkerdine 2001:2)。但是,同样地,做为超现实主义一部分参与全球性的传媒促成的事件并声称"我到过那里"可以被视为是窥私癖的一种需要。

后现代主义方法中包含的民粹主义的、以娱乐为迫切需要的主张是正在发展中的以"文化犯罪学"而闻名的观点的中心(Ferrell 和 Sanders,1995;Fenwick 和 Hayward,2000;Presdee,2000)。这种方法既寻求理解公众通过大众传媒对犯罪和暴力的痴迷,又寻求对将暴力犯罪作为一种娱乐或公开展示的理解。这种犯罪学明显借鉴了较早的 Stuart Hall、Stanley Cohen、Phil Cohen、Jock Young

和其他作家的作品中关于所有犯罪都以一定的文化为背景,这种文化实践内含在权力的主导过程中的观点。因此也支持受早期马克思影响的批判犯罪学的"犯罪行为是反抗当权者的斗争"的观点。不像早期的把反抗想象为内在的东西并通过个人的和亚文化的类型表现出来而加以解释(Hall 和 Jefferson,1975;Hebdige,1979)的作法。文化犯罪学强调包容在反抗中间的激动和疯狂热爱的外在体现。尽管许多罪犯的行为包含冒险和危险,但事实上可能代表着一种试图打破苛刻的、压抑的环境的努力和尝试控制自己的命运并对其负责的精神(Fenwick 和 Hayward,2000;参见 Morrison,1995)。在英国,不断增多的涉枪犯罪和帮伙类杀人可以视为——有点讽刺意味地——使涉及到的个体感到活力澎湃的一种行为。

在文化犯罪学中,犯罪被视为一种参与性的活动,一种"嘉年华会",而街道也就变成了舞台(Presdee,2000)。有些评论家发现就文化犯罪学避免"硬要别人领情的将不利环境下的罪犯视为被害人"而言,这是一种对像《应对危机》这样的受马克思主义影响的研究方法的与众不同的矫正(Jefferson,2002)。一个来自英国的犯罪嘉年华会的引人注目的例证是飙车,在描述20世纪90年代出现在牛津 Blackbird 庄园的仪式性的大范围的飙车时,Presdee 曾经评论到:

> 在本质上他们把飙车变成了一种像过节般热闹的、以表演为中心的特殊形式的犯罪。飙车是这样一种活动:一队当地的年轻人会选定目标车、然后偷走它(或委托别人来偷走它)。这些车会被提供给另外一些会收拾它们的人,那些车最终会被提供给它们的驾驶者。夜幕降临之际,围着庄园,这些车开始竞赛,并不盲目而是为了在某种程度上炫耀车技,而且,两个竞争的集团(或小组)都力图超过对方,这些展示往往被坐在庄园路边的郊游椅上的居民观赏,这些居民据说每人都被索价一镑,比赛结束后,这些车会被在荒野中焚毁。(2000:49)

其他的混乱,包括骚乱、抗议也可以以这种方式看待。并非所有的像过节日般热闹的活动都涉及犯罪,但可以讲在某种程度对这些活动的参与都能导致犯罪。喧闹的宴会和舞蹈文化,每周巴黎大街上的恶少聚会和伦敦以及其他世界较大城市一年一度的对全球资本主义的抗议,都是当局持续的试图通过立法禁止嘉年华会活动的例证。因此,文化犯罪学家所感兴趣的不是犯罪的文化意义,而是某种文化实践的犯罪化。

文化犯罪学仍处于相对的幼年时期,它的长远影响有待观察,然而即便如此,它也已经对犯罪、传媒和文化之间的联系方式产生了显著的影响,例如,维持秩序的根据问题是犯罪学调查的中心,但是理解维持秩序的根据问题的理论的、经验主义的框架已经扩大到包含刑事司法和犯罪话题之间复杂的、交互的权力关系的程度。正如 Ferrell 所评述的那样,秩序的维护问题不仅仅在它的政治或社会场合被理解,并且被作为一套和"真实"的电视节目、每天的公众监督以及警察亚文化的象征主义和美学自身相纠缠的一套语言学的实践被解读(McLaughlin 和 Muncie,2001:76;也参见 Leishman 和 Mason,2003 和本卷第六章)。

犯罪学因此被鼓励超越它的传统的领域并拓宽其视野以包括艺术、传媒、文化和时尚方面的内容(South,1997)。文化犯罪学欢迎后现代主义关于差异、断续和多样性的概念,努力打破陈词滥调的限制。先前被认为不按惯例出牌的一些利益集团被包容在一个对人种学调查的新的热情之中(例如,请参 Ferrell 和 Sanders,1995,Ferrell 和 Websdale,1999;Ferrell 和 Hamm,1998)。同时,后现代主义多样性和替代性表达的计划已经正式赋予了"一个知识分子的新阶层"以正式的形成权,这个新阶层是指那些不断增加的来自不同位置的人的组合(Whiteacre,未注明日期:21 页)。从某种程度上讲,后现代主义范式在犯罪学内部的出现可视为对仍然延续着影响力的实证主义的挑战,这种实证主义被视为导致了围绕在快感追求周围的所谓的"专家知识"的真空。对原因和科学理性的极端重视,意味着传统的犯罪学已经不能对像兴奋、快感和渴望这样的感情做出说明,例如,一些批评家因为犯罪学历来忽视了同性恋人群,因而呼唤"同性恋犯罪学"(gay criminology)的创立,而不是构建一个把同性恋和基因的倾向相联结的实证主义的说教。同时,在继承 Jock Young(1971)早期关于大麻吸食者的研究中,Kevin Whiteacre 认为,人们毫无异议和全无负罪感地使用毒品是对生根于文化期待中的关于正确满足渴望的科学的一种讥讽(Iran Taylor 也试着开展对消遣性毒品使用的无所不在和正常化的讨论,参见Taylor,1999:81—86)。

后现代主义理论认为,像性和生活方式选择这样的个体特征已经取代了传统的基于性别、阶层和人种划分的区别,从而使这些传统的标准不相关和多余。像互联网这样的计算机促成的交流的发展与扩张已经给个体特征的实验提供了一个背景,并因此给犯罪学开辟了新的利益天地,像我在其他地方指出的,电子空间无限地便利了偏离想象的新的可能:

> 只要你乐意,用正确的设备和足够的科技知识,你可以购买新娘、巡游于同性恋吧、你能去一家环球商店毫无节制地花别人的信用卡、闯进银行的安全系统、在别的国家计划一个展览或者以黑客身份闯进五角大楼——甚至可以在同一天实施以上全部的行为,匿名、脱离现实、超越和超速是互联网交流的特征,把他们结合起来,它们可以使我们无畏、超脱、不会出错。(Jewkes,2003a:2)

这些活动承载着激动感和在许多网络犯罪的内心深处的渴望,而且还暗示着这种快乐能被转化成某种更黑暗和扭曲的东西的寓意,后现代主义的传媒结合了"快乐"和"仇恨"、"残忍和玩笑"、"包罗广泛"、"可以利用"、"可以进入的"和"极端主义者"等这些概念(Presdee,2000;Jewkes,2003a)。互联网欢迎一个娱乐、吸引眼球但又令人不快、自恋和行动的世界,当互联网涉及私人快乐时,它当然是犯罪嘉年华会联欢的中心。

总结

除了特别提到关注社会学更宽阔领域的重要性,上文不可避免对两个领域的历史发展进行了去伪存真的蒸馏,本章对影响犯罪学和传媒研究轮廓的主要理论的起源和发展都做了跟踪,并努力对两者间的共同点和差异做了一些概括性的分析,在这个过程中,我建立起来这样的观念,即没有相对一致的、广泛认可的和正式的能够总是被命名为"传媒理论"和"犯罪学理论"的断言,尽管这样的措词被广泛使用,但两个领域中没有一个能以一套标准的概念体系、一套相互关联的假说或者一套总体性的解释框架来加以统一,然而,一般认为,一种进步感还是在关于传媒与犯罪的思想中非常明显。除了他们明显的病因学和方法论的差异之外,在本章中讨论的理论方法具有明显的共同点,这使得我们可以把两者放在相伴而生的社会、文化、政治和经济等要素不断发展的更广阔的背景中间去研究,总之,我们赖以"悬挂"我们分析的理论的"柱栓"如下:

- 传媒影响:

早期的关于传媒和犯罪的理论以对传媒的作用和受众的易受影响这样的负面认识为特征,在一个不确定的动荡的年代里,当社会行为被视为极大地受外界力量而非个人选择问题所影响和决定的时候,不断出现的大众传媒相应地变成了许多关于强有力的刺激物的有害影响理论所认定的罪魁祸首,正像拥有射线武器的火星人一样,新的公众交流的传媒在20世纪早期被视为是把它们的信息直接注入被捕获的受众的思想的外来侵略者。尽管英国学术研究者强烈反对断言在传媒和犯罪之间存在因果联系,并因此在传媒学术界引起并非多余的讨论,传媒是能够引申出负面或反社会后果的潜在具有危害性的事物的观念仍然普遍在主流的、包括那些被制定进政策的说教中根深蒂固。

- 紧张理论和失范:

Merton对失范理论的发展帮助我们理解在财富和地位等文化

目标和实现这种目标的合法手段之间的分离所引起的紧张,对那些几乎没有办法通过正常、合法渠道获得成功的人而言,大众传媒——尤其是广告产业——通过创造一个很难有实现机会的巨大的不知满足的欲望之井来给人们设置了无法测算的压力,正是在这种情况之下,一些个体追求通过非法途径来获得成功和物质财富等这些令人向往的文化目标。Merton 的工作追随了 Durkheim 关于社会的特点和个体如何努力在面临被分割的情况下获得一致性认同的研究。最近的关于失范的评论认为那些不服从的个体通过适应植根于共同的旨趣和观念的一致性来克服被孤立或失范状态,互联网在一定程度上填补了财富和地位之间的差距所必然产生的失位感。

- 主流意识形态:

随着马克思关于社会结构著作的再发掘,20 世纪 60—70 年代的学者将他们的重心集中在了"赞同"是怎样被通过强有力的意识形态的途径制造出来这个问题上。依据这种主流意识形态的方法,对某些集团和行为的犯罪化和非犯罪化的权力,由占统治地位的精英在一个被称为支配权的程序中所把控,这些精英通过包括传媒在内的社会机构赢得对他们行为的普遍认同。简言之,有权力的集团通过对犯罪和偏离行为的定义来赢得公众的认同,并通过不断严厉的控制手段和防泄漏系统来获得公众的支持,这个过程不是通过强制,而是通过传媒来构筑一个精妙的由一些被明确表达进公众说教的意识形态之线来织成有意义的网络(Stevenson,1995)来实现。犯罪和偏离可以潜在地给权威设置一种尴尬的并具有摧毁他们细致构建的一致性的危险。但是支配权确保所有危及现状的事物(像犯罪、偏离和混乱所表现的那样)被视为一种没有它们世界将是一个和谐统一体的暂时的插曲。

- 多元主义:

这种观点作为一种对支配型的传媒力量的挑战而出现。多元主义强调传媒途径的多样性和多元性,因此反对这种观念,即如果不能表明人们所经历的是真实的,任何意识形态都可能在任何时期内是主导性的。虽然毫无疑问在绝大多数政治家和新闻传媒部门之间有一个坚定的、牢固的联盟(确实,托尼·布莱尔的工党政府已经将传媒操控到了政治演说本身都成为新闻报道的对象的地步),但持反抗立场、具有相反的意识形态的公众还会出现(Manning,2001)。多元主义认为,传媒忽视、奚落那些政治观和生活方式存在于共同认可的规则之外的人的倾向正在变化,这恰恰是因为公众情趣已经变化,对政治交流机构的反感日益增加,人们对犯罪的反应比任何传媒的头条或简短的新闻评论所使人想到的更加复杂和多样(Spark,2001)。除此之外,或许还会有人认为现代新闻制作的数量和速度动摇了精英力量的观念并确保政府对它们的选民负有责任并反应迅速(McNair,1993;1998)。

- 后现代主义和文化犯罪学:

后现代主义是出了名的难以把握。我们能够指出的后现代主义中包含的"定义性特征"包括:对包罗万象的科学理性的终结;对经验主义真理理论的摒弃;对实践的片段化观念的多样化的强调。后现代主义摒弃过去的宏大理论,挑战性地指出我们生活在一个充满抵触和非一致性的世界——这和客观主义的思考模式相抵触。在犯罪学里,后现代主义摒弃犯罪的说教,力图构筑一个定义犯罪程序和惩罚的新的语言和思维的模式,对后现代主义者而言,没有值得提问的合理的问题,Henry 和 Milovanovic(1996)坚持认为,当司法系统、传媒和犯罪学家不再将注意力集中于此时,犯罪将不再是一个问题。

传媒和文化是后现代主义分析的核心,形式是实质,意义在再现中存在。相应地,犯罪及其控制只能作为一个不断旋转中的受影像驱使的存在于不同话题间的传媒螺旋上升环节被理解(Farrell,2001)。文化犯罪学利用这些后现代观点,借鉴尤其英国学者在20世纪70年代关于亚文化和社会控制的传媒促成的形式,用一些更"激进"然而已经建立起来的观点来加强了这些理论。在同传统的、不关心"情感"和"快乐"的实证主义的犯罪学的明确的决裂中,文化犯罪学也对犯罪可能具有的令人兴奋、信息丰富但具有危险性的娱乐性质给予了关注。

研究的问题

1. 选择本章讨论过的理论之一论述它对理解传媒和犯罪的关系所起的作用。

2. 像《世界大战》广播所展示的,对传媒影响的关心常常反应或暴露出在社会动乱时期形成对传媒影响的深层的焦虑,对于当今社会对传媒影响的关切,你能够想起哪些例证?这种担心以何种形式对社会变化所带来的更大忧虑起到了推动作用?

3. 对一周的新闻进行内容分析,对关于新闻是意识形态的论述你能找到什么证据?对于大众传媒被富有效率地吸收进政府关于犯罪、法律和秩序的政策目标你能找到何种证据?

4. 作为对马克思主义指导下的批评家的挑战,一些文化理论家(例如,Fiske,1989)认为,所有的流行文化都是"人民的文化",都来自"下层"而不是被"上层"强加,这对于那些持不同意见或相反意见的人意味着什么?当公众文化推动男性的权力和暴力、推动妇女与儿童遭受性侵害或成为被害人时,它能否真的被描述为与社会被划分为等级无关?

5. 在后现代主义分析的核心存在着一个棘手的问题,即犯罪为何是危险、骇人的同时又是公众的和"娱乐"的?你将如何回答这些问题?

进一步阅读

现在有许多对犯罪学理论好的介绍,最好的、最容易得到的包括:Walklate, S. (1998) *Understanding Criminology: Current Theoretical Debates*, (Open University Press); Hopkins-Burke, R (2001) *An Introduction to Criminological Theory*, (Willan); Tierney, J. (1996) *Criminology: Theory and Context* (Longman)。

McLaughlin, E 和 Muncie J(2001) *The Sage Dictionary of Criminology* (Sage)一书提供了本章讨论的许多理论的有用的定义和出色的基本介绍。同样,也有一些对传媒理论相当综合的介绍,例如, McQuail, (2000) *Mass Communication Theory: An Introduction* (Sage)一书,现在该书已经是第4版了;还有新的 Sage 期刊 *Crime, Media, Culture: An International Journal* 也为增进对犯罪、犯罪司法、传媒与文化之间的关系的理解做出了跨学科的贡献。

第二章
犯罪新闻的结构

章节内容

新千年的新闻标准	48
门槛	49
可预测性	50
简约化	53
个体化	55
风险	57
性	58
名人或高阶人士	59
相似性	61
暴力	64
过度的显示和生动的影像	66
儿童	68
保守主义世界观和政治分野	70
新闻标准和犯罪新闻的制作:一些总结性的思考	72
总结	73
研究的问题	74
进一步的阅读	75

概 览

第二章包括以下内容：
- 犯罪新闻如何沿着意识形态的轨道被制作
- 理解新闻制作的需要和限制与可以感知的目标受众的兴趣之间的互动并最终形成一套机构化新闻标准的方式。
- 对新千年在建构犯罪新闻中居于主导地位的12个核心价值的概观
- 对新闻的结构如何给公众和政治争论构建议事日程的讨论。

关 键 词

设置议事日程	犯罪新闻	公众兴趣
受众	意识形态	公共利益
两极对立	道德主体	社会结构主义
名人	新闻价值	
犯罪	新闻标准	

在前面的章节中所讨论的理论方法的多样性提醒我们关注下列事实，即传媒对我们的思想、价值观、观念和行为的影响可以是正面的也可以是负面的，这取决于我们所采取的角度。那些努力揭示传媒内容和犯罪、越轨行为之间联系的人们曾经借用无数的理论模式以期建立他们替代性的、但又常常意思相左的观点。在这些观点中，有人认为，传媒对那些摧残我们社会的许多犯罪负有责任，但也有观点认为，传媒在给我们带来犯罪的知识方面履行了公共服务职能并因此有助于预防犯罪。还有人甚至认为传媒正在重新定义和制造已经过时的传统的关于犯罪和偏离行为的概念。从这些分歧很大的观点中可以清楚地看出，传媒报道的现实作用

被激烈地争论着,而且这在很大程度上受解释的影响。虽然如可证明的那样,在对传媒的影响的讨论中,包括电影、电视剧、音乐剧等对犯罪的虚构的描述手段处于突出的地位,但对犯罪新闻的报道也同样重要,并且同样被娱乐的功能所影响。的确,虽然人们期望新闻仅仅报道事件的事实本身并且是犯罪图景的全部的精确再现,而事实却远非如此。即便是对犯罪报道的最仓促的调查都会显示,犯罪的报道鲜明地遵循着不同的模式。因此,虽然经常被描述为"世界的窗口"或反映"现实生活"的一面镜子,将传媒视为是精妙地折射着和扭曲着它所反射的世界的棱柱体或许比较准确。

无论我们是否应当坚持传媒影响的"效果理论",把传媒的力量武断地理解为对精英利益的一种表达,或者是对开放的传媒市场的多元主义认识,或者是后现代主义的传媒图景,我们都不得不得出结论,传媒不是现实,它是现实的一个版本,这种版本从文化上决定于两个相关的要素。首先,传媒促成的现实图景受新闻机构的制作过程和新闻形成的结构性决定要素的影响,这些要素的任何一个或全部都会影响人们心目中的犯罪、罪犯和审判系统。这些要素包括对已经解决了的并最终判决有罪的犯罪的过度报道;包括在对像法庭这样的可能发生吸引人的事件的机构地点的报道中,报道者所使用的部署策略;包括为了迎合新闻制作的时间表而制作故事的需要;还包括以牺牲原因解释为代价的对具体犯罪的报道;包括对个人安全的关注导致摄像师躲在警察安全线之外对公众骚乱事件的报道;以及对官方的被正式认可材料的过分依赖。第二个影响新闻制作的因素和传媒从业者对**受众**所做的假设有关。他们遴选出新闻项目,优先采用一些事件,编辑文字,选择适用的语气(一些可能被严肃地对待,另一些则会被加以幽默或讽刺处理),并且要选定与报道的事件相适应的影像画面。通过这个被视为**设置日程**的过程,在大众传媒领域工作的人们从世界每天都在发生的数不胜数的可能性中选出一些事件,并将它们变成富有意义的、包含解决方案的和与具有特定类型特征行为的某些特定人群相联系的事件,并提供"世界图景"以帮助我们建立参照框架。这绝不是一个随意的个人的过程,编辑和记者们会按照一系列的专业标准以确定一个事件的"**新闻价值**"而选择、制作和提供新闻产品。这并不是说替代性定义并不存在或者说其他非妥协性影响微不足道,只是如果一个事件不包括一些最基本的被视为是新闻标准的特征,它就不会出现在新闻报道的时间安排表上。

因此,**新闻标准**就是记者和编辑对一个事件的公众认知度的价值判断。也就是判断一个新闻能否**引起公众兴趣**的一个标准。**公众吸引力**能数量化测量。简单说,缺乏公众认知度将反映在低迷的销售量或收视(听)率上。正是公众认知度的考虑常被用作证明不断依靠那些富于戏剧性、具有耸人听闻特征的人物或名人内容的故事的合理性。公众兴趣的问题复杂得多并更易招致诸如机构影响或更为常见的政治压力这样的来自外部的干预。虽然新闻报道受到较少的限制,广播却更多地经受着"不公平"观念的种种限制。BBC 尤其容易屈服于政治杠杆,例如,Hutton 对政府武器顾问大卫·凯利博士自杀案的调查;以及高级警官和内政部长戴维·布朗奈试图禁止 BBC 播放反映新警察成员中存在种族主义的记录片,这两件事都是 2003 年以来最近发生的两个案例。干预常常是刚性的,从对信息的控制到对出版的直接禁止,而不"为公众感兴趣"常常成为不符合政府利益报道的一种委婉的表述。相应地,压力或许是如此隐晦,以至于它看起来更像编辑或者制作者的自我审查。但正如 Fowler 指出的那样,决定传媒议程的新闻价值很难讲是"记者的阴谋",事实要微妙得多,没有一间新闻工作室你可以找到钉在墙上的提醒记者和编辑们关于事件的角度应该是怎样的东西,相反的,那些和大量的常被解释成"对事件有着天生的敏感性"、但事实上常和大多数受众具有相同的**意识形态**价值的职业惯例同来自商业、立法和技术方面的压力一样成为新闻业的特点。这种相同的精神特质使那些在新闻机构中工作的人们可以系统地分类、分级和挑选潜在的新闻事件,而那些对受众而言没有可以被感知的趣味或关联的线索常常会被弃之不用。

第一位试图系统地识别、分类那些普遍决定和构建所报道事件的新闻标准的人士是 Galtung 和 Ruge(1965/1973),他们一般地关注新闻报道而不是犯罪新闻本身,但是他们认为有些事件更容易被报道——出乎意料的、靠近家庭的、在戏剧性影响这一点上具有开端意义或者本质上有否定意义——这使他们与犯罪报道具有相关性。在他们的经典分析之后,另一个有影响的研究在 1977 年由 Steve Chibnall 提出。尽管已办刊 30 年,并且关注战后从 1945 到 1976 年新闻报道的优先点,《法与秩序新闻》(*Law and Order News*)正如可以证明的那样,成为研究和犯罪报道有关的新闻标准最有影响的作品,并且导致了在许多不同的背景中对新闻标准观念的无数次的施用(包括 Hall 等,1978;Hartley,1982;Hetherington,1985;Ericson 等,1987,1989,1991;Cavender 和 Mulcahy,1998;Surette,1998;Manning,2001;Greer,2003a)。

然而,英国和半个世纪之前相比已经大相径庭,监狱数量从 1977 年的 4 万多处飙升至 2003 年 4 月的 73850 处,并预计至 2009 年 6 月可以达到 99300 多座。现在的新闻报道包含着对许多过去三十年不曾听说过的一些犯罪的提及,例如道路危险驾驶飙车、对汽车抢劫、倒卖摇头丸、偷窃身份证。相反,像财产犯罪这样的在战后时期占《泰晤士报》(*The Times*)25% 的非暴力型犯罪(Reiner,2001;Reiner et al.,2001)现在是如此普通,以至于它们很少在全国性的传媒上被提及。传媒版图自身的演化已经使我们无从识别。在 1977 年的时候,只有 3 个电视频道,少量的报纸和杂志,尽管电子邮件技术已有发展,但那时还只是坐在大西洋两岸计算机实验室里的少数学究们的专属领域,所有权和控制权的结构已发生了变化,新闻和其他传媒的产出一样,明显地以市场为杠杆并且不像以前那样轻松,而是常常被总是迫近的截稿期压得喘过气来,政治已不像 20 世纪 70 年代那样在社会主义和资本主义间因意识形态的尖锐对抗而两极分化。同时,现代的受众如可以证明的那样比先前任何时候更富有知识、更老成、更富有怀疑和思考的精神,他们当然在传媒方面足够精明,知道如何把握有政治倾向性看法的分寸(Manning,2001)。而且,一些评论家认为,职业传媒工作者将正常的东西制作成突兀的压力已经渗透到了后现代,在新千年里,那些传统上被称为新闻采集的工作,已呈现出和后现代主义所指斥的"虚拟物"相类似的"为了电视而结构化的"的性质(Osborne, 2002:131)。现在是在21世纪的开始,是重新衡量构成我们读到、听到、看到和下载的新闻结构的时候了。那么,什么构成2004的新闻标准?

当然,Galtung 和 Ruge 在1965年所认可的、Chibnall 在1977年仍认为还是可信的一些标准将在下面的分析中被引用。记住以下两点也很重要,其一是不同的标准常常会决定不同传媒(并由此导致不同的或相互竞争的组织体)对不同事件的挑选和再现,并决定了广播传媒常常在决定哪些事件有新闻价值时常常追随新闻报刊的日程。因此,就不奇怪,为什么《太阳报》(Sun)的新闻标准总是和《独立报》(Independent)的门槛有些许不同并和BBC的也有所差异。即使在十分类似的新闻机构中,像英国的小报行业,或许也存在许多新闻报道的差异,这些差异在很大程度上可以由讨论题目的报社的一贯风格来做出说明。有些传媒借助于来自被害人和目击证人的一手的叙述来加强悲剧效果或使用过多的情感的方式来强调犯罪事件的"人的兴趣"这个角度,这或许是专门设计来吸引女性读者的手法。有一些传媒则通过强调性和色情,采用危言耸听哗众取宠化的方式来大肆渲染犯罪,同时采用一种丑闻化的、令人反感的、淫秽的腔调。

新闻价值也会随着时间的演化不断地产生微妙的变化,尽管在新闻性分数表上得分越高(即符合多项成为新闻的标准)就越容易被制成新闻,一个事件也不是必须符合所有的标准才能形成新闻。新闻标准在不同的国家和文化中变化很大,应该知道的是下列清单所体现的是英国传媒的设计思路。虽然下表不是详尽无遗的,但它考虑了绝大多数现代传媒机构新闻制作过程中非常明显的12个特征,尤其是对审视犯罪报道具有特殊的意义的那些;另一个在思想中必须树立的观念是,"犯罪"可能因为它自身的性质被评定为具有新闻价值、符合新闻标准,但这并不意味着在研究犯罪新闻的时候,本章所概括的新闻标准都明白无误地附属于犯罪新闻。我们也假设大量的犯罪情节在本质上是负面的、假设新闻必须包括一个"新"或新奇的要素,即此新闻必须告诉我们一些不曾知晓的事情(McNair 1998)。犯罪性、负面性和新奇性因此并没有在下列表中作为一个独立标准出现,而是作为所有讨论标准的基础。人们一般理解,任何一种犯罪都有成为新闻事件的潜在可能性,都会包括负面的特征(既使最后的结果是正面的或报道为本质上是一种"好新闻"的事件),它包含新的或者新奇的要素(既使它被包含在其他的、相近的故事中以强化某种特定的议程或者给人带来犯罪浪潮的印象)。因此下列新闻的价值标准关注的是那些没有被报道过的负面的关于犯罪的事件(已经具有潜在的趣味性)是如何通过和新闻报道的其他特征互相作用而更具新闻性的。

新千年的新闻标准

下面所列的决定犯罪新闻的 12 个新闻结构和新闻标准将在本章的余下部分得到讨论:
- 门槛
- 可预测性
- 简约性
- 个体化
- 风险
- 性
- 名人和高阶人士
- 相似性
- 暴力
- 过度的显示和生动的影像
- 儿童
- 保守的意识形态和政治分野

门槛

为了具有新闻价值，一个事件必须迎合某种程度的可感知的戏剧性价值。一个潜在新闻事件的门槛会依据新闻报道者或编辑是在一个地方性的、国家级的、还是全球性的传媒中工作而有变化。换句话说，像破坏和街头抢劫这类案件的报道更容易成为地方报纸的特点（而且极有可能在农村地区或者低犯罪率的地方成为头条），但如果要迎合国家级或国际性传媒的门槛要求就必须是严重得多的犯罪。而且，每一个情节要达到作为新闻的基本要求，它或许还不得不迎合更严格的标准以保留在新闻的日程单上，传媒常常通过设置新的门槛以保持犯罪波动的态势或使某个特定的犯罪事件活跃。例如，犯罪新闻的一个长期的主要内容是对居家老年人的袭击，这样的事件常常被用作平静新闻期的"填充剂"，且常常被大量地报道，这往往预示着，一个广泛的迅速接近危机点的社会问题的存在［例如,《镜报》(*Mirror*)的"让人震惊的问题"，2002年7月12日］。但是尽管对老年人的严重的攻击事件自身就可能视为有新闻价值，但记者们不久以后就会寻找一个新的角度去保持这类故事的"新鲜"并添加进去新奇的要素。这或许仅仅涉及和事件有关的戏剧水平的提高，或者需要其他新闻结构和新闻价值的适用以保持新闻事件的"新闻生命"（参见 Hall 等,1978年,第12页）。在2002年，英国新闻传媒采用了一些补充性的标准给袭击老年人的事件增加了一些新的角度，这些标准包括：提升戏剧性和风险性（例如2002年8月1日的 BBC 网上新闻就采用过这样的题目："对老年人的袭击下次可能转化为谋杀"）；名人（如2002年7月21日《观察家》(*Observer*)刊载了"抢劫者袭击 Bruce Forsyth 的住处"）；性的内容（例如2002年5月9日 BBC 网上报道(*BBC News Online*)过一个93岁的老妪在一个男子闯入她家并强奸了她的大女儿后的不知所措的倾诉）；令人毛骨悚然的内容（2002年8月3日《卫报》(*Guardian*)报道了一个痴迷吸血鬼的十几岁少年，刺死一个年长的邻居并掏出她的心脏,吸干她的血）；采取讽刺的角度(如2002年11月9日的BBC网站报道了吃退休金的人用拨火棍和拐杖驱跑了欺诈访客(bonus caller)*);还有和少年虐杀老人相反的故事(如2002年11月12的BBC新闻报道的"一个76岁的老人因为邻家男孩唱歌太吵而将其杀死")。这些附加的门槛可能采取多种形式(我们或许可以给上面的新闻标准清单加上包括"反复无常的"、"幽默的"、"奇异的"、"思乡的"以及"感伤的"等等其他许多新的内容)。经过数月的对进入英国政治避难的人士和非法移民的歇斯底里的报道之后,《每日之星报》(*Daily Star*)在2003年8月21日仲夏的那个宁静的新闻报道日子里,用它的头版头条刊载了名为"避难者吃了我们的驴子"的报道。这很好地论证了本文的观点:新门槛的增加给耳熟能详的主题带来了新奇的要素并且或许能使逐渐过季的新闻事件得到再次关注。

可预测性

正像本章的引述所言明的那样,毫无疑问,一个鲜见、极端或出人意料的事件会被视为有新闻价值。和上述的门槛问题一样,出乎意料性也给一个事件增加新奇性价值,尤其是传媒对一种"新"的犯罪的"发现"足以使它变得突出。Hall等人举例阐述了在20世纪70年代走私作为一种耸人听闻的系列犯罪是怎样地被英国出版界所描绘,从那以后,像撞车袭击、汽车抢劫(按英国传媒的说法,所有这些都源自美国)这样的犯罪,一直是足够出人意料并且对保证它们的新闻价值性来说称得上新奇的事件。

但同样,一个可预测的故事能被视为具有新闻价值是因为新

---

* 这是近年来经常出现在英美国家的一种欺诈行为。实施这种行为的人常常用欺骗的手段进入被害者的家中以实施侵害行为,例如,可能会以自己的车子抛锚而用一下你的电话的名义,或者以是抄表工、水暖工要进入房间查表或查暖气为由而要求进入你的房间。当进入住宅后,他们往往会实施抢劫、伤害等不法行为,据统计,在英国现在每年大约有1.2万件这样的案件发生。详情请参见:http://www.bbc.co.uk/crime/prevention/boguscallers.shtml。——译者注

闻机构能预先计划他们的报道内容,并相应地调动他们的资源(例如,记者和摄影师)。这导致了对诸如警方、政治家和来自高层机构的发言人这样的常被视为可靠的官方资源的依赖,犯罪本身通常是自发的和散布的,但是如果内务部将颁布一个新的对抗犯罪的创新措施或者将颁布年度的犯罪统计数字,新闻传媒就会预先知道并在事件实际发生以前预先设计他们的报道。这对于可能包含预测因素的对罪犯的审判也是如此,通过动用人力物力,传媒组织能推测出一个刑案能在法庭审理多久,传媒机构极有可能呆在那里直到审判结束。这样,报道的某种程度的连续性就有了保证。

  关于可预测性的第二个方面是,绝大多数的传媒的日程都具有秩序性和可预见的特征。讨论的道德框架一旦确定,那些在各种传媒中工作的人们就很少会掉过头来按一套不同的行动原则重新来过。简单说就是,如果传媒预期有事情发生,它就会发生。报道记者甚至在还没有到达报道现场前就已经决定了要采取的报道角度。常被引用来说明这种习惯的一个例证是传媒对1968年发生在伦敦的反对越战的示威游行的报道(Halloran et al.,1970)。无论当天到底发生了什么,传媒总是期待着暴力场面并打算将此事件描述暴力事件。相应地,在游行中发生的一个孤立的反抗警察的暴力事件占据了对游行报道的主要部分,而忽略了这次游行确实在总体上是和平的、反战的这样的特征。近年来,世界各地反资本主义的游行被同样地加以报道,这导致许多人下结论认为传媒倾向于用它们旧有的方式去报道新的事件。能说明这种趋势的另一个经常发生的事件是一年一度在伦敦的"8月银行假日"周末举行的诺丁山嘉年华会。因为1976年的时候,骚乱搅乱了那一届狂欢游行,1977年虽有缓和但同样发生了不平静的事件,传媒因而连续在一个强调种族主义、犯罪和暴力的框架内报道该事件,却忽略了游行的正面的、给人以愉悦的一面,这实际是忽略了这样的事实,即同其他音乐活动相比,嘉年华会参加的人数要多得多、而犯罪率却明显地低(每年的年华会吸引大约150万人)。多年来强加的警力伴随着嘉年华会,这在双方中间产生了一种不友好的感情,

而这种敌视正是传媒所渴望利用的,Gary Young 这样解释道:

> 在很大程度上感谢新闻舆论,嘉年华会从一个文化事件演变成了一个犯罪和种族事件,过不了多少年,人们对嘉年华会的印象将或许是警察因受攻击而躺在医院里或者他在和一个身着盛装的饮酒狂欢的黑人妇女非常老练地拥抱(1997)。防暴警察被过于轻易地调用。往往在第二天,传媒的头版将会登出这样的文章:战争叫嚣!伦敦黑暗的街道里前所未闻的景况看起来、听起来像出自古典祖鲁电影中的一些镜头,对嘉年华会的叫停开始尘嚣甚上,保守党影子内务部(Tory shadow home)* 秘书 Willie Whitelaw 说,"举办嘉年华会的风险现在看来超过了举办它带来的乐趣",《电讯报》(Telegraph)首先因为这样的事件最初出现在英国而归责于黑人,并断言:"许多局外的观察者警告说,来自完全不同文化的贫穷国家的大量移民产生了社会的反常与混乱状态、成员间的疏远、行为不良甚至更糟"……,甚至近在 1991 年,随着一个匕首案件,《每日电讯》(Daily Mail)专档作家 Lynda Lee-Potter 将嘉年华会描述为"一个肮脏的庸俗的恶梦,它的意义等同于死亡"。(Young,2002:未发表)

甚至到今天,当报道嘉年华会时,英国的传媒重点仍在它已经引起的或可能引起的麻烦上面,在这方面大幅印刷品和小报一样难辞其咎。例如,在以"警察摄像头包围了诺丁山"为头条的报道中,《卫报》介绍道,"昨天,在嘉年华会上大约有 70 多部的闭路电视摄像头被诺丁山嘉年华会的警察使用以帮助减少犯罪"。但有些自相矛盾的是,该杂志接着报道说:"在欧洲的最大规模的街道

---

* 在英国政治体系中,处于反对党地位的党派一般会组成和执政党相对应的影子内阁,日后一旦当选,这些与在执政党相应的反对党成员往往会人主相应的正式内阁机构,"保守党影子内务部秘书"就是有可能在保守党上台后人主英国主管警察事务的最高行政当局——内务部的人,因此,他的讲话有暗示未来政策的意味。——译者注

聚会的首日,仅仅有6个人因为轻微犯罪被逮捕"(《卫报》1999年8月30日)。

简约化

虽然不是为了成为新闻(尽管这样有所帮助)必须简约化,但是事件必须能被缩到最小部分或命题。这个简约化的过程包括许多方面。首先,新闻必须具有简短的特征,这样不至于使受众的注意力过于紧张;其次,包含在事件中的可能的意思的范围必须受到限制,和其他的如小说,诗歌,电影等等其他体裁不同,这些体裁产生多重或多样意蕴的潜能倍受推崇,而新闻体裁一般不供受众作出阐释,而是力图使读者产生共鸣。因此,不仅新闻需要简洁、清晰、明确,而且还力促它们的读者、收视者和收听者暂停他们批判性阐释的能力而做出一致性的反应。对于犯罪新闻而言,这常常导致对任何那些侵越社会道德或法律规则界限的人产生道德义愤和道德谴责。在那些影响较大、引人关注的案件[例如,Michael Stone 谋杀 Lin 和 Megan Russell 案件的被告 Stone 被视为患有严重的危险性个性错乱症(Dangerous Severe Personality Disorder);2001年的9·11事件;Thomas Hamilton 在位于 Dunblane 的学校中杀害婴儿的案件;利物浦的两个学童杀害一名散步者的案件]的余波里,潜在危险的观念(尽管这样有所帮助)常常被不加分析地应用在社会的各个部分,在这个被大众传媒过于简单化的世界观里,精神病患者可以被描述为潜在的杀人者;避难者可以被视为恐怖分子;枪支俱乐部成员可能被视为狂热杀手;最阴险的是,儿童可能被视为没有改造可能性的"恶魔"。这种指责在小报中尤其多见,这些小报很可能将前首相约翰·梅杰针对 Bulger 案件所做的像"我们应多一些谴责,少一些理解"这样的评论牢记于心。

犯罪新闻的一个进一步的特征是即时的、或突发的事件(像发现一具尸体或发生了武装抢劫这样的事件),常常因为事件本身的意义能够在很短时间内被认识而被仓促报道。但犯罪的趋势由于更复杂并需要更长的时间才能展现而难以报道,除非采取发表报告的形式或使用官方统计,换句话说,就是我们需要一个"勾",在这个"勾"上,我们可以悬挂那些可以满足绝大部分传媒一天甚至几个小时时间跨度的需要。

拟人化是新闻简约化的另一个方面,这意味着关于人的故事比那些抽象的理论和制度更受人关注,拟人化的结果是事件常被简单地视为人的行动的反映(参见"个体化")。这是英国的新闻界尤其不喜欢用宝贵的版面资源去报道事件背景的原因之一。正因为如此,北爱尔兰的教派冲突、恐怖行为和世界上的种族灭绝常被报道成一种自发的(本能的,自然的)行动,而只进行一点点的、或压根就不进行背景介绍。

而且,追求生动、轰动一时(下文将详细研究)和观众参与的趋势给有见解的评论或专家的分析留下了极小的空间,犯罪学家的观点在犯罪新闻说教中的缺失是我们领域中许多人的一个关注点(Barak,1994b)。Neil Postman 认为,每一种传媒手段发展的同时产生了以下结果:

> 这个世界成为躲躲藏藏的世界,在这个世界里,有时是这个事件,有时是那个事件,警察时而出现,时而消失,这是一个不具备很多一致性和意义的世界,一个不允许我们有所作为的世界……然而,也是一个总是试图产生娱乐效果的世界。(Postman,1985:78—79)

新闻报道的简约化的最后一个方面是大众传媒倾向于采取**两极对立**的立场,这种立场不仅在犯罪报道之中,而且在其他类型的报道中也有体现。相应地,报道犯罪和罪犯的新闻常常以强调正义对抗邪恶、民族英雄对抗民族败类、白人对抗黑人、无辜者对抗有罪者、正常者对抗变态者、偏离者对抗危险者等等形式出现。这种对结果理解的两极分化的报道方式导致了互相排斥的范畴的建立,例如,父母不能也是恋童癖者。所有这些简约化过程最终形成了关于犯罪的传媒促成的认识,它缺乏灰色区域,复杂的现实被简单的、无争议的和对针尖般大小的信息的偏爱所代替了。

个体化

新闻的个体化标准与简约化和风险相关联（参见 47 页）。对犯罪的个体化定义和对个体反应的理性化强调被优先于更复杂的文化和政治解释。正如上面所描述的那样，传媒力图致力于一个拟人化的过程以使故事简约化并使它们更具吸收力，这使得事件被视为人的行为或人们的反应。相应地，社会的、政治的和经济的问题倾向于被报道成个人利益之间的冲突[例如，首相和反对派领导间政治意识形态和政策之间复杂的关系可能会通过例如像"毒品沙皇"（Drug Tsar）这样简单的形象来体现]。正像 Fiske 指出的，这样做的结果是，事件的社会原因迷失了，个人的动机被假定为所有行动的起源（Fiske, 1987: 294）。

无论是加害者还是那些潜在的被害人都被构建在一个个体主义的框架中，简单讲，就是犯罪常被描述为"冲动的、孤独的、行为不端的、缺乏理性的、类似于野兽的、富有攻击性和暴力性的"这些（Blackman 和 Walkerdine, 2001: 6）所有暗中指向犯罪者具有非自主的机能状态和规范性社会联系缺乏的特征（参见第六章关于电视节目 *Crimewatch UK* 中对加害者的建构），绝大多数罪犯被视为展示个人异常的信号或标识，但是，一项检验哪些是犯罪的"最坏"类型的研究表明，系列杀人是那种将"暴力"崇尚为"适当的、男子汉式的对挫折的反应"的文化以及那种强调个人主义和个人自由以发掘自我和实现自我冲动的文化的必然结果。

而且，新闻报道常常鼓励公众视自己为警戒者或犯罪的受害者（或者害怕成为犯罪的被害人），或者视自己是被社会系统所辜负的易受伤害者或孤立者（家住 Norfork 的农民 Tony Martin 曾杀死过一个 16 岁的闯入者的案件是一个有力的例证）。换句话说，即时的、微观的犯罪处理方法很少被反思或被批判地分析。相应的，对传媒促成的犯罪的认识被危险的捕食者或神经病症患者的形象所主宰，那些努力保护自己不成为犯罪牺牲品的人常被描述为有"无畏的英雄行为"（尽管应当指明，Tony Martin 案分化了原来观点相似的新闻界和公众人群)。这样的报道和那些被罪犯杀害的受害者形成了对比。那些被构造成有悲剧色彩的"无辜者"形象的人通常在家庭或社会环境中被定位,这相应地更加有力地增加了犯罪人作为不能与社会融洽相处的孤立性的特征(参第六章)。与此同时,正像在前几章中讨论的那样,机构、组织体和政府几乎和谋杀不相干。传媒对犯罪的报道鼓励我们加装安全锁、出台昂贵的保险政策、避免夜间独自外出,但并不敦促我们取消我们的度假计划或避开乘火车旅行(Slap 和 Tombs,1999)。即使构成新闻的犯罪发生在一个巨大的机构内部,它也会被再一次依常规解释为个人的病态。1995年英国商业银行"巴林银行"的崩溃是这样的一个复杂的、技术的案例以至于对一般公众而言,它似乎有些抽象,为了避免过于复杂,传媒围绕对8亿6900万英镑损失负有个人责任的胡作非为的交易者尼克·里森这个银行员工展开了报道。

对 Reiner 等人而言(2001),个体化是不断增长的把社会视为着迷于风险及其伴随观念的结果,这些风险的伴生观念包括风险预测、风险运作和风险规避(见下文的"风险"一节)。围绕这个"狡猾而唤起性的措词"所产生的新的词汇(Leacock 和 Spark,2002:199)强调了应如何最好地应对危险的理解的转变。由于社会问题被视为机会的产物或个人行动的结果,解决方法就在个人自助的策略层面上——例如,保险或个人保护——加以探索,"成功者——失败者"式的赌场文化由此产生(Reiner 等,2001:177;参见 James,1995;Taylor,1999)。个人主义被认为对他们的命运负责,传媒降低了任何生活类型而不是蔚为壮观的消费主义的价值(Reiner 等,2001:178)。个人主义在犯罪审判中的结果是犯罪者被用"异常"来定义,并通过遏制政策、剥夺能力和监控来加以孤立。普遍地被作为一种"不同的种类",许多犯罪者被放在一个道德框架中接受审判,在这个框架中,他们被构建为有缺点的不满现实者,对待他们应采用惩罚性的手段,他们应当承担个人的责任。(Surette,1994)

风险

鉴于现代生活以**风险**为特征已经成为一个广泛流传并没有异议的假设,人们会惊奇地发现传媒对避免犯罪、预防犯罪或个人安全投注了极少的关心。例外是,在一个关于预防的信息如果能被合成进一个正在进行的关于一个罪犯的详尽的叙述时,故事将会被赋予紧迫性和戏剧性(Greer,2003a)。包括杀人、强奸和性袭击这样的大多数严重的犯罪都是被害人所熟识的人所实施的,在一些特定的社会经济群体和地理位置,也存在着清晰可见的犯罪图景。然而传媒却执意要把严重的犯罪报道成随机的、无意义的、不可预测的和准备好在任何时间袭击任何人的一种罪恶(Chermak,1994:125)。存在于预防犯罪和个人安全有关的(特别是大众传媒)传媒中的一些说教总是同那些由陌生人所为的犯罪相关,而这毫无疑问提升了像危险的罪犯已经做好袭击任何人的准备这样的陈词滥调(Sooth 和 Walby,1991;Greer,2003a;另见本书第六章)。

我们都是潜在的被害人的观念还算是相对较新的现象,二战以后,新闻事件就通过提供已经设计好的、能使大家对这些罪犯生活环境产生怜悯的具体细节的方式,来倡导对罪犯的同情,从而为那时在刑罚策略中占主导地位的改造性措施提供支持(Reiner,2001)。在今天的更加迷恋风险和改造性的时代中,犯罪故事正持续地变得以被害人为中心。想象的易受伤害性相对于实际的受害可能性被如此过分强调,以至于对犯罪的恐慌或许被精确地设想成一种对个人安全的担心(Bazelon,1978)。有时,传媒利用公众的关注通过夸大潜在危险的方式来触及人们更深层次的恐怖与焦虑。美国9·11恐怖袭击以后,英国传媒支持了一种启示性的世界大崩溃的观点,这些传媒报道了系列的事件——从恐怖分子阴谋袭击英国到警告流星撞向地球。然而,必须记住的是,受众并不是被动的、无鉴别力的。许多犯罪恐慌和道德恐慌从来没有在地球上发生过,在传媒没有给公众提供一个独立构建的替代性概念和框架以前(Potter 和 Kappeler1998),人们的个人危险的感受通常和他们过去的经历和他们在传媒中所听所见的任何报道的基础上形成的对将来的受害可能性相一致的(见本书第六章)。

性

最显著的新闻标准之一是性,尤其在小报中,但是相当多的大张报纸和其他传媒也是如此。Ditton 和 Duffy 在 Stratchclyde(1983)、Smith 在伯明翰(1984)、Greer 在北爱尔兰(2003)进行的对传媒的研究表明,报纸过度报道了罪犯的性特征从而扭曲了公众所接受的犯罪的大概的情景,并在女士中间灌输她们可能成为这种犯罪的被害人的恐怖感。Ditton 和 Duffy 发现,当传媒报道侵犯妇女人身权时,通常和性与暴力有关,因此性和暴力变得实际上难以区分。而且,对这种犯罪的报道如此之多,以至于在 1993 的 Stratchclyde,虽然涉及性和暴力的案件只占全部案件的 2.4%,但却占了报纸内容版面的 45.8%(Stratchclyde,1983)。性和暴力的主题是如此交错,而且两者的联结是那么的紧密并体现着新闻报道"风险"的标准,以至于新闻性的重要例证可能变成了被性需要所驱策的、将谋杀无辜的被害人作为一个发泄渠道的患有强迫症的孤独的男性猎手(Cameron 和 Frazer,1987)的案件。因此,有性动机的不为被害人所认识的谋杀犯常常会得到各方面极大的、有时是危言耸听的关注。另一方面,对女士的性犯罪中暴力不是主要成分的事件(直率地说,如非致命的性犯罪)、熟人实施的性侵犯或者和被害人有一定关联的性侵犯案件常常被视为平淡无常或落于俗套、或者只包含有限的分析(Carter,1998;Naylor,2001)。而且出于性动机的对妓女的谋杀由于不符合传媒对无辜受害者的构建的标准,从而常常得到比其他妇女少得多的报道。

Bronwyn Naylor(2001)认为,报道文章常常围绕明显是陌生人对普通的妇女或女孩实施的犯罪,这不仅意味着符合起关键作用的新闻标准,而且意味着对妇女报道允许出现泛性化、甚至色情化的描写。同时,这些叙述倾向于被高度个人化以至于包括妇女的犯罪——无论是被害人还是加害人——很少在大众传媒报道时不提及她们的性或性经历,而且这种报道还常常是明确的、高调的。被害人常被色情化处理,例如,2002年11月Stuart Campbell出于性动机杀害他15岁的侄女Danielle Jones而定罪。该事件伴随着传媒对他们不正当的、或者说毁谤性的性关系的报道以及在Campbell家里找到的一双粘着血迹的、顶部绣花的属于被杀女孩的长筒袜的照片。同时,女性犯罪人常被描述为性捕食者,即使她们的犯罪并没有性的成分在内(见第五章)。这种叙述是如此广泛地应用,以至于令Naylor质疑这种故事的目的及读者能如何消费它们:

> 这些故事集中在特殊类型的男子阳刚气的叙述和暴力色情的描述上,反复将男子汉的阳刚暴力讲叙为是一种"自然的力量"——随机的和不可避免的,它们使暴力正常化,强调和反复重复所有的男人都具有潜在的暴力性。相应地,所有的妇女都"潜在地"和"自然地"是男性暴力的牺牲品。(2001:186)

她进一步认为不仅大众传媒着迷于陌生人带来的危险(统计上并非如此)从而给人以公共环境并不安全、而私人空间安全的印象,而且它影响着政府对资源(投向)优先性的决策,这导致资金投在了非常明显的预防性的措施(例如街灯和闭路电视)之上,而从避难所、安全岛或者像有学者所称的那样"确实地从对暴力更广泛的结构分析上移开"(Naylor,2001:186)。

名人或高阶人士

传媒对名人的迷恋到处可见,如果事件涉及一个出名的名字,那么该事件常常会成为新闻。简单说,对它们而言,需要吸引传媒注意力的违法犯罪水平远比对一般人员犯罪要求的条件低得多,因为一系列有意义的门槛已经跨过了(Greer,2003a)。因此,"个体身份"常常是传媒注意力的接受标准,即使名人所涉及的只是一个相当普通的或平常的如果涉及普通人一般不会视为有新闻价值的犯罪。无论他们是犯罪的牺牲品(例如,对女演员Liz Hurley的行凶抢劫,或者歌星 Geri Hawlliwell 的诺丁山公寓的夜盗)、或是犯罪者(例如英国音乐产业的两个桥头堡 Gary Glitter 和 Jonathan King 被控对儿童性侵害的犯罪)、或者那些为犯罪化立法运动捐款的人(如,法国影星 Brigitte Bardot 将动物权利保护抗议的活动提升到一个通过其他途径难以达到的高度),名人、他们的生活和他们在犯罪中的经历对观众都有着内在的吸引力。其他一些不具代表性的罪名——像诽谤、伪证和挪用,只要名人的名字和这些罪名相联就会保证有广泛的传媒加以关注。

然而,是离经背道的性方面的东西决定着小报的报道内容,名人或高阶人士因为采取悖德性行为而出人意料地担负起他个人和职业的风险是传媒领域中后现代新闻的持久特征。2001 年 Jeffrey Archer 的定罪和入狱是英国传媒的重要新闻事件,因为男主角来自上层社会(居然是王国的贵族!),又是一个在对为他服务的妓女支付报酬上撒谎后被判决伪证罪的传媒名人。传媒对该案件随后的不厌其烦的报道的原因可以在它们对 Archer 勋爵的报复中得到的快感之中寻得解答。Archer 勋爵曾告赢了一家小报的诽谤案(审判结束后,他不得不偿付他已经赢得的损失)。此案也说明了那些在新闻产业中工作的人员在何种程度上被那些将名人或社会高阶人士同性悖德和犯罪相联系一起的事件所吸引,因为这为一个被假设着传统的、守法的"中产阶级"生活的受众群体提供了挑逗刺激的、将高级生活和低等生活并置在一起的尝试(Barak,1994b)。

被判刑的罪犯也可能因他们臭名昭著的罪行而成为传媒"名人"。有时候,罪犯被报道为"**公众妖魔**",他们被定罪以后很久仍被视为有新闻价值是因为传媒对他们犯罪的厌恶和震惊采取了一种道德姿态,Peter Sutcliffe 就是一个好的例证。他以"约克郡的强奸犯"著称,在 1981 年他因被控谋杀 13 名女孩而被定罪,在英格兰北部一个高度戒备的医院度过了 20 年幽闭以后,他成为一个传媒名人,报刊栏目和电视记录片经常无休止地描述他的罪行和被捕以后的生活。然而,他将永不能复归社区的事实意味着传媒把他作为一个令人不能容忍的事件来对待,当没有其他的重要事项报道的时候,可以将他作为有点令人毛骨悚然的临时开心解闷的故事来填补传媒空余。在英国公众的共同的良知中,有一小撮罪犯占据了特殊的标志性的位置,当然正如可以证明的那样,在英国罪犯的历史上最臭名昭著还是 Myra Hindley("荒野女杀人犯"),此人在 1966 和她的同伴一起被判犯有绑架、折磨和杀害两名儿童罪。直到 2002 年 Hindley 去世,她是英国历史上服役最久的犯人,并且是英国大众传媒反复报道的一个人物。她引发了一场系统而深刻的复仇运动,这场运动不断积累能量直至在她死去那一天传媒用头版来宣告恶魔已去了她该去的地方——地狱(参见第五章),这场运动是如此成功地把她困在监狱之中,以至于任何依靠选民授权才能行事的内务部长都不可能签署释放她的命令。

然而,不仅那些代表着令人目眩的或臭名昭著特质的罪犯可以被提升到新闻中的显著位置,在普通生活中的高阶人士(如商人,政治家,专业人士,牧师等等)也被认为具有新闻性而常常被用来给那些如不是发生在他们身上就不大可能成为报道对象的事件一个机会。这样的个体被视为偏离者时尤其贴切:偏离者的个性越是能清楚、不含糊地被界定(因而减少不确定性和反映潜在的对"简约性"的判断),该事件就越会被设想为更加内在地具有新闻价值,尤其是当它和其他的新闻标准互相交错发生作用的时候,这是对于那些报道发生在它们服务的社区的人们中间的偏离行为的地方报纸同样适用的原则。这里,"相似性"的原则就开始适用(参见下文),但是,新闻注意力的受众将通常属于一个社区内的上层人士,如教师、神父或医生(Greer,2003a)。然而,自相矛盾的是,尽管传媒把犯罪描绘成由没有爱心的下层阶级施加到普通的、值得尊敬的人们身上的威胁,正是中产阶级、上层人士或名人罪犯被认为具有新闻性从而使他们的偏离行为获得大量的栏目空间或播出时间。

相似性

相似性有空间也有文化的原动力,空间的相似性指一个事件的地理的相近性,而文化相似性则指一个事件对一个受众的相关性。这些因素常常相互作用，因此，只有那些被认为反映受众已存在的利益、信仰、价值框架的事件或者发生在对他们而言相似的地理区域的事件才可能被报道。相似性在地区新闻和全国新闻之间明显存在差异。例如，像行凶抢劫、纵火这样的相对普通的犯罪可能会被地方报纸报道，但或许不会出现在全国性新闻中，除非它具备其他的新闻要素，例如，它具有特殊的暴力性、给人留下深刻印象或者涉及名人。这种趋势的相反一面是，发生在离中央新闻机构较远的偏远地区的、或者那些不是明显和英国或美国相联系的（盟国或敌对国）国家的事件很少能成为新闻。例如，对2001年9月11日那两架被劫持的飞机冲向纽约世贸中心大楼的全球性的铺天盖地的报道和较早的对1965年10月发生在达拉斯的刺杀肯尼迪总统的原始摄像镜头的转述一样，都显示着美国被尊为世界超级大国的程度。确实，在全球的意义上，他们美国的新闻也是我们英国的，这两个新闻报道和那些日子的事件一定对那些和我们没有联系但关系微妙的人们的记忆产生了深远的影响。但像有人指出的那样，对那些不处于"第一世界"的目标而言，它们国家发生的其他的"9·11"事件，并没有得到我们西方传媒同样的关注和报道（Brown,2002;Hogg,2002;Jefferson,2002）。

文化相似性也随着政治气候和时代的文化品味而变化，在20世纪80年代我们很少报道两伊战争，但最近伊拉克却很少被漏下。一句话，发生在其他地域的事件如果被认为会触痛报道者的本国文化或者它们的受众的神经，国外的新闻就会被本国化并受到重视，如果和受众不存在可辨识的相关性，事件要被视为有新闻价值，就必须相应地要更大而且更有戏剧性。小说家 Michael Frayn 有点幽默地指出：

> 速成的民意调查表明，人们对阅读交通事故不感兴趣，除非至少10人死亡。一场10人死亡的公路事故略逊于1人死亡的铁路事故的趣味性，如果一场发生在欧洲大陆上的铁路事故至少5人死亡，那么甚至只发生一次也够格成为新闻。如果在美国，最小的伤亡数要达到20人，在南美、非洲和中国

分别是100,200和500人。人们确实喜欢空难,还要有这样的故事作衬托:一个中年的家庭妇女本来订购了机票要登机,只是在最后一秒钟才改变了主意。(Frayn,1965:60)

文化近似性同样适用于英国境内的罪犯和被害人。当一个人失踪时(无论是否被马上怀疑为恶意的玩笑),全国性的传媒在找寻失踪人口的过程中所起的作用决定于若干互相交错的因素。如果该失踪人年轻、是女性、白人、中产阶级和像通常那样地富有魅力,而不是一个劳动阶层的男孩或者老妇,传媒更可能去报道这件事。既使在那些被怀疑是劫持或/和谋杀的场合,传媒报道的可能性也会随失踪人的背景而变化,如果失踪人是男性劳动阶层、加勒比人或亚裔、潜逃者、或者被监护的人、有吸毒问题者或者妓女(或者上述因素的结合体),报道者会认为他们的受众很可能与被害人无关或漠不关心,那么案件相应地就有较低的公众性。依从被害人家属的要求不断进行重复的新闻发布会和把这些家属自己塑成事件的核心也是决定事件新闻性的关键因素,同样重要的还有家属公开他们失踪孩子的照片或家庭录像、电影胶片的意愿。因此,Sarah Payne、Milly Dowler、"Soham 女孩"* Holy Wells 和 Jessica Chapman 的失踪都具有极大的新闻价值:有吸引力、上镜、并且来自于受人尊重的中产阶级的家庭,而且她们的父母很快变得对传媒充满智慧,代表着警察的利益不断地乞求帮助(在 Paynes 和 Dowler 案中不断地向传媒示好甚至在故事正常终结以后也是如此,目的是扩大以两个被谋杀孩子命名的公众安全运动)。甚至相对高调的发生在西伦敦 Peckham 的杀害 10 岁儿童 Damilola Taylor 的案件至少在最初是按照和上述提及的谋杀小女孩案不一样的方式被加以报道的。在长达一周的时间里,被害人实际上在报道中是看不到的,传媒的报道几乎全部集中在社区秩序维护和街头暴

---

* Soham 是英国一地名,位于东剑桥郡,因为发生了 Holy Well 和 Jessica Chapman 案件而引起了英国民众的关注,人们将 Holy Well 和 Jessica Chapman 这两个被害的女孩称为 Soham 女孩。——译者注

力犯罪的水平上。直到他的父亲从尼日利亚飞抵英国(作了公开声明并在电视上露面),并将闭路电视的胶片送到传媒,这个被杀的小男孩才成为了拥有自己权利的人——一个值得传媒关注和公众痛悼和记住的人。不过公众为小 Damilola 的痛心并没有达到对 Sarah、Milly、Holly 和 Jessica 的死所表现出来的近于歇斯底里地倾泻愤怒和悲哀的程度。

为了近一步说明传媒兴趣在这些案件中的层级划分,分析来自于相同时间和相似的故事并依此比较报道的水平和调门是有启发意义的,例如,2002 年 3 月 14 岁大的 Milly Dowler 从 Surrey 失踪后很短的时间,一个 10 来岁小女孩的尸身就在一个废弃的靠近 Tilbury 港的采石场内被发现,在尸体还没有被辨认之前,小报的栏目已经用头条报道宣告 Milly 已经找到,但最终被证明尸体是另一个失踪的 14 岁小女孩 Hannah Williams——她于一年以前失踪。然而持续占据着接下来几周、几个月的新闻的却是对 Milly 的搜寻。几乎就在 Milly 被找到的同时,Hannah 被忘记了。非常简单,和 Milly 这样的被描述为理想的中产阶级的十几岁的小女孩不同,Hannah 的背景使得很难构建一个以她为中心的运动。她来自劳动阶层并且以前出走过,而且她母亲还是一个低收入的单身,按警方的发言人的说法(Bright,2002:23),这都决定了她"实际上不是新闻报道的素材"。

暴力

对所有的传媒来说,鲜有争议的最普通的新闻标准是"暴力"。暴力可以满足传媒以可能的最生动的形式再现戏剧情节的需要,即使管束控制最严的传媒机构,也常常在涉及描写暴力行为时在可接受的报道标准面前做出让步。在《应对危机:抢劫杀人、国家法律和秩序》一书中 Hall 等评论道:

> 由于暴力可能是负面结果的最高级的例证,因此只要暴力与之相联系,任何犯罪都会被提升到新闻的视野范围,暴力代表着对被害人的根本的侵害,最严重的个人犯罪是"谋杀",

它仅次于由执法机构或警察实施的害命。暴力也是针对国家和财产的最极端的犯罪,它代表着一种和社会秩序的根本的绝裂。暴力的使用在"社会人"和"非社会人"之间界定了区别。只有国家才有使用合法暴力的独占权,而国家的这种暴力只用来保卫社会不受非法暴力的侵害。暴力因此成为社会的一个重要的门槛,尤其是犯罪行为在内的所有越过那个界限的行为都具有新闻关注的可能性。常常有人抱怨新闻包括太多的暴力,一个事项仅仅因为它包含一个"轰动"就被提升为新闻日程的头版。那些抱怨的人其实并不知道新闻意味着什么,不把暴力置于新闻评论的尖端或接近最尖端,我们就没办法来界定"新闻的标准"。(Hall 等,1978:68)

尽管有"轰动"的潜力,在 Hall 和他的同事做出上述断言后的若干年内,暴力已经变得无处不在,它仍然被认为有新闻价值,但已经常常被以一种陈腐的、惯例性的方式报道而且几乎没有随之而来的后续报道或分析。除非一个包含暴力的故事具有其他的新闻价值或者提供一个门槛保持现有故事所富有的活力,否则即使最严重的暴力也只可能成为"插页"或成为报纸的内夹页(Naylor,2001)。然而,不论是被耸人听闻地报道还是淡然处理,据研究,尽管警方的统计数字表明只有大约 6% 的记录在案的犯罪包含个体间的暴力,英国的传媒将它们对于犯罪报道的 65% 用于自然人之间的暴力(Williams 和 Dickinson,1993)。

后现代主义或许会争辩说,为获得受众对犯罪新闻关注而对暴力描述的增加是现实生活中不断增长的充溢着暴力、无尊严和残酷的生活状态的体现。对像 Presdee(2000)这样的文化犯罪学家而言,犯罪和暴力变得客观化和商品化,它们已经到了在各种传媒中被广泛传播并作为令人愉悦的消费品被消费着的地步。Presdee 列举了许多暴力、无尊严和将残酷商品化的例证,他声称,这些例证成为消费者需要私人享受的、像嘉年华会般越界的证明。从像赤手拳击、玩獾和斗狗这样的不但没有消失、而且现在受欢迎程度经历着戏剧性反弹的"运动"形式(尽管在秘密进行)到"真人电

视"和渲染暴力内容的饶舌音乐(gangsta rap)*,证明我们对痛苦与无尊严狂热的证据唾手可得:

> 社会公众把他们自己直接暴露给传媒,而传媒反过来又将他们转型为娱乐的商品。主体已经变得和私密性不相容,他们的社会存在一方面被商品化为随时等待消费的东西,一方面将它们转型为受到伤害和无尊严的对象。(Presdee,2000:75)

难怪很少会有疑问,新闻会追随一个具有相似的戏剧性和中介的途径。由于不断增长的将戏剧化和即时性带入新闻制作的紧迫,"你能找到紧随压抑的图景"的告诫似乎成为不断增加的新闻报道开场白,这引导着我们通过生动的影像描述来思考暴力景象。

过度的显示和生动的影像

公众对电视一般比纸面新闻更信任,这一方面是因为电视具有较小的派别利益,更因为它拥有常常能说明事实真相的高品质的画面,或者它证明了自己选择了与报界不同的报道角度。正像上述描述的那样,暴力是新闻选择的主要因素,但毕竟存在着多种暴力形式,正是暴力行为有着强烈的视觉震撼效果并且能够被生动地再现从而得到广泛的传媒报道。Chibnall曾认为,最可能被传媒关注的暴力形式是那些对无辜被害人的突如其来的伤害,尤其是发生在公众场合的那种。像"残忍的暴徒"、"暴怒的流氓"或"无政府的混乱"这样的情绪化的词藻常常伴随着对犯罪和破坏秩序者的报道,并往往能激起公众对报道中的敌人的歇斯底里。但是,这种定义给公众对犯罪的讨论设置了严重的障碍,因此,那些像飙车、骚乱、纵火、警民冲突等等抢占眼球的犯罪会得到广泛的关注,它们被很好地拍摄下来并且电视播出的效果十分吸引人。

---

* 这是饶舌音乐在90年代中期的一个变种,表现内容主要集中在美国非洲裔社区的社会问题或者街头流氓或帮伙分子的以暴力为特征的生活类型之上。——译者注

但那些在私人场合中的犯罪、或那些不在公众审查范围内的东西变得更加地边缘化、更加地不可见。因此，像家庭暴力、虐待儿童和老人、工作中的意外、环境污染、许多白领犯罪、组织腐败、国家暴力、政府对公民权利的忽视或滥用这样的犯罪，除非它们给社会或个人带来了巨大的可提出证据加以证明的损害，否则很少引起传媒的关注。相同地，对那些或许比即时戏剧化的事件更重要的长期的发展结果而言，可能会因为它们不具有戏剧性的视觉幻想性而不被报道。

新闻的"过度显示性"已经如可以证明的那样模糊了"真"和"假"之间的界线并使区分"事实"和"杜撰"变得日益困难，尤其是在电视节目之中，这是一个虚假电视的时代，是一个对娱乐性节目持续的和荒唐追逐的年代（Osborne, 2002:131）。第 4 频道（Channel 4）在 2001 播出 *Brass Eyes* 时引发了争议，这是一个描写当今事务的节目，在节目中名人们被诱骗以极其玩乐的字眼谴责恋童癖者，该台还因在关于男妓的纪录片中用男演员冒充事件的真正的参与者而遭到指责。而且，不仅像 *Big Brother** 这样的节目模糊了娱乐和现实的差距，人们在上电视时能在何种程度上行为"正常"也引发了人们的争论，在美国举行的电视转播的庭审突出了名人而不是律师和法官，导致了他们也不得不在镜头面前扮酷的指责，除此之外，在半闭路电视或摄像机上由目击者或旁观者在犯罪发生时得到的"真实"的录像不断地被新闻报道作为可视的资料来突出事件的即时性和"真实性"。这种印象已经在后现代生动地、深刻地在对犯罪和暴力的过度的显示中起到了推动作用。在过去的

---

* 英国第四频道直播的真人秀。在该剧播出时，英国电视界正面临着白热化的竞争，正在举行的法网和马上要在英国本土进行的温网赛事接踵而来，使得第四频道倍感压力，为挑逗起观众的好奇心并吸引眼球，在"Big Brother"开播之前英国《太阳报》就设立了 5 万英镑大奖，付给第一对敢于在这次直播节目中出镜做爱的参加者，这让 6 对准备参加节目的男女演员无不蠢蠢欲动。该节目常常以性话题作为吸引观众、提高收视率的手段。请参见 http://www.xicn.net/sports/inter_soccer/item/2003。——译者注

20世纪里,最后几年内许多令人震撼的事件都是在严重的暴力事件正在发生时、或者在即将发生时、或刚刚发生时,通过报道被害人影像的方式进入公众的意识的。对黑人摩托车手 Rodney King 被 4 名洛杉矶白人警察殴打的录相和直播;在 O. J. Simpson 的妻子被残忍地杀害后在高速路上警察对 Simpson 数英里的狂追都是来自美国的、被用作提升已具有新闻价值的事件的生动影像的好例证。在这个国家里,威尔士王妃戴安娜离开巴黎 Ritz 宾馆时的生命的最后的一刻、James Bulger 被领出布托购物中心的画面、Jill Dando 在 Hammersmith 购物和 Damilola Taylor 轻快地走过白金汉街道的情景都有力地深深铭刻在英国公民的神经里,把陈腐的每日生活的普通性和可能被揭示的残酷的不可避免性加以联系,被传媒似乎无休止的循环播放出来的闭路摄像影像吸引着我们的那种窥私特质,与此同时,还强化着我们的畏惧、悸动和虚弱感(参见第六章、第七章对闭路电视和有线监控的进一步讨论)。在 2001 年俄克拉荷马大爆炸中,Timothy McVeigh 通过强迫美国人观看他死在国家的手上的方式利用了这些相互冲突的情感。被害人、亲属和目击证人拿到了展示他被处死经过的有线电视转播的入场券(McCahill,2003)。许多人预测,这个事件将会很快导致死刑执行会惯例性地被美国的电视网播放。

儿童

在 1978 年的著作中,Stuart Hall 和他的同事认为如果有暴力能和犯罪相联系,那么所有的犯罪都可能提升至新闻可视性。但是三十年后,或许可以这样说,只要和孩子有关联,那么所有的犯罪都可能被报道。事实上,Philip Jenkins(1992)也认为如此。他认为所有的犯罪,尤其那些从道德共识偏离的犯罪,如果涉及儿童会变得更具新闻性。无论作为关注中心的儿童是被害人还是犯罪人,这都是事实,尽管 Jenkins 将中心集中在儿童被害人身上。Jenkins 看来,被害儿童不仅可以保证事件的新闻性而且能确保传媒对可能被称作"道德运动"的行动承担义务,这加起来成为他所谓的

"替代性的政治"。在20世纪70年代,那些试图否定和诋毁同性恋、出售色情或宗教偏离物(如撒旦主义)的人在主流的道德氛围中很难找到支持。但在报道中涉及儿童则不会使他们在传统道德或法律框架中遇到麻烦,因此在过去的30年中,我们见证了一个提升的过程,道德运动现在已不再反对同性恋而反对恋童癖、不反对色情物而反对儿童色情物、不反对异教主义而反对杀害儿童祭神(Jenkins,1992:11)。对儿童的聚焦意味着相对那些只包含成年人的犯罪而言,偏离行为自动跨过了一个更高的被害门槛(1992:11)。然而,尽管有Jenkins包含儿童就能保证获得新闻报道的断言,但这并不必然是事实。家庭内部的性虐待在新闻传媒的议事日程中处于如此不受关注的地位以至于关于这方面的报道很少能读到。正像下文我们会看到的那样,传媒如此执著地保护理想家庭从而轻描淡写或忽略了性暴力存在于——确实,这种犯罪是有地域性——所有的社区之中和对儿童的性虐待常发生在一个家庭内部而不是发生在"恶魔陌生人"手上的事实。

自1993年2个10岁的儿童谋杀了只有2岁大的James Bulger以来,犯罪的儿童就如可以证明的那样变得特别有新闻价值,这成为至少一代人的第一个案件,在这一代人中,10岁以下的儿童被视为"恶魔"而不是"纯真"(Muncie,1999a:3)。此案对刑事审判和犯罪预防来说也成为分水岭。两个10岁的孩子被置于成年法庭审判,并且成为在全国范围内在公共场所推广使用闭路电视的推动力(Norris和Armstrong,1999;McCahill,2003)。但是在一个更基本的层面上,这代表着一种大众传媒的尴尬,儿童是一个**社会结构**,换句话说,儿童时期受到(再)发现、(再)定义的持续过程的影响。即使在现代社会中,儿童时期也经历了从18世纪被视为纯真年代的浪漫的描绘到现在的作为潜在精神病或具有神经问题的不同版本的形象化身的变化(Muncie,1999a)。除了19世纪早期一段很短时间把儿童视为天生恶劣需要公开的控制和道德指导(这些情形和这样的一段时间相符合,即在通过立法把他们从工厂、矿山和砂场排除出来让他们再次回到学校和教育机构以前,儿童劳动力是劳动阶层的一个普通组成部分)外,儿童是恶魔的概念并不占据主导地位。逐渐地,无论是在慈爱的改革者眼中,还是在教育者、父母、机构、医药专家或是法律规范眼中,儿童都被视为和成年人根本分离并且需要养育和保护。但是随着 James Bulger 被两个年龄稍大的儿童杀死,儿童纯真无邪的观念被儿童恐怖和恶魔形象所取代。公众的愤怒被火上浇油,部分是因为一些耸人听闻、心怀恶意的传媒报道以不同的方式把10岁的儿童描写为"残暴"、"怪物"、"畜牲"或"恶魔的延伸"(1999a)。对于英国传媒来说,儿童不是"纯真的"。然而他们犯罪并不总是相同的。当 Bulger 案给"已经担忧的公众提供了关于青少年犯罪的最新的可能是最强有力地令人恐怖的证据时"(Newburn,1996:70),这只是体现在20世纪90年代早期歇斯底里浪潮中的一个顶点,在那时,有年轻的飙车者、逃学者、吸毒者、夜盗者,帮伙成员及最让人难忘的"老鼠男孩"——一个14岁的男孩,涉案数起,从当局的监视居住中潜逃并居住于下水管内(1996:70)。为何这些孩子或年轻人总是这种道德恐慌的通常主体将会在第三章和第四章中进行讨论,但这里可以说,年轻人常被作为衡量社会的一般正常状况的试金石或晴雨表。儿童和青年代表着未来,如果他们的行为出轨,这往往是社会滑向道德泥淖的一个标志。对于传媒来说,出轨的年轻人在总体上可以方便地作为对犯罪的螺旋上升程度和社会背离道德行为令人绝望的宿命主义预测的一种缩略表达方式。

保守主义世界观和政治分野

到目前为止,关于新闻原则的讨论总体上依托于右翼的广泛的一致性上,这种一致性在许多新闻渠道(尤其是在小报中)中被认为在概括表达"英国的生活方式"方面具有合理性。对犯罪和违法行为而言,这个日程表强调阻遏和压制、支持布置更多的警察、更多的监狱和更严格的犯罪审判系统,而且,我们似乎生活在一个政治程序和传媒说教不可分和互相构建的社会中,传媒和政治的关系可以通过前者对后者在法律和秩序方面的支持体现出来。在长达二十年的时间里,"民粹主义者的惩罚主义刑事政策"的一个版本已经影响了英国政府对刑罚政策的态度,这种姿态已被美国和许多其他国家所借鉴。在英国,任何政党似乎很少反对将仍是孩子的人进行关押,也不反对引入宵禁令、或者通过立法以预防大规模的"未经授权"的集会;也不反对对移民者、示威者抗议者、无家可归者、年轻的失业者采取新的更加严厉的对策。所有这些问题都被大众传媒不加控制地直接提交给了公众。

当然,被《太阳报》、《每日电讯》这样的传媒所强烈维护的"英国式的生活方式"具有浓厚的怀旧的特征,现在只能适用于英国国民中的少数(有讽刺意味地是,这些人常常被称为"**道德多数**")。尽管声称是民众的呼声,这些报纸对某些个体及其行为的犯罪化强调了可以感知的对那些僭越本质上是保守主义的任何人和任何事的不能容忍。下列这些作法的盛行也成为警察干预和对所谓"无受害人犯罪"进行惩罚的怀有偏见的解释:娱乐性的使用毒品、(尤其是年轻人中间的)对性的过分纵容、同性恋和女同性恋者的公共展示、为实施它们抗议的民主权利而实施的反对立法大游行及给人留下深刻印象的、轰动的年轻人文化。所有这些行动都屈服于持续的、有时是过分渲染的压力。有时候,泛化的对边缘群体或非传统准则的仇视演变成种族主义和陌生恐怖(至少对于记者的主流文化来说)。对发生在 20 世纪 70 年代的抢劫伤人的道德关注聚焦在了加勒比后裔身上;80 年代的城市骚乱常常全部归因于黑人青年;近年来英国在对来自其他国家移民的报道中表现出的对"外来人"的人权的不尊重和传媒在区分政治避难者和非法移民者方面的无能(或不愿意);甚至生于英国、长在英国但出自少数种族或/和宗教群体的人也被铺天盖地的负面报道所影响,例如,英国出生的穆斯林作家 Salman Rushdie 在 1989 年面临死亡威胁时开始变得具有新闻性,这导致了把所有穆斯林作为狂热主义者或原教旨主义分子的报道。从那以后,英国的穆斯林总是持续地被以负面角度报道,即使他们成为被害人的场合也是如此(Barak,1994b;参见 Hartman 和 Husband,1974)。传媒对属于劳动阶层的或宗教、种族或文化少数阶层的违法犯罪人员及偏离行为的集中关注,起到了使一个具有社会分层、严重割裂和相互仇视意味的人群延续的作用,一些政治家草率地唤醒焦虑和恐慌的公众注意力和行动的作法,毫无疑问地助长了引起社会紧张的负面报道。通过不约而同的对不幸的严重犯罪的被害人的关注和要求更严厉的报应性惩罚,政治家们不仅推进一个实质上保守主义议事日程,而且从其他更严重的社会问题上转移了我们的注意力。确实,组成了我们报纸的大部分的内容事实上是一些附属事件,这是一种从更严重的、具有政治性质的社会问题上转换注意力的策略。近年来,伴随着 HIV 和艾滋病患者、独身/未婚的父母、十几岁或不满十岁妈妈、影视上的讨厌的家伙、青少年违法、飙车、说胡话的人、魔鬼仪式虐待者、大麻、迷幻药和其他玩乐性的毒品吸食者、恋童癖者、国会中的同性恋成员(的确,是一般意义上的同性恋)、私通的名人、妇女帮伙的传媒的歇斯底里,被合情合理地认为或许部分构建了指向家庭机构的公开伪神圣的道德说教,这种作法自 20 世纪 80 年代以来一直构成传媒和政治议程的特点。从约翰·梅杰的"回到根基"运动的不走运到托尼·布莱尔对"新道德秩序"的推动(受调查所显示的英国有欧洲最高的十几岁少女怀孕率所推动)。成功的英国领导人已经控制大众传媒以使某些群体犯罪化,同时从他们所制造的包括贫困、父权社会和误人子弟的教育系统等在内的系统的社会问题上转移了人们的注意力。

新闻标准和犯罪新闻的制作:一些总结性的思考

尽管英国传媒消费和行为反应之间可能存在直接的原因关系(例如,在暴力性的屏幕画面和真实生活中的暴力)为绝大多数英国的传媒学术研究者所低估,但是一般同意,那些在传媒中工作的人在选择哪些潜在的新闻素材、如何组织它们、限制或详述某些事件这些方面,确实在某种程度上受到一些因素的影响。新闻可用来报道的时间和空间是有限的,因此报道自然是对现实的选择

(McNaire,1993,1998)。如果没有对送到电影、图片社报道某个内容的成本的可行性的分析,如果没有对将阅读、观看、收听它的人们的信仰或价值的内在的推测,任何事件都不可能被报道。

这种追随公众兴趣和利益的需要引起了一些批评家对英国传媒因迎合 BBC 首任董事长 Reith 勋爵曾经所言的观众的"最小公分母"的非难。随着英国传媒经历了20世纪80年代后期和90年代解除管制的过程,这种批评变得激烈起来。广播和印刷传媒因为它们大肆制造新闻并且以事件的娱乐程度或引起受众的强烈反应程度作为衡量事件新闻性的标准而受到批评。本章中讨论的新闻价值也支持这种观点,它们作为例证阐明了新闻没有涵盖对犯罪和被害现象的系统的、全面的、各种形式的表述,而是用夸大和戏剧化相对一般化的犯罪的方法来迎合观众的窥私癖,同时忽略或对那些可能发生在一般人身上的犯罪只进行轻描淡写的报道。他们同情一些被害人同时却谴责他们中的另一些。然而那些小报化的新闻(包括电视、广播和印刷)则通过声援像环保主义、健康和性行为这样的新形式的政治任务而毫无争议地成为民主进步的某种文化表达(McNair,1998;Manning,2001)。当代受众的兴趣和主体可能被视为是人民权利的支持者和关心琐事的平凡者,事实是,更多地受众不像先前那样而是在把新闻视为一种消费。而且,在新闻报道中有一个继续发挥重要作用的传统就是在于揭示或报告隐藏信息,这在犯罪控制、预防方面和揭露警察腐败和执法不当方面都相当重要。

总结

- 新闻标准是两个不同但又相互交错要素的互相联结的产物,这两者共同决定着新闻的选择和报道:首先,新闻标准被一系列科技的、政治的和经济的力量所影响,这种力量在构建和限制任何新闻报道的内容和形式甚至收集新闻线索方面都影响巨大;其次,新闻标准满足受众可被感知到的兴趣,新闻价值捕获了受众的情绪。这是一个通常被新闻编辑们作为"给公众他们想要的"思路下不断概括出的要素。

• 参照20世纪中期Galtung和Ruge（1965/1973）以及Chibnall（1977）对新闻产品的经典分析，本章给出了适合新千年的12个成体系的新闻标准。尽管忠诚于某些在这些著作中被强调的一些新闻要素，本章还是建议，既然时代发展了，符合受众反应的文化和心理的激发点也应该进化，这相应地会影响新闻的报道。

• 本章除了详细讨论这些新闻标准，一般假定犯罪本来就有较高的新闻性并且从本质上具有"新奇性"和"负面效应性"。新闻标准不仅影响了21世纪的犯罪新闻的制作，而且帮助我们理解为何公众对犯罪的认识常常是不准确的，尽管传媒的受众比以前任何时候都更加老练精明和训练有素能够看穿"政治演说"，它的作用仍然巨大。

• 在本章中讨论的12个新闻标准将在本书的余下部分被应用，以说明犯罪类型和具体的犯罪案件如何被按主流的文化假定和世界观来选择和报道。

研究的问题

1. 过去五十年，传媒标准有哪些变化？你认为哪些在本章中被确认的传媒标准最近已变得最重要？这些变化告诉了我们关于社会不断变化的哪些特性？

2. 本章主要是集中在设计全国性新闻内容的标准上。你所在的当地的地方报纸、电视或电台节目对犯罪的报道中哪些标准最明显？这些地方传媒和全国性、国际性的传媒有何不同？

3. 请通过新的传媒科技得到的国际新闻服务，进行一个对主要犯罪新闻情节报道的满意度的分析，对优先的新闻标准拉一个单子，随着全球新闻市场的扩张，你预测什么样的新闻原则将被用来影响对犯罪新闻的报道？

4. 以第一章中所介绍的理论观点,我们将如何看待犯罪新闻的制作?

进一步的阅读

再次回到由 Galtung 和 Ruge 进行的对新闻标准有价值的、创造性的研究是有意义的,他们的著作首次发表于 1965 年,在 S. Cohen 和 J. Young 所编辑的 *Manufacture of News*(1973)一书中很容易得到。Chibnall. S(1977)的 *Law and Order News*(Tavistock)也值得密切关注。Greer, C. (2003)的 *Sex Crime and the Media*(Willan)研究了新闻传媒在多大程度上影响了发生在北爱尔兰地区的性犯罪的报道,并在该场合中强调了"相似性"尤其特殊的重要性。Wykes, M. (2001)的 *News, Crime and Culture*(Pluto)研究了和犯罪和偏离行为有关的新闻标准并包含着对若干个吸引人的案件的研究。Manning, P. 2001 年的 *A Critical Introduction*(Sage)是一个更广泛的对新闻制作有用的介绍。最后,两个由《卫报》和 BBC 提供的对新闻事件进行档案式研究的网址是 www.guardian.co.uk 和 www.news.co.uk。

第三章
传媒和道德恐慌

章节内容

道德恐慌模式的背景   79
  大众传媒如何把普通变为与众不同   81
  当权者在偏离放大过程中的作用   83
  界定道德界限与创造共识   85
  快速的社会变化——风险   87
  年轻人   89

道德恐慌模式的问题   91
  偏离的问题   92
  和"道德"相关的问题   93
  年轻人及风尚的问题   94
  风险问题   96
  来源的问题   97
  "受众"的问题   99

道德恐慌模式的长命和遗产：一些总结性的思考   100
总结   102
研究的问题   103
进一步的阅读   103

概 览

第三章包括以下内容：
- 对广为人知的但经常被错误解释和报道的"道德恐慌"概念的总结回顾。
- 分析赞同与反对作为理解公众对传媒促成的犯罪与偏离行为反应的概念性工具的道德恐慌模式的观点。
- 审视传统上设想的认定道德恐慌的5个限定性特征。
- 讨论"偏离放大"问题，以及在何种程度上当权者控制偏离的行为实际上导致了这种行为的增多。

关 键 词

一致性	公众妖魔	社会反应
妖魔化	贬损	偏离
道德恐慌	亚文化	偏离放大
风险	年轻人	

"道德恐慌"是在犯罪、**偏离**和传媒学术研究中一个耳熟能详的措词，它用来指代对共同的价值和利益造成某种危险的少数派或被边缘化的个体或族群的公众或政治反应。而这些**社会反应**主要是传媒促成的。一般由新闻舆论引导的大众传媒通常以"偏离"来定义一个群体或某种行为，并且到了只将注意力集中在这个措词之上而几乎不考虑其他任何事情的地步。"**道德恐慌**"的概念最早出现在 Stanley Cohen 20 世纪 70 年代在英国发表的著作《民间妖魔和道德恐慌：青年摩登派和摇滚族的创造》(*Folk Devils and Moral Panics: The Creation of the Mods and Rockers*) 一书之中 (1972/2002)。尽管并不是首位探索传媒在给不服从的群体贴标签和制造犯罪浪潮中所起作用的学者，但 Cohen 被视为是首位对传媒放

大偏离行为和对与偏离相应的公众反应进行系统实证研究的人（Muncie,1987;1999a）。自那以后,道德恐慌的概念就在同等程度上被适用、发展、称颂和批评（Hall 等,1978;Waddington,1986;Watney,1987;Jenkins,1992;Goode 和 Ben-Yehuda,1994;Thompson,1998;Jewkes,1999;Critcher,2003）。事实上,这个概念是如此被吹捧以至它不仅在犯罪学教科书中可以找到,而且还进入了公共意识,并常常被那些不加批评地用它来描述公众对虐待儿童甚至流行感冒等诸多社会现象的反应的传媒所引用,而社会学这个道德恐慌名词出现的学科领域却几乎在它出现 10 年内就将其束之高阁 [例如,它只在 Giddens 最畅销的教科书《社会学》(Sociology)（2001）的第 4 版和 Abercrombie 等 2000 年第 4 版的《企鹅社会学词典》(Penguin Dictionary of Sociology)有非常简略的提及]。而且,尽管对道德恐慌的理解依靠对大众传媒生产实践的实际知识,但是,几乎所有大学传媒研究的学位课程都只是对传媒所谓的界定偏离并将其夸大到使社会经历一场类似于灾难发生时产生集体恐慌程度的潜在与现实力量给予了漫不经心、不求甚解的重视与确认。

本章旨在阐释这些忽略,并作为一种概念工具来考虑对道德恐慌支持和反对意见的意义。详细研究为何道德恐慌成为绝大多数犯罪学对青年偏离亚文化说明的中心不属于本书的研究范围,尽管这种通行作法在社会和传媒学研究中已减少,然而,可以断言,在它的早期形式中,这个概念很明显有助于和极端受英国犯罪学影响的美国犯罪学相融合。从而相对就比较容易理解,由 Stanley Cohen、Jock Young、Stuart Hall 和其他人给道德恐慌所下的定义为何能和 Lemert 的社会病理学（1951）、Becker（1963）的对"外人"贴标签的分析和 Matza（1964）的行为不良和漂流研究之间存在知识上和经验上的协调。而且,富有特色的英国亚文化理论学派的出现伴随着一系列在英国发生的亚文化事件:首先是 20 世纪 50 年代的 Teddy 男孩;紧随其后是 60 年代摩登派、摇滚族和嬉皮士;还有 70 年代的光头仔、朋克以及像粗鲁男孩和"拉斯特法里派"

(Rastafarians)这样的非洲—加勒比群体。自那以后,英国犯罪学家不断地检验道德恐慌模式的合理性。近年来,传媒对涉及虐待儿童和恋童癖的报道有了一个强有力的复兴并且乐此不疲(Jenkins,1992,2001;Silverman 和 Wilson,2002;Critcher,21003;参见第四章)。

在研究这种认识的进化的同时,本章也按照它传统上被认知的那样思考道德恐慌的背景和起决定作用的特点。讨论重点将指向那些偏离青年,此问题也将在下一章中做阐释,本文还将探索围绕现代社会对儿童态度的混乱与矛盾。

道德恐慌模式的背景

Cohen 以他下列被频繁引用的段落开始他的写作:

> 社会不时地受道德恐慌周期的影响。这是一种状态、一个事件、一个由个人或由个人组成的群体表现出被定义为对社会价值和利益构成威胁的性质;它的本质被传媒以一种类型化的刻板方式所报道;道德争议领域被编辑、主教、政治家和其他有正确思想的人所控制;社会认可的专家们宣示他们的诊断结论和解决方案;处理问题的方式在演进过程中不断地被借助;它的条件在消逝、湮灭、退化、解体中并变得更加明显。有时候,恐慌的对象如此新奇;而在其他场合,此对象已经存在了相当长的时间,却在众人的注目中心突然消逝。有时候,这种恐慌过季或被遗忘,只存在于民间或公众的语汇之中,而在其他时间,它有更加重要和持久的回声并且可能引起法律和社会政策方面的变化,甚至引起社会自我想象方式的变化。(1972/2000:9)

如 Cohen 在这段概要中所暗示的,对社会价值和利益的威胁并非总是被个体化(如在对食物恐慌、流行病、因为没有被全面护理而将要死去的"国家健康机构"中的病人、环境的关注等案件中那样)。然而,当我们想起**亚文化**成员时,概括来讲,有4种人可能会成为我们道德义愤的标靶:那些犯下从抢劫伤人和骚乱(总是那些能被刻画成"小无赖"的工作阶层的年轻人成为这类行为的实施者)到性犯罪和谋杀罪等严重犯罪的个体;那些行为脱离制度程序以及像罢工、示威者等这些在工作场合打破传统行为规则的人;那些像摩登派、摇滚族、朋客、嬉皮士、光头党和城市帮伙这样的采取和"规则"不同的行为方式、服装类型或自我表现形式的人;最后,那些各种类型的不能尊从共同的、保守的理想——尤其是涉及传统的家庭组织机构——的人的群体。这些人可能包括艾滋病患者[这种病在20世纪80年代早期被一些流行的新闻舆论杜撰成"同性恋瘟疫"(gay plague)]、独身母亲、福利骗子和那些从互联网下载儿童色情图片的人。然而"道德恐慌"正如它们最初被Cohen和Jock Young构思的那样,只是显而易见地和青年文化的象征本质相关。确实,自从Cohen在对20世纪60年代中期发生在英国海滩的摩登派和摇滚族之间的冲突的研究中将道德恐慌模式推动进入学术和俗人的兴趣圈子以来,道德恐慌围绕下列多种青年亚文化被制造出来,这些青年亚文化包括:青少年行凶抢劫、观看暴力影像的儿童、"新时代旅行者"(new age travellers)、社交场常客和迷幻药服用者。正如我们在下一章将要看到的,道德恐慌也被围绕儿童的安全、尤其是成年性犯罪者给他们施加的风险而产生。

尽管所有这些群体和其他一些未被提及的群体一样充满着多样性,有五个互相独立但又相互联系的要素可以在绝大多数道德恐慌中找到(下文将列举并将详细讨论)。然而,本章将提出以下观点,即在传统的概念化中被突出的五个关于道德恐慌的限定特征并没有在理论上被充分地探讨,它们之间的关系比通常主张的要复杂得多。因此,要构成全面的讨论,就不能忽略对道德恐慌模式的不足之处及其在适用中的问题的研究。这其实也导致了有些人认为道德恐慌不具有合理的基础,并将其作为一个"有争论的、不可以分析的"、将注意力引向"空洞的或没有合理理由的"问题的**概念而拒绝接受**,Wadding就是这样的一位批评家。他认为道德恐慌的概念是一个充满了过多的价值内容的术语,应该从总体上被摒弃(Wadding,1986:258)。随后的讨论将会努力再现对道德恐慌作为一个概念工具的赞同与反对的意见,还将评估在何种程度上它帮助我们理解公众对传媒报道事件的反应。

传统的样本公式中所标定的道德恐慌的 5 个特征是:

1. 当大众传媒采用一个合情理的普通事件并将它报道成一种不同寻常的事件时,道德恐慌会发生;

2. 传媒使"偏离放大螺旋"开始运转,在这个过程中,道德说教被新闻记者、各种其他的有权势者、思想领袖和道德推进者所建立,这些人概括地将做错事者作为一种道德滑坡和社会解体的根源而使之妖魔化。

3. 道德恐慌澄清社会道德出现的边界,创造一种一致和关切。

4. 在社会急速变化时期道德恐慌会产生,并且这种恐慌会定位和形成更广泛的社会对威胁的焦虑。

5. 通常是年轻人被视为标靶,因为他们是未来的象征,他们的行为被视为是衡量社会健康与否的计量表。

大众传媒如何把普通变为与众不同

1966 年给海边市镇 Clacton 带来道德恐慌的那些平凡和纯粹"普通"的事件被 Cohen 完美地捕捉到了:

> 1964 年复活节比往年要糟糕,天气又湿又冷,事实上,这个复活节是八十年来最冷的一天,店主和商户们对没有生意而闷闷不乐。因为有一种说法,咖啡店主和酒吧招待将会拒绝给他们中的一些人服务,年轻人也感到了单调和被激起的郁闷。一些人群开始在人行道上不安地拖着脚走路并彼此投掷石块,摩登派青年和摇滚族小集团(这些小集团本来是一种以衣着和生活方式划分,后来严格起来,但在当时并没有完全确立起来确切的区分标准)开始分开了。那些骑自行车和小

摩托车的人开始喧哗鼎沸,窗户被砸了,一些海滩小屋被击毁,还有一个男孩往空中放了一枪。(1972/2002:29)

尽管 Cohen 承认这两天"令人不愉快,压抑并有时有点骇人"(1972/2002:29);实际的威吓、冲突和暴力在 Clacton(及在相同时间发生了相同事件的 Brighton)发生的程度并不严重。然而传媒却在头条以"摩托帮引发的白日恐怖"(《每日电报》(*Daily Telegraph*))和"青少年痛击市镇"这样的标题(《每日快报》(*Daily Express*))进行了报道,他们惯常地使用像"暴乱"、"毁坏性的狂欢"、"战争""围攻"和"尖叫的暴民"这样的词语来表达一种无辜的度假者从一群疯狂的暴徒控制下逃生的、充满冲突的市镇的印象。确实,"骚乱"已经变成了新闻记者来报道任何充满强烈感情的包括 3 个或 3 个以上人员的事件的"库存"的刻板词藻(Knopf,1970)。

和其他的有新闻价值的事件一样,传媒按照它们的"新闻标准"来构建道德恐慌(参见第二章)、夸大和扭曲因而也就成了迎合新闻标准,以将一个有潜在新闻价值的事件报道成一个真实新闻的关键要素,在已发生事件将不可避免地再次发生的传媒预测意义上来说,道德恐慌也因此常常包含着可预测性这个新闻标准,即使没有那样发生,传媒也会通过对这种虚无的事件的报道,来确证它们的预测从而构建出那种事件实际发生的效果来(Halloran 等,1970;Cohen,1972/2002)。简约化通过一种象征化的过程出现,通过这种象征化,名称能被变得表达复杂的思想和情绪,一个单词(如"人群")变成一种身份状态(如"偏离")或一种对象(如特殊发型或服装样式用来预示和拥有者有关的身份状态和负面感情)的象征(Cohen,1972/2002)。这种不断累积的效果是,"人群"这个词变成和它先前所有的中性含义无关的一个概念(例如对一种特定的消费风尚的定义)而获得了完全的负面意义(1972/2002)。在政治和公众对这些程序的反应方面,Cohen 的核心发现是尽管传媒常常把某些少数群体和偏离相联系并谴责他们使用暴力,它们仍然认为暴力是警察处理问题的一种合法手段,而且有时是一种必要的报复形式。从这些报道中得到的感知常常会影响"官方"的态度以至官方的行为也和陈腐的说教相匹配,传媒促成的形势的概念因此被强化,所有的方面都会按照"预期"做出举动(Cohen 和 Young,1973)。问题是,暴力和冲突的语言是如此普通以至受众可能会如可证明的那样对涉及冲突的报道麻木不仁;在许多新闻记者中有一种假想,即民众需要娱乐(尽管有窥私性),因而耸人听闻的报道形式就被不断地创造出来。

当权者在偏离放大过程中的作用

有人认为,道德恐慌在 1900—1920 年的"美国禁酒运动"和在此之前的 16 和 17 世纪欧洲的追索女巫运动(witch hunts)*(Goode 和 Ben-Yehuda,1994)这样的道德改革圣战中可以找到其起源。当今社会道德圣战者是新闻记者、报纸编辑、政治家、警察和压力集团,他们联合起来推动新闻事件受关注度及重要性的螺旋上升。在这个过程中,给予偏离者的关注导致了对他们的犯罪化和边缘化。道德恐慌模式的一个版本因此认为,是那些有既得利益者将传媒作为一个对个人、群体或行为进行道德评论的特殊渠道(尽管问题的来源绝不可能直来直去或被广泛认同,这点我们很快就会看到)。有人认为,那些当权者利用公共恐慌将弱势群体标示为危险的颠覆分子,并因此介入进来给公众提供现在常常相当于对犯罪采取加重处罚措施的公共应对方案。但是,不仅不断增长的关注使传媒的最初的关切合理化,而且这两种不断增长的关注也会导致目标群体不断地感到被疏离——尤其是像经常发生的那样,当政治家和其他"思想领导者"也进入争论,并且要求对"偏离者"采取更严厉的控制和惩罚措施的时候,情况更是如此。他们发出

---

* 又称"猎杀女巫运动"。这场运动发生于中世纪末期的欧洲。在当时,盛传着女巫和麻风病人等相勾结企图通过魔法和毒药来摧毁基督教世界的说法,这种臆断受到了爆发于 1347—1349 年的黑死病的激发,人们开始认为瘟疫是由女巫传播的,女巫开始受到全欧洲范围的迫害和酷刑。受迫害女巫人数迅速上升,社会上出现了大面积的恐慌。——译者注

警告,如果这些人的行为不被制止,社会将可能面临危险。这种广为传播的谴责可能会导致那些群体更加感到被迫害和边缘化,相应地会增加他们的偏离行为,以至于他们更像原来被传媒所创造的那种动物。持续的偏离会导致警方更大的注意、更多的逮捕和进一步的传媒报道,因此一个"**偏离放大螺旋**"就会被推动(Wilkins,1964)(见图 3.1)。虽然保守的分析可以假定传媒的这种作法显示了它们对公众利益和不断上升的犯罪态势的正当反应,但是更极端的解释是,这个过程所产生的歇斯底里是政府更有效地控制它的公民、劝阻人们不要采取非传统的生活方式并强制他们遵守社会风尚的一种有效的方法。

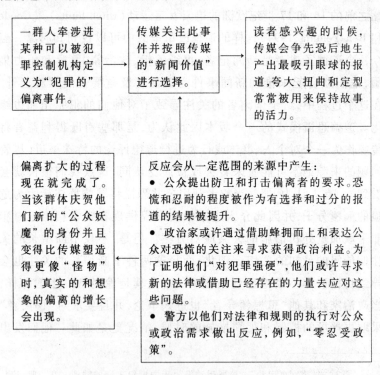

图 3.1 偏离放大螺旋:在一个夸大、扭曲、预测和象征的框架内对偏离的报道使一系列互有关联的反应发生作用。

资料来源:由 Wilkins(1964)的思想发展而来。

"放大的偏离螺旋上升"因此描述了一个社会取缔某个特定群体时会发生的事情。当负面的社会反应提升,"偏离者"不断变得孤立,他们就会变得越来越以犯罪确定自己的行为方向。偏离的螺旋可能会上升几周乃至几个月,但它从来不旋转出控制,理由有几个,传媒的兴趣会逐渐衰退转向其他的问题,过一段时间以后,"民间妖魔"就会变得熟悉,因而被视为较少威胁。应对想象的威胁的方法也在演化,它或者作为通过扼制使其最小化或从根本上消除此问题的新的立法的结果,或者作为由那些最受影响的人摸索出来的最平常的对策,最终,对青年亚文化的而言,偏离者可能会逐步停止偏离,长大成人并不断进步。

界定道德界限与创造共识

在识别对某一危险负责的群体的时候,一个在"我们"——体面的、受尊敬的和道德的——和"他们"——偏离的、不受欢迎的外人——之间的划分就马上变得很明显。威胁是真实的、严重的和由可鉴别的少数人引起的看法并不必然地成为普遍的信念,或者甚至不为多数人所持有,但是国家的新闻舆论会以一种暗示他们对危险行为的谴责代表着一种共鸣的方式来加以报道。以至于在制造一个想像的国家一致性的时候,报纸常常借助于一种怀旧的保守意识形态、一种对因果报应的需求,并借助一种非常自负的观点——"常识"应当占主导地位。这三个相关联的要素的相加意味着一种"事情已经不是它们过去那样"的流行观念。百年前在对大众社会理论的反应中(见第一章),许多人认为社会因为以下原因快速而不可逆转地退化:宗教道德的衰落、对当权者越来越缺乏尊重、作为传统核心的家庭的解体、传媒给这个国家的孩子所带来的角色模式和近年来那些通过互联网"捕食"我们孩子的行为反常者的肆虐。而且,现在传媒和政治家中间有一种广泛接受的共同意见,即对这些令人失望的事情的正确反应是由警察、法庭和监狱采取更严厉的行动。请阅读20世纪50年代由一位"家庭医生"所撰写的下面这封信:

在他们全都患有某种形式的精神疾患的角度看,"泰迪男孩"(Teddy boys)的精神上都不健康,除了桦条和绳索以外,应该参照他们犯罪的严重性,他们需要的是在一家精神康复机构接受康复治疗。(Brake,1980:11)

在紧随其后的半个世纪中,有证据证明,不是情绪变化了,而是年轻人被病理化的年龄发生了变化,年龄已经缩小到常常主要是上学年纪的年轻人被视为存在着"变坏的危险"。而且,"问题年轻人"的概念在政治辞令和法律中被突出地奉为至理名言,还有相当多的政策将儿童犯罪化和妖魔化。《犯罪和扰乱秩序法》(Crime and Disorder Act)在1998年被付诸实施,该法规定了三种不同类型的对儿童的限制形式,这其中包括"禁止反社会行为指令"和"儿童安全指令",这些法规授权警察和地方当局对被认为有实施反社会危险的儿童采取措施(Muncie,1999a)。这给人的印象是儿童不以成年人认可的方式行动是一种全新的现象——这是一种对所有能够记得自己的少年时光的人都构成挑战的观念!随着越来越多的寻求将儿童时期私人化、将他们清理出街道和将那些一度"正常"的青少年行动(从和缓的性尝试到玩烟火)犯罪化,越来越多的法律制定出来。因此就不难理解儿童表现得像是处于危机之中。这些举措似乎显示着 Scraton 所谓的"儿童排异反应连续整体的急速完结",这种清楚的界限被非常精确地以对种族仇恨、厌婚症和同性恋的憎恶同样的语调描述为"儿童讨厌症"(Scraton,2002:15)。

然而,如我们可以在图3.1所见到的"偏离螺旋放大"那样,或许一些政治家和思想领袖只是在借助对传媒**标定**的"偏离者"持反对意见来寻求政治支持。随着政治家们争先恐后给道德规范做出各种剪辑("道德真空"、"道德混乱"、"道德危机"等等),实际上已经确保了一种道德恐慌,通过谴责弱势群体的行动和表现出对犯罪严厉,政治家维护了他们在大多数英国传媒中被争相报道的受欢迎的地位,一位评论家直率地将首相的行动和 James Bulger 的死相联系,认为托尼·布莱尔首相借用一个死去的蹒跚学步者将工党对法律和秩序的政策转向了"强硬"(N,Cohen,1999:84)。在

James 死后的几天内,既有来自政治家的官方电话、有自称的专家、还有要求对儿童和年轻人加大监禁刑适用的新闻舆论(Scraton,2002)。立法者、司法者和旨在反映他们读者观点的报纸的联合攻击起到了扩大被孤立的一小部分的偏离者与社会上其他人之间鸿沟的作用,通过使那些已经是局外人的人更加边缘化,给核心内部带来能量。因此可以讲,不仅道德恐慌在公共义愤的意义上把一致性统一了起来,而且它让核心层的人们在对他们自己的道德确证中感到满足;当我们已经定义了"邪恶"为何物,我们可以通过适用这一定义来明了什么是"好"。相应地,传统道德恐慌的价值强调,它们可以显示社会中可容忍的多样性是有界限的,它们可以起到确认那些做出这些判断的人的权威性(Durkheim,1895/1964)。

快速的社会变化——风险

从我们前一章对新闻价值的讨论可以知道,在过去几年中,有些评论家将当代西方社会的特征概括为"风险",在这个社会中,对个人、群体和全球的潜在危险的关注已经使传统的、更加平凡的事务相形见绌(Douglas,1966;Giddens,1991;Beck,1992;Ericson 和 Haggerty,1997)。对于道德恐慌问题的支持者而言,他们构建了和灾难的可能性相协调的最突出的文化例证之一,在许多情况下,一个偏离群体的道德恐慌的最重要的特征惊人地同那些像地震、海啸这样的天灾,或像轰炸这样的人为灾难的特征相类似(Cohen,1972/2002)。除了遵循警告——影响——反作用的因果顺序,道德恐慌的概念被认为在将那些通常限制在私人范围的行动、态度和情绪显示在公共领域的能力方面和灾难类型有进一步的相似之处。但是,道德恐慌这个命题因为在将灾难的等级和对该等级做出反应强度之间建立联系方面存在明显的无能而倍受批评。它不仅未能精确地确定公共关注的程度以及人们是否只受传媒的激发而排斥其他任何影响,而且它也使衡量此问题的真假变得不可能。对 Goode 和 Ben-Yehuda 而言(1994),这个问题的平衡性极易把握。很简单,当问题很熟悉,近在咫尺并且好像对个人的生活直接构成侵犯时,它们就会变成道德恐慌的对象。相应地,以未来为导向的像下列这样的潜在的灾难性的影响就不会变成道德恐慌的对象,例如不断减少的臭氧层对生活的影响、流浪小行星撞击地球或者核战争的危险。即使这看起来很简单,情况确实如此,少数几个所谓的民间妖魔能对许多人的生活产生直接的影响,如我们在第一章中已经看到的,在政治和社会动荡的时期,即使是火星人入侵也可以被视为一种合理的事件。

为何一个社会在特定的时期显得易受影响这个问题是值得讨论的。一些作者将从现代到后现代转型时期的特点作为对已建立起来的社会生活许多方面明显不稳定的解释。现代性的传统特征的"解冻"开启了被描绘为"超越现代性"的新的结构的可能（Hall 等,1992）。但是随着社会秩序从一种转向另外一种,传统的程序和价值遭到了削弱和移位。强调个人自由选择的自由主义意识形态已经和技术领域的进步相结合,并产生了一个更大的文化多元主义和一种不断增长的对构建新的个体自我特征可能的意识。然而,与此同时,公众和私人界限的模糊已经扩展到了社会组织之中,这些社会组织机构寻求先前不可想象的规范社会生活的方式（参第七章）。替代性的认识和相互冲突的个性特征已经形成,这导致了常常被称为"个体危机"的发生,通过这种危机,传媒引导的、以消费为导向的目标开始形成,并和传统的个体方式（例如那些植根于阶级、人种、性别和民族的确定方法）相抵触,这导致了主体的离心化或者用其他话说是形成了一个"不稳定的个人混合物"（Hall 等,1992）,这种后期现代性的摇摆和自相矛盾性被 Berman 以下列论述加以概括:

> 现代意味着发现我们处于一个给予我们冒险的力量、增长的快乐、自我和世界转型的环境之中,而这又同时威胁着随时摧毁我们所拥有的一切、我们知道的一切和我们就是的一切。现代的环境和经历直接打破所有的地理和伦理的疆界、等级和民族的界域以及宗教和意识形态的分化,在这个意义上,现代性可以讲统一了全人类。但它是一个矛盾的统一体,

是一个非统一体的整体,它把我们全部推进到永恒的分裂和更新、永久的争斗和抵触、永远摇摆和悲痛的大漩涡,如马克思所言,"所有的固体都融化成空气"。(Berman,1983:1)

如第一章中所描绘的那样,美国在 1938 年《世界大战》播出的时候经历过非常大的一次解构与更新的动荡。但该过程同样可以在 20 世纪 50 年代中期的英国发现。那时,这个国家首次现代的、传媒促成的道德恐慌指向了泰迪男孩。当时,许多社会潮流正在汇集以挑战或脱离传统的规范和价值,"感觉良好因素"在反希特勒战争胜利后仍然盘旋在国家上空,但是对许多人而言,这种庆贺被 25 万英国人的死亡以及家庭、工厂的破坏带来的精神痛苦所冲淡。战争给这个国家带来了经济危机。然而在 20 世纪 50 年代晚期一种新的乐观主义出现了。到了 20 世纪 60 年代全员就业已经实现,新的社会图景也剧烈地改变着英国的面貌:家庭关系随着新的立法而发生了变化,离婚变得相对容易并更多地为社会所接受;新的科技、服务和休闲产业的出现挑战着传统的工业实践;与此同时,专业化、半专业化的工作与手工工人的减少的情况同时产生了;来自英联邦的大量移民开始出现。所有这些要素相结合导致了许多人感到生活的不确定,他们对生活的焦虑,对变动、不稳定及对先前发生的移位的关切在新的青年亚文化群体特征中变得牢固。

年轻人

作为一个多年来在英国社会和政治生活表层下面不断浮现的年轻人的社会建构问题(Pearson,1983),在 20 世纪 50 年代后期的公众意识中急遽扩大并变成了社会学调查的主题(例如,Abrams,1959)。一般认为,"年轻人"在二战以后真正成形。在二战前,年轻人倾向于模仿他们的父母、或者那些与他们父母同时代的人。他们的服饰、行为方式、志向和前程都具备先前时代的特征,但在 20 世纪 50 年代,年轻人开始被视为一个不同于其他年龄段的特殊的社会群体类型,"十几岁的年轻人"(teenager)这个词开始使用。

他们背弃了父母的价值和志趣,变成拥有自己权利的有力的公民和消费者。当传媒和休闲产业将十几岁少年同化进一个活跃的消费群体时,传统的界线也被打破了。咖啡馆、奶吧和舞厅如雨后春笋般涌现,许多文化产品专门瞄准青年消费者,像马龙·白兰度和詹姆斯·迪恩这样的好莱坞电影明星,像布迪·霍利(Buddy Holly)*、猫王这样的摇滚艺术家,像 Caroline 和 Luxembourg 这样的私有广播电台,包括"就位、预备,跑!"(ready, steady, Go)和"自动唱机朱瑞"(Juke Box Jury)这样的电视节目都提升了在 50、60 年代和十几岁年轻人相联系伴生的兴奋感和自由感。十几岁年轻人比以前更富裕,由于战后"婴儿潮"使他们形成了比其他年龄段的群体更大的一个社会阶层。他们拥有不容忽视的购买力,他们所代表的活力和社会流动性达到了将他们同其他时代的人相区别的程度。比以往任何时候,年轻都更代表着将来,并且以他们生气勃勃的以城市化为核心体现的现代性成为"新英国"的强有力的象征。

然而,快速的社会变化和不一般的、非传统的、常常富有轰动效应的身体外表与举动的结合使人目眩。如果"年轻人"代表着未来,那么未来被这些摒弃传统、捉摸不定的年轻人所掌控是许多人连想都不敢想的事。对于在 20 世纪 50 年代晚期和 20 世纪 60 年代早期所有和十几岁年轻人相联系的那些无拘无束的快乐而言,存在一个黑暗的边缘区,这是和青年明显值得肯定的优点对立着的轻率的另一面。现代生活、城市的发展、不断增长的休闲机会都是不断增长的不安的聚焦点,年轻人代表着活力和社会流动性,并且达到使他们与前代人相区别的程度,但"现代"和"轻率、急躁、无礼"相联,超越民族和不分阶级就不可避免地使太多的财富和太低的道德水准伴生。目前以这些年轻人为特定目标的消费产业给他们带来的同质性使他们在老一代人眼中看起来不动脑筋而且自私

---

* 这是一位著名歌手。是著名经纪人 Thomas Parker 继猫王之后包装推出的另一位摇滚歌坛巨星,遗憾的是,他才 22 岁就在一次巡回演出途中因飞机失事身亡。1971 年,Don McLean 在歌中唱道:"Buddy Holly 死亡之日,也就是摇滚死亡之日"。http://www.yalasol.com/rock1b.htm。——译者注

自利。Cohen 认为,这些十几岁年轻人的形象成为这个社会转型时代许多人具有的混乱而自相矛盾的特质的象征:

> 他们触及了那些微妙的和矛盾摇摆的神经,通过这种方式,英国战后的社会变化得以完成。没有人想要压制和苦行,但是关于"从来没有这么好过"的寓意有点自相矛盾,因为有些人就是这么好,这么快地拥有它。(Cohen,1972/2002:192)

年轻人因此既被视为变化的催化剂又被视为是未来道德的监护人,他们将进步、革新、实验的需要人格化,但同时又成为社会对付变化和未知的所有恐慌的管道。完全在同一个时间里,他们代表着新生的、闪耀着光辉和现代的东西,也代表着过渡性、一次性和缺乏教养或风度的状态。

道德恐慌模式的问题

道德恐慌的概念因为它可见的局限性而被广泛批判,然而这一理论拒绝消失。道德恐慌最基本的困难,不是概念本身而是它被一代代的作家、研究人员、新闻记者和学生自 1971 年形成以来不加批判地应用的现实。正如 Kidd-Hewitt 和 Osborne(1995)所指出的那样,对犯罪和传媒的犯罪学研究已经变得固定在常常依靠"仪式复制"(ritualistic reproductions)或者对 Cohen 术语的原本含义的错误再现之上,公众妖魔和道德恐慌这类概念为精心构造的大厦只是打下了"重要的牢固基础,而没有在它们上面进行值得关注的新建设"(Kidd-Hewitt 和 Osborne,1995:2)。确实,自从 1972 年出版以来,我们会吃惊地发现,很少有作者能够超越对他的原文的忠实复写或者不是以某种程度的奉承来继承他的理论假设。什么是道德恐慌命题的不足? 有一些可能的摇摆观点和主张已经被讨论过,道德恐慌模式是向一些不同的解释敞开的这一点已经很清楚,但是在道德恐慌这个概念中仍然存在着一些还没有令人满意地得到解决的基本缺陷。这正是本文马上要涉及的问题。

偏离的问题

偏离放大螺旋在许多地方存在问题。首先,并非所有的公众妖魔都能够被描绘成容易受伤害、或者被不公平地贬损(恋童癖者提供了这方面的一个例证),放大过程中适用的不断增长的可靠性的丧失并不施用于所有的群体,而且,对于公众义愤必须被表达以取得道德恐慌资格的时间的长度,从来都没有达成广泛的一致。如果我们借助 Cohen 的概念公式,我们注定会推断出在本质上,道德恐慌是短期的、孤立偶发的结论,它随后在公众意识中就会成为不出几周、几个月就会绽放并消逝的一段小花絮。但是,一些关注的起源——例如,青少年违法犯罪——或许能回溯到值得考虑的一段时间之前,现在对偏离青少年的焦虑已经在这个国家排练了几百年(Pearson,1983),甚至现在对恋童癖提升的焦虑状态也似乎已经维持了将近 10 年(见第四章)。偏离放大螺旋被批评为太僵硬和太确定并显然过于简化了偏离的概念。我们所谓的"偏离"有不同的等级,一种能够阐明公众对大麻吸食者的反应的理论不一定能正确地说明公众对约会强奸者的义愤。而且,偏离的原因很少得到像偏离举动或偏离行为本身同样的考虑。Muncie 的观点重复着 Durkheim 的观点:

> 道德恐慌组成了不断敏感化和合法化的加固道德疆域过程的一部分,在此过程中,不断地甄别着内部的敌人,强化着国家的控制力量,在对产生偏离和政治不满这样的社会分化和冲突中的原因没有认识的情况下,法律和秩序的作用得以提升。(Muncie,2001:55—56,着重号后加)

换句话说,道德恐慌为社会限定了道德参数,在该参数界限内的行动可以接受,而对那些涉足这些参数界限之外的群体进行边缘化和惩罚,但该参数几乎不鼓励去检验为何该群体首先以那种方式行事。"偏离"经常被用作指代"非理性(指精神不稳定或者甚至动物本能)"、"受操控性(指那些涉及者是被动的易受骗者)"或者"非传统性(指那些奇异的、异已的、不能控制的)"的俗语。因而在有些时候或许完全合法的"偏离"的原因很少被考虑,并且其重要性常常被对群体的外貌、生活方式的讽刺性评论所超过,除此之外,传媒还会借助于猜测和夸大的关于将来可能出现的暴力或者借助于任何偶然出现的冲突事件。正如 Hall 所言:"趋势是应对任何问题,首先简化它的成因,第二步贬损任何牵涉到的人,接着激起公众情感,最后是从上往下重重地踩跺他们"(Hall,1987:34)。该评论是针对足球流氓而发,但同样可以用于从引人关注的从青年亚文化到恋童癖问题等其他任何形式的道德恐慌。

和"道德"相关的问题

和道德恐慌定义相关的一个困难是,它的"道德"要素要么被毫无问题地接受,或者以对更广泛的道德结构中特定情境的地位及其与不断变化的道德规范的关系的少的可怜的关注来掩饰过去(Thompson,1998)。在下面一章中,我们将考虑"道德"问题,因为它和将儿童性特征化和在多大年龄上年轻人在性生活上变得活跃有关联。简言之,我们或许认为社会在将法律制裁强加给"法定年龄以下者"的性行为方面有点伪善(在一部新的《性犯罪法》中,15岁的公民将对他/她的各种性行为负责)。而与此同时,其他文化领域(时尚界、音乐界、广告界等等)却容忍对许多青年人进行公开地泛性特征化的处理。在维多利亚时代的英国,为了阻止将女孩作为妓女嫖宿,将有权同意性行为的年龄设在 16 岁。在 1875 年以前,这个数字是 12,然而,注意到在一些案件中 12 到 15 岁的少女和男友一起逃离家庭的情况,在多大年龄上年轻人变得在性方面充分成熟的争论被重新唤起(2003 年 1 月 2 日《观察家报》)。然而,如果把先前的经历作为一种参照,那么它是一个倾向于被道德圣战十字军胁迫的讨论(一个在 20 世纪 80 年代由 Victoria Gillick 领导的阻止医生给 16 岁以下的少女开节育药方的运动,被不公平地认为对同期十几岁少女怀孕的增多负责),而在一个将儿童时期浪漫化为一种令人愉悦的天真无邪的形象超越了包括虐待儿童、漠视、不道德地利用和十几岁少女在欧洲最高的怀孕率这样的现实的文化背景中,不可能合情合理和理智地进行讨论。

Jock Young(1971,1974)进一步强调了定义道德规范过程固有的摇摆性的一面,他认为,那些将他们自己视为正常而将那些在道德上偏离的人视为例外的人们,实际对那些"打破规则的人"怀着一种不情愿的羡慕甚至妒疾。在 Young 看来(1971,1974),如果一个人生活在一个禁止某种快乐、压制在某个领域的满足的严格的行为规范之中,那么发现他们对那些"走捷径"的人有一种激烈的抵触反应就不会令人吃惊。在 Young 看来,这种含糊骑墙是对强有力地反对那些可以称为"没有被害人的犯罪"有偏向性的解释,这些犯罪包括同性恋、卖淫、吸毒以及在新道德环境中 16 岁以下青年人的合意相交行为。在许多例证中,道德恐慌似乎不包括或者包括很少的道德因素,该措词已经变成了包括最近几年最为显著的对健康问题,尤其是将健康和食物和节食相联系的问题在内的所有社会广泛关注事物与问题的简单的描述。

年轻人及风尚的问题

在许多道德恐慌文献中,都存在以下假设,即牵涉到的青年群体或其他偏离者被不可避免地在经济上被边缘化,他们借助犯罪和偏离来作为和生活单调以及与失业相伴生的经济困难做斗争的一种无法无天的斗争方式(参见第一章)。当然,Cohen 认为摩登派与摇滚族趋向暴力是他们感到被从 20 世纪 60 年代早期开始就指向他们的公众消费文化中边缘化出去的结果。但另一种观点则认为摩登派与摇滚族是不断增长的财富和乐观主义的产物,而绝对不是和国家的经济良好势头不相关,他们在很大程度上对 20 世纪 60 年代的震荡负责!从那以后,青年时尚和亚文化附属品催生出了数百万英镑的产业,今天的年轻人有大量的共同亚文化供出售,而这些亚文化在一些场合恰恰代表着对他们自己的社会经济问题解决的方法(Burke 和 Sunley,1996)。但是,实际上在许多情况下这只是提供了一种暂时的"归属感",这是一种独立于父母文化的状态和一种摆阔气的消费。

群体的特征因此至少既可能是对风尚和身份状态的一种陈述,也可能是一种通过仪式的抵抗行为。所有的青年文化都需要一个相对较高的财力投入,无论这种文化是以音乐、时尚、足球还是其他的"爱好"的形式表现出来,正如 Cohen 在他著作的修订第二版序言中所言,违法者快速从"受挫的社会攀登者"变成了"文化革新者和批评者"(Cohen,1980:iv)。20 世纪 70 年代常被视为是领取救济金的失业者灰心丧气产物的"朋克"(Hebdige,1979),绝不是都失了业、缺乏生存手段的人。对朋克的信奉植根于对政治的不满、对父母文化的背叛、对音乐的享受、对着装传统规则和许多其他各种要素的反抗。但是,它被一位音乐制作人(Malcolm McLaren)和一位时尚设计师(Vivienne Westwood)协调了起来,主要成了一种商业事业。进入一种青年亚文化代表着一种从儿童时期到成人岁月这种绝大多数西方社会民众都要经历的正式转变。很少——如果还有的话——有青年亚文化和风尚不受一种或多种消费文化产业要素的塑造。甚至在美国、英国城市中心贫民区的帮伙文化也和特定的设计者的标签有很强的关联。

而且,"引人注目"的青年亚文化——道德恐慌贩卖者的库存品——如可以证明的那样,并不像他们一度表现出来的那样明显。道德恐慌理论倾向于认为,年轻人已经将选择限制在他们的风格、个性和消费的清单中。但是对于后现代主义批评家而言,主体并没有固定的或永恒的特性,而是在一个永无终了的自我创造的过程中假定在不同的时间有不同的特性的事物。确实,一个后现代的批判总会将特性假定为一个"开放的书写板……在这个书写板上,人们能够随意刻写、删除或复写他们的历史或个性"(Gergen,1991:228),这是一种随着互联网的出现和发展受到积极欢迎的现象。甚至连性特征也被一些评论家视为一种包括不断增长的选择和可能性的个体自身的行为(Giddens,1991,Jewkes 和 Sharp,2003)。因此,在当今的多传媒的社会中,年轻人能通过大量的、多样的可以自由随意进出的共存亚文化,来实现他们从儿童时期到成人的转变,从而使他们与某个特定的群体的联系边缘化和短暂化。同样地,或许可以讲,道德恐慌限定一个社会能够容忍多少多样性不像过去那样引人关注,尽管这个问题还值得讨论。有人或许认为,服饰和外表仍然可以被作为阶级中存在的冲突和社会分化的一个标志,而且存在着不为主流消费文化所认可的、被那些旨在让人感觉局促不安的个人和群体所适用的亚文化风尚。还有人会反驳说,今天的后现代的、科技上进步的、文化上支离破碎的、混合而成的文化多样性,不仅被容忍而且深受"街头"风格(也就是说,那些来自社会的底层或边缘的)的欢迎,常常被迅速地吸收进主流时尚产业,这是一种使任何一个群体的"偏离"色彩在更广阔的背景中变得不那么扎眼或不重要的现象。

  作为一种社会问题的青年人的建构的另一个深层困难是,或许有人认为青年人现在只在关于犯罪和偏离的说教中存在。确如可证明的那样,青年人不再被描述为一种一代人的类型,而是一种不由时代决定的态度和生活方式的概括(Frith,1983)。代沟在缩小,不像50年前青年人或多或少的是他们父母微型缩影的时代。在当代社会,成年人常常从他们的孩子那里学习流行事物,不仅青少年和他们的父母比前几代人更可能喜欢同样风格的衣饰、音乐、文学和休闲方式——这种现象被作为"哈里·波特"现象而证明——而且青年人人不断地(的确,从小学开始)影响着政治议程,尤其是在涉及像动物权力和环保这些问题上更是如此。这些共同的关注不仅超越了传统的阶级和人种的鸿沟,而且还显示着一种比他们的父母、祖父母那一代的青年人亚文化相比都显得保守的"道德规范"和伦理法则。

风险问题

  道德恐慌模式的另一个弱点是它似乎不仅暗示年轻人生活选择有限——这正是他们形成与众不同的亚文化的原因,而且含有站在道德多数立场上的对这些文化的过度反应是由一种潜在的和现代生活变化同步的不知所措和迷惑所促成的意味。这种观点在许多父母对他们的孩子暴露在包括暴力电脑游戏和互联网这样的非传统的替代性传媒的影响的担心方面表现地明确无疑。但是现代性已经是一个长期的过程,在 Cohen 观察牵涉到摩登派和摇滚族事件的 20 世纪中期或者类似地,在弥漫着对潜伏于互联网聊天室内悄悄跟踪猎物的恋童癖者的恐慌的 21 世纪初期,它的变化速率相对一两个世纪之前如此之快和令人不知所措似乎有点不可想象。是否曾经有过一代人没有感到过他们是在更大的、更让人兴奋的——对某些人而言——潜在地更骇人的某种事物的边缘?尽管现代社会不断地被标定为是危险社会(Giddens,1991;Beck,1992),将这段稍晚的现代性的特征概括为一个广泛的、没有结束的"恐慌"的周期轮回状态真的很准确吗?(Sparks,1992:65)其次,在修订过的《公众妖魔和道德恐慌》一书中,Cohen 自己推测,传媒活动的水平和密度有时会被研究者和作家人为夸大,目的是为了"适应"对他们正在从事的道德恐慌命题进行举例的特殊要求,他还认为,作为选出的划向危机深渊的证据(主要是报纸编辑)并没有占到有分量的比例(Cohen,1980)。

来源的问题

虽然 20 世纪 50 年代的泰迪男孩和 20 世纪 60 年代的摩登派与摇滚族所引发的恐慌就它们都是断续的、易逝的、突然爆炸性地出现,然而又在某段时间之后瞬间消逝方面符合道德恐慌命题的标准,但是,指出对偏离的关注相比许多对恐慌的论述中所暗含的内容要更加分散和缺少政治性的任务已经留给了后来的学者们(例如 Muncie,1987;Watney,1987;McRobbie,1994)。换句话说,对毒品问题、性放纵主义或性堕落、婚姻自由、极右政治复苏和青年人暴力的根本不同的关注,都是产生于不同的来源并在社会中广泛撒播的常常互相冲突的问题。同时,对像街道犯罪(抢劫伤人、20 世纪 90 年代的飙车)、黑人青年(再一次成为 20 世纪 70 年代抢劫伤人案件和 1980 年市中心区的骚乱的标靶),或者当今的对寻求避难者和恋童癖者的恐慌都代表着对边缘群体和"不常见"和

"非传统"标准的泛化的仇视气氛。像有人常常认为的那样,道德恐慌绝非从天而降,它可以被相应地视为是在整个社会和所有的公共领域中长期发生作用的意识形态斗争的一部分(Watney,1987)。同样的,对偏离者的最初标靶化以及对他们的结构反应或许可以视为传媒发挥支配权功能的不可或缺的一个组成部分,它告诉我们除了表达当权者的关心之外关于传媒本质多得多的信息,以及它们和其他社会机构之间复杂的关系。

来源的问题也质疑道德恐慌是精英利益得以通过社会蒸馏以使其看起来符合全员利益的一种方法的观点。"道德恐慌"这个措词暗指社会的反应的正确与否未得到证明,在批判犯罪学家(例如Hall 等,1978)的解释中有这样一种暗示,即道德恐慌本质上是由政府放出的烟幕,它主要用来玩世不恭地操控传媒和公众议事日程。有些评论家认为,道德恐慌起源于宏观层面,由一些政治和文化精英作为一种有意识的客观的努力来产生错位的关注和恐慌。还有人认为它起源于和一般公众比肩的微观得多的层次,那些由传媒、政治家、警察等表达的关切仅仅是更广泛的基本焦虑的一种表达和展示(这是一种和 Cohen 的论述更相符而且就对恋童癖恐慌而言更可信的观点)。第三种模式主张道德恐慌开始于一个中观或中等社会层次——这个社会具有社会代理机构、压力集团、说客和道德改革者。那些声称是利益集团从道德恐慌中获利的人赋予这种理论可信度。我们可以在儿童观看暴力引起的恐慌那里找到这种观点的重复展示,在这种观点中,常有人主张是压力集团的领导人、研究人员和政治家通过借助民粹主义者的"乐队彩车游行"来寻求自己的闻名。对道德恐慌的来源的第四种观点也就是对中观层次解释的改变是,新闻记者本身应该为制造道德恐慌的行为负责任,因为他们仅仅将道德恐慌作为一种增加发行量和娱乐受众的手段(Young,1974),尽管我们不能再以过去那种坚如磐石的语气去谈论"公众"传媒,像《世界新闻》(*News of the World*)的"出名和耻辱(naming and shaming)"这样的圣战(一个最初由地方报纸 *Bournemouth Echo* 所首创的运动),可以被解释成是一种获得读者和满足市场需要的而很少关注这种行为政治后果的运动(Aldridge,2003)。

"受众"的问题

传统的对道德恐慌的特征描述中最重要的问题是,它们预设在某些问题上找到共同点的过程中,受众容易上当并且他们将传媒促成的知识优先于直接的经验而相信,这是一种很清楚不可行的假设。事实上,相比其他要素,最近的文化和传媒理论家已经开始抵制道德恐慌命题内含的下列假设,即公众轻易地相信传媒报道并且被政治操控时无法识别。和这种假设相反,关于传媒内容和公众议事日程(即公众从传媒那里拿到什么以及在他们之间考虑什么和讨论什么)的关系的调查强调,有许多关于公众对构成政治或/和传媒圣战漠不关心或者抵制的例证。确实,对于广告的研究表明,最不成功的广告活动是企图通过社会代理机构来改变人们的行为的方法——例如,反毒品运动和"安全性行为"的广告词句。尽管政治和宗教领导人不懈地努力着,一般公众对当权者认为重要的问题的缺乏兴致,在英国办理结婚登记的情侣数量的不断减少中表现得尤为明显,而且,无论是1992年共和党总统竞选中公开的道德议事日程还是英国首相两年后的"回归根本"运动,都明显地对选民缺乏吸引力。虽然约翰·梅杰的计划与公开抨击包括同性恋、流产和离婚的美国的"家庭价值"改革相比多少体现着左倾的特征,这种差别主要还是方式的而非意识形态的,两个运动都在公众冷淡的回应中表现欠佳、功败垂成(Goode 和 Ben-Yehude,1994)。最近,新工党在他们公务方面持续获得民意高票在很大程度上是因为他们成功地表现出"对犯罪和缓"和"非强硬化"的这种保守党所具有的对法律和规则的姿态(Downes 和 Morgan;2002),然而,它却以是善于"政治演说"的政党而著名。政府是否反映着公众的真实的和正当的对犯罪和法律的关注而非创造出传媒泡沫从而将公众的注意力从其他事件上转移过来值得质疑。而且,对那些生活模式和信仰存在于政治、社会和法律规范之外的人的妖魔化并不能确保公众、甚至传媒的支持。"官方"对"偏离者"的惩戒、妖魔化或嘲弄的努力常常被通过质疑这些人的"有罪性"和"顺从的公众服从当权者利益"的观念而遭到抵制。

最重要的,正如第一章所提到的,现在的传媒研究是以受众为中心的,而非以传媒为核心。重点是人们利用传媒做了什么而非传媒对民众做了什么。有讽刺意味的是,作为远非顺从的公众,他们肃清着那些当权者和思想领袖的观点和主张,在许多场合,受众已经占胜了专业人士、报道记者、编辑、图片摄影家,在一些场合,是教师和社会工作者这样的专家而不是他们讨论的对象扮演了公众妖魔的角色。例如 Jenkins 在 20 世纪 80 年代(1992)对魔鬼仪式虐待的研究表明,尽管一些小集团确实将对妇女和儿童造成的威胁视为引起警惕的一个主要原因,但许多人相信,就社会部门和传媒记者而言,对被夸大的想当然的危险的过度反应才是引起焦虑的真正原因。

道德恐慌模式的长命和遗产:一些总结性的思考

许多本章中针对道德恐慌的批评最近被 Cohen 在他闻名的著作的第三版序言中提及(2002)。为记念"道德恐慌"和"公众妖魔"这些概念面世 30 周年,Cohen 提出了一些和因他而流行的道德恐慌概念相联系的问题(最著名的有均衡性、多变性问题和该术语在价值承担方面的问题)。他还分析了过去 15 年中一些"边际标志"(boundary marking)案件(James Bulger、Stephen Lawrence、Leah Betts 以及哥伦比亚高中大屠杀等等),并且研究了在何种程度上它们能够被构建成"成功"的道德恐慌(2002:ix *ff*)。

正如本章的导言所示,当社会学和传媒研究已经或多或少地忽略此概念几十年之后,解释犯罪学和其他相关的领域为何一直把道德恐慌命题置于偏离和混乱的中心是一件非常困难的事[例如,人们会很有趣地发现"Sage 犯罪学词典(Sage Dictionary of Criminology)"将大量的条目分配给"道德恐慌"、"公众妖魔"和"偏离放大"这样的词和像妖魔化、贴标签、"替罪羊"、"社会反应"和"陈词滥调"这样的相关概念。McLaughlin 和 Muncie,2001]。或许社会学和传媒研究对该措辞忽略如此之久更易理解。英国社会学家从20世纪70年代的对结构变化和以阶级为基础的分类思考转变到了20世纪80年代的"新右派"的经济政策和意识形态的兴起之上。在此过程中,道德恐慌命题似乎不怎么相关,因为它集中在偶然的和不连贯的产生突然和戏剧性影响的小插曲上,而不是推动政治一经济的潮流以及这种趋势与说教和意识形态的关系的发展,在 Hall 等人对于抢劫伤人的严重道德恐慌的研究中(1978),某种尴尬已出现。另一方面,20世纪60、70年代全身心地接受社会学关注的传媒研究在20世纪80年代实现了转型,在该领域的新探索强调受众是积极意义上的制造者或者后现代的批评家,他们有足够的能力看穿由传媒工作者和记者所设置的虚饰。

  道德恐慌的命题因此被社会运动的先驱们认为是反动的(极端保守的)、家长式的和以传媒为中心的,下列事实对众多传媒研究者而言有很多问题值得讨论,即在多大程度上是传媒促成的对偏离的看法而非现象本身成为被关注的核心。而真正的、在反应的根基上深深置根的焦虑,和这些焦虑被转移到他们身上的"外人",都成为关于传媒的有说服力的、有影响力的讨论的次要关注的对象。那种为不受欢迎的道德和社会变化——引起儿童纯真"不复存在的"的电视、对社会道德下降负有责任的青少年、方便恋童癖者活动的互联网——寻求单一解释原因的需要几乎当然地起到了从其他可能的原因转移注意力的作用。但是,是否社会问题的真正原因"靠近了解决源头"或者是仅仅因为太复杂而难以理解人们为什么总是将注意力集中(Connell,1985年所提出的)在表面症状而非原因和长期结果之上,导致了对犯罪和偏离行为有点肤浅的分析,也导致了我们常常否认那些犯罪的人不是所谓的"他性"、而是"我们"、是我们亲手造成的事实。无论如何,犯罪和失范作为道德恐慌的构建是被用来卖报纸的,它意味着从"冰冷"的新闻向以耸人听闻的手法处理的报告和公共娱乐的安全疆域的转向。正如 Cohen 本人指出的,由传媒机构采取的不断增加的为确保一份较大的市场份额而铤而走险的措施导致了新闻标准的等级制度,通过这种制度,一位足球运动员脚踝的受伤比一起政治谋杀案更能引起传媒的关注(2002:33),道德恐慌因此使我们关注不断变化的受众从蔚为壮观的社会反应到另一个极端的毫无兴趣和置之不理(甚至拒绝接受)的反应。最终,或许道德恐慌应该像 Cohen 所计划的那样被视为一种在社会中给权力界线下定义的方式和一种行事手段,在这种方式里,我们巧妙地认真处理一些事而对另一些不当回事(2002:35)。道德恐慌概念的长命因此就不难理解——Cohen 说过,研究道德恐慌"很轻松而且有趣"(Cohen,2002:35),但是不能忽略 30 年来隐含在他的思考中的是如下的告诫:对最初的道德恐慌命题的忠实坚守或许使得对传媒在人们的生活中所起到的真正的作用和犯罪对社会的真实影响进行一种平衡的、合乎理性的估量变得不可能。

总结

- 第三章拷问了常常被使用但又常常被误解的由 Stanley Cohen 在 1972 创造的道德恐慌的概念。我们讨论了该术语的长处及不足,简要思考了为什么此概念成为许多犯罪学关于政治争论文化再生产的核心。然而,与此同时却很少在当代社会学和传媒对此问题的研究中起重要作用。

- 讨论主要集中在道德恐慌的 5 个限定性特征上:将普通报道成异常、当局放大的角色、道德规范的概念、和社会变化相关的风险概念和对年轻人的突出。

- 本章也反思了这 5 个限定性特征在 30 年的适应、采用、延伸、批评中所提出的问题,这些问题有的来自 Cohen 本人(2002:vii ff)。

- 本文认定了在不加批判地将道德恐慌概念应用到从寻求避难者到凶险的犬类、从健康恐慌到 Marilyn Manson 的音乐这些问题之上的方式本身所存在的一些基本缺陷,但这并不意味着此概念在思考与解释社会对迫在眉睫的、眼看要来的危机的短期性的反应以及长期地一般地对"我们的时代的状态"的反应中没有效果或毫无帮助(Cohen,2002:vii)。正如 Cohen 指出的(2002:x-xi),如果我们承认道德恐慌能够反映本来的公众焦虑(例如,对被判罪但放归社区的恋童癖者的愤怒)而不是仅仅反映传媒促成的泡沫,承认并不是所有的公众愤慨的侯选人都实际上能累积成道德恐慌(Cohen 强调了对 Stephen Lawrence 的种族主义谋杀的例证),那么我们在考察道德规范和风险在后现代社会中被认知的方式时就会取得合理的基础。

研究的问题

1. 在解释传媒对少数和/或偏离群体的报道时、在解释公众对这些人的反映中,"道德恐慌"有怎样的说服力?

2. 道德恐慌几乎专门适用于男性劳动阶层亚文化。你能想起来女孩或年轻妇女是道德愤怒的接受者的情况吗?在为妇女亚文化做出解释时,犯罪学理论是如何成功或失败的?

3. 你能想起最近哪种犯罪的或偏离的行为或许可以被描绘成"道德恐慌"吗?在你所选择的案件中,对"妖魔"所贴的标签的主要的来源是什么?

4. 哪种犯罪不是道德恐慌的主题?它对公众对犯罪的理解产生了什么影响?

进一步的阅读

尽管本章主要集中在现代社会的道德恐慌这个问题之上,但这并不是一种新的现象。Pearson, G. (1983)的 *Hooligan: A History of Respectable Fears*(Macmillan)一书是几个世纪以来影响公众的对犯罪和违法行为的焦虑的道德恐慌进行探讨的"经典"之作。其他的分析出现在如 Peter King 著的"Moral panics and violent street crime 1750—2000"一章,载于 Godfrey, B. 等(2003)编著的 *Comparative Histories of Crime*(Willan)一书之中。Cohen, S. 的 *Folk Devils and Moral Panics*(MacGibbon and Kee)一书也值得认真阅读,尤其是该书现今已出版了 30 年,第 3 版还有一个新的修订过的介绍(2002)(Routledge)。在最近关于道德恐慌的著作中,Critcher, C. (2003) 的 *Moral Panics and the Media*(Open University Press)是最新的著作。但是 Goode, E 和 Ben-Yehuda, N (1994) 的 *Moral Panics: The Social Construction of Deviance* 是关于此问题最有趣的著作之一。Jekins, P. (1992) 的 *Intimate Enemies: Moral Panics in Contemporary Great Britain* (Aldine de Gruyter)也是一本出色的、尤其涉及青少年道德恐慌问题的力作。

第四章
传媒对儿童的塑造:"邪恶怪物"和"悲惨的被害人"

章节内容

1993——作为"邪恶怪物"的儿童	107
1996——作为"悲惨的被害人"的儿童	114
罪恶、勾结和窥私主义	118
道德恐慌和"一致性"的复兴:一些结论性的思想	122
总结	125
研究的问题	127
进一步的阅读	127

概览

第四章包括以下内容：
- 讨论在当代英国对儿童所做的复杂而又常常矛盾的假设。
- 对1993年伴随着两个稍大一点的儿童杀害仅有两岁的James Bulger所达到的、围绕儿童展开的公众恐慌和焦虑的高峰的分析。
- 比较传媒在犯罪和其他事件中将儿童描绘成"持续犯罪人"、"邪恶怪物"等等的报道和传媒替代性地将儿童描绘成必须受到保护的易受伤害的无辜者——以防止来自企图伤害他们和不道德地利用他们的成年人而非其他儿童的侵害——的报道。
- 证明儿童被陌生人所杀害比那些在家庭中被近亲属杀害的儿童更容易受到传媒的关注。
- 支持包含儿童被害人的高调犯罪更能把人们吸引到一起并调动他们的丧失感和犯罪感以产生一种"想象的一致性"的观点（这种主张在原始的构思中是为了支持道德恐慌这一命题）。

关键词

成人化	邪恶怪物	持续犯罪
儿童	想像的一致性	风险
危险	婴儿化	社会结构主义
无犯罪能力	恋童癖	悲惨被害人

上一章曾指出，当代英国青年人过去被视为正常的、自然的和做为成长中不可避免的一部分的行为，不断地被视为道德谴责和诟病的对象。然而，在对青年人及其犯罪产生恐慌的同时，出现了在追求令人渴望的生活方式的过程中将不同年龄段的人不加区分

地同质起来的趋向,这导致了青少年和成年区分的模糊。或许有人认为,曾经一度指向和他们的父母辈相比在外表和渴望的生活上有本质不同的年龄群体的敌意,最近以来已经变成了更令人迷惑的东西,**儿童**和青少年仍然是道德恐慌和公共义愤的载体,但是,正如我们在第二章中在对新闻标准的讨论中所看到的,他们常常被塑造成**悲惨的被害者**,事实上,社会对未成年人的态度从来没有像在新千年之初这样两极分化。将他们视为公众妖魔的同时,我们现在也将他们视为公众妖魔的牺牲品(Critcher,2003),本章将要讨论的问题恰恰就是在儿童时期这个概念上的混乱。首先,在对出现于 20 世纪 90 年代中期的对儿童和年轻人自相矛盾的态度进行详细的批评以前,我们将探索不断变化的对儿童的**社会建构**。在 1993 年,儿童变成了可以具有实施最堕落行为能力的**邪恶怪物**,而 1996 年以前,社会对儿童的主要的定位则是必须被保护的,尤其是从新的排第一的魔鬼——恋童癖者那里获得保护的易受影响的无辜者。

1993——作为"邪恶怪物"的儿童

自从 20 世纪 50、60 年代的十几岁年轻人造反以来,青年人可能被冠以**公众妖魔**的标准年龄已经下降,在 20 世纪 90 年代早期,已经经常有对包括夜盗和强奸的由未满 10 周岁的青少年犯下的非常严重罪行的报道。这个趋势强化了 Cohen 所主张的、对**年轻人**常会模棱两可的态度,实际上,这种不明确已经到了这种程度,即未成年的"年轻人"和"青少年"精确的界线现在已经如此模糊,"似乎没有人能够确切地知道何时已度过未成年时代、成年人时期已经来临(Muncie,1999a,3)"。这个问题被下列事实进一步复杂化:关于青少年开始时期的认识和在什么年龄的儿童能够理解对错之间的差别变得不固定,而且极易受到随着时间而来的争执和变化的影响。在 19 世纪中叶实证主义出现对它构成挑战之前,关于犯罪和惩罚的思想被称作"古典主义"的理论观点所主宰。这种理论的核心特点是惩罚应当和罪行而不是和实施犯罪的人相当。结果是,当儿童犯罪时,他们被认为和成人一样有罪责,他们可能面临着和成年人一样的被收监、被押于囚船或被送到执行刑罚的殖民地接受处罚。然而,在维多利亚时代,在占主导地位的文化、医学和心理学的文献中出现了一个新的儿童时期的概念。儿童时期在现代历史上首次被认为是与成年身份相对的享有独立性并可承担责任时期以前的一个独立的发展阶段。儿童被认为需要抚养和立法保护,正是在这段时期,开始有了强制义务教育,限制童工工作时间,禁止他们从事某些产业的立法也被通过。

自那以后,对儿童时期的讯息就开始有点混乱,例如,在当代英国,我们已经见到了"成人化"的儿童出现,与之相伴的是十几岁年轻人的怀孕、儿童在成人法庭上被审判、儿童获得和他的父母脱离的权利等等。英格兰和威尔士不仅在一个早得多的年龄上使儿童犯罪化(参见图4.1),而且更加倾向于把他们关押起来。令人吃惊的是,英格兰和威尔士所关押的儿童是比利时、葡萄牙、西班牙、丹麦、瑞典、芬兰、奥地利、法国和荷兰人数相加的2倍(Goldson,2003)。然而,与此同时,儿童则被更高程度的控制和约束着,这导致了对儿童活动的成年化的再造……(因此)和朋友一起漫步或者步行上、下学变成了一种日渐减少的活动(Furedi,1997:115),与此同时,社会政治和经济力量的结合,包括50%的中学生毕业升入大学的政府目标以及自20世纪80年代中期以来在英国许多地方出现的房地产价格300%的涨幅,也导致了许多青年人被迫保持在一种延长的**婴儿时期**的状态之中,他们都到了二十多岁甚至三十多岁仍然和父母住在一起。

在刑事司法领域,1993年谋杀两岁婴儿James Bulger的两个10岁左右的男孩在成人法庭中受审的例证展示了现代对儿童时期的混乱观念。正如在第二章中所指出的,本案几乎用彻底的负面概念来重新界定了儿童时期的本质,催生出了许多关于违法和危险的青少年犯罪人的案件。先前被认为具有相对中性属性的Jon Venables和Robert Thompson案给"儿童"这个单词注入了大量的本

第四章 传媒对儿童的塑造:"邪恶怪物"和"悲惨的被害人" 109

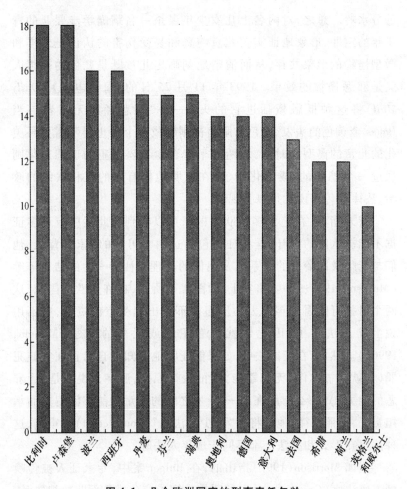

图 4.1 几个欧洲国家的刑事责任年龄

资料来源:Goldson,2003。

来用于描述像"年轻人"、"青少年"和"少年"这些词的属性的、情绪化的、可能引起麻烦的含义(Muncie,1999a;Newburn,2002)。这些含义共同地包括了龙布罗梭式的推断:从不加控制地自由、不负责任和充满危险到道德空虚甚至天生邪恶。对 James Bulger 的谋杀出现在一个不断地对"持续的青年犯罪人关注的时代",这个简单的案件已经变成了青年人司法和我们对青少年态度的一座历史的分水岭。总之,对两名十几岁少年谋杀一名蹒跚学步婴儿的青少年的定罪,形象地证实了儿童纯真和易受伤害的认识是怎样和微型怪物的形象共存,从而清晰地刻画出儿童既是悲惨的被害人又是邪恶怪物的效果。1993 年 11 月 25 日的《每日电讯》(*Daily Mail*)将这种抵触概括进它的头条——"邪恶者和无辜者",当 James 金黄色的头发、蓝色的眼睛被刻画成一个理想得不需要再美化的儿童的典型的时候,那两个十岁青少年谋杀犯的道德退化则通过一个隐蔽的、**成人化**的、旨在证明他们有罪的互相联结的政治、法律和传媒说教得以实现。

有人指出,在绝大多数欧洲国家可以听到在此案中有许多证据不能被认定的呼吁,这些证据包括这两个男孩的"家庭背景、他们与老师及同龄人的关系以及他们的心理—社会—性的结构等等(Morrison,1997:94)。事实上,像图 4.1 所示,在许多欧洲国家,这两个男孩可能因为年龄太小压根就不够出庭受审的资格,更不用说上成人法庭了,因此也就没有犯罪或无辜的问题(Muncie,1996b)。然而,在英国法中,如果能证明他们知道自己正在实施犯罪(这就是被称作"**无犯罪能力**"的法律原则,照字义说就是"无邪恶的能力"),那么年龄在 10—14 岁之间的儿童就能够因犯罪而承担责任,依照法律,他们将在"青少年法庭"(youth court)被审判,这种法庭在形式和方法上都不同于成年人法庭。

正如 Morrison(1997)指出的,在 Bulger 案中,专家证人被传唤到王座法庭(Grown Cout)以证明被告智力充分成熟而非精神错乱,当 Venables 和 Thompson 被判决有罪时,他们被推定为年龄已经大到足以识别对错善恶。同时,一位辩护律师向陪审团出示了 247 份他收集的将这两名男孩同 Myra Hindley 和 Saddam Hussein 进行比较的新闻剪报(1997),但此举极可能只起到了用来加强法官认为两被告的行为具有"无与伦比的邪恶与残暴"特点的印象。Morrison 极其希望 Venables 和 Thompson 由一个十几岁儿童组成的陪审团审理,因为这恰恰能实现陪审团设立的目的——由同被告有相同地位的人来听讼。当然,绝大多数人可能会认为这种念头荒

第四章 传媒对儿童的塑造:"邪恶怪物"和"悲惨的被害人"

诞可笑,尤其因为他们不相信陪审成员的成熟度、判断力和智力的时候更是如此。但是,如 Morrison 所总结的,这些特点恰恰是这两个孩子在杀死 Bulger 时所具有的特征,他们也具有当首相呼吁英国公众去谴责而不是理解他们的时候,给他们浑身上下浸透的那种性质。这是一种回荡在内务部长有点鲁莽的讲话中的情绪,即"对于作为上帝令人不快的工作成果的这一部分人"(《泰晤士报》,1993,2月2日),没有任何借口可资他们借用。与此同时,《每日之星报》以"你现在感觉如何,你这个小混蛋"为头条的报道(1993年11月25日),代表着英国公众倾泻了他们的报复感和暴怒。

考虑到对暴力、粗鲁和战争明显的贪婪的胃口(Scraton,2002),将如此之多的可憎的情绪堆积在两个只有十岁大小的谋杀犯身上的伪善的成人社会是一个很有趣的现象。在 Bulger 案的余波中,公共说教的焦点不集中于两个普通的劳动阶级家庭所具有的、同样也折磨着这个国家成千上万其他类似家庭的问题和困难何以到了两个孩子杀害另一个孩子的程度上面,而是坚决地固定在他们是一些心怀恶意的不能适应社会者身上,他们走到一起,在从逃学、偷商店的东西到杀死在利物浦商业中心捡到的那个蹒跚学步儿童的连续犯罪过程中互相鼓励。来自英国传媒的异口同声的呼吁是,这个两家伙应该被关起来并将钥匙扔掉。相比之下,在挪威发生的一件相似的案件就在传媒、政治家和公众那里引发了不同的反应。在那里,在 Bulger 案发生一年后,3 名 6 岁的儿童杀死了 1 名 5 岁儿童,这种事被作为一件悲惨事件报道,所有 4 个孩子都被报道成被害人。在最近的一个发生在日本的案件中(2003年7月),有些和 Bulger 案件相似,闭路有线电视拍摄到了一名 12 岁的少年杀死了一名 4 岁的男孩,依日本刑法,12 岁的少年是根本不适用死刑的,14 岁才是承担刑事责任的年龄,因此与英国的作法不同,这个男孩被安置在儿童福利中心,并同时对他以及他家庭的困难进行了评估(http://news.bbs.co.uk)。

围绕 James 被杀的政治及传媒的歇斯底里已经显示出我们看待儿童的自相矛盾的情绪化。尽管已经被视为了反常、被视为是

"邪恶的起源",但是按照几家小报的报道,Venables 和 Thompson 案竟然仍被描述为更普遍的道德衰落的一部分:

> 英国人已经感觉到,在很长时间以来暴力犯罪在侵蚀着我们社会组织的边缘,而那些当权者似乎无力阻止这个持续的过程。但是用一宗特殊的谋杀案就生成了这个国家的恐慌、概括了人们的关切、并鼓励人们大声质问我们正在变成什么样的国家……这是一个将影视垃圾带入现实的世界。
> [1993 年 2 月 2 日《星期日时报》(Sunday Times)]。

正如 Morrison 所主张的,如果杀害儿童是最坏的杀人案件,那么儿童杀害儿童案就会比最坏更糟糕,这是一种最高程度的恐怖(1997:21)。Elizabeth Newson 在她非常引人关注的报告《视频暴力和儿童保护》(*Video Violence and the Protection of Children*)中概括了许多人的感想:

> 因此,这是一种我们都希望由"邪恶的变态人"实施的犯罪;但从那以后最仓猝的对新闻的解读都能显示它不是一个一次性发生的事件。在这个审判后不久,据报道巴黎一个相同年龄的儿童由于招惹了一个流浪汉而被猛踢并被扔进深井。在英国,一个名叫 Suzanne Capper 的少女被她的"朋友们"折磨了好几天并且以直接从儿童恐怖电视剧 Child's plays 3 中借鉴的方法作为对其折磨的手段,最后慢慢发展到纵火并最终杀死了她。还有两个学校男生被指控在 Newcastle 到 Tyne 的铁路线上拷打一个 6 岁的儿童而于今日出庭受审。
> (1994:273)

Newson 接着指出,"我们目前并没有能对这些案件中的任何一个的背景进行评论的相关信息",但是这并不能阻止她将它们同"大量的儿童能够获得的影视上的暴力画面相联系"(1994:273)。这是一种和已经变成民间传说的 Bulger 和 Capper 杀人案的因果联结。Petley 指出,对"他性"的厌恶和轻蔑的阶级情绪在这种表达中非常明显,他的"暴力电影对我们这些用'审美'背景做出判断的中

第四章　传媒对儿童的塑造："邪恶怪物"和"悲惨的被害人"　113

产阶级知识分子而言是没有问题的,但不能给那些低俗的庶民观看,以防止他们蠢蠢欲动"的讽刺性的评论被 Brian Appleyard 的有关言论所充分阐释,为回应对 D. H. 劳伦斯的《查泰莱夫人的情人》(*Lady Chatterley's Love*)一书涉嫌发行淫秽作品罪的审判过程中有人所做的针对妇女和仆佣的声名狼藉的评论,Appleyard 发问道:"你允许一个教育低下,文化贫乏、赋闲失业的下层人士无限制地接触暴力色情作品吗?（1993 年 12 月 1 日《独立报》）。很难相信 Appleyard 进一步做出评论说他不希望这样的作品被"犯罪阶层、精神不稳定者或未被充分监管的儿童在他们的生活中有一点点机会看到"的论断不是针对 19 世纪末的某种音乐厅产品做出,而是针对昆汀·塔伦帝诺（Quentin Tarantino）的电影《落水狗》(*Reservoir Dogs*)有感而发(参见 Petley, 1997)。

　　然而两个 10 岁儿童对这个 2 岁儿童的杀害并不被视为是独一无二的事件,而是广泛的现象中最坏例证的事实暗示着儿童犯罪和被害的统计方法不能给关注程度提供真实支持。正如 Scraton（2002）所指出的,在 James Bulger 死前 10 年,每年只有一个 5 岁以下的孩子被陌生人杀害,还从没有过被其他儿童杀害的情况,相比之下,每年有 70 多名的 5 岁以下儿童被他们的父母或他们认识的成年人杀害。然而儿童更可能被他们的父母或家庭的其他成员而非任何年龄的其他陌生人所杀害的事实实际并没有在传媒和公共说教中被提及。而且,指出下列问题也很重要,即涉及将儿童描绘成被害人的场合,再一次出现的情况是,一些儿童相比其他人是更为理想的被害人。作为例证,可以考察一下 8 岁的 Victoria Climbie 被她的姨母 Marie Therese Kouao 和她姨母的男友 Karl Mannig 于 2002 年折磨并杀死的案件。尽管 Victoria 的死引起了 Laming 法官高调的调查和新的保护儿童的立法设计（包括任命首位儿童部长）,而 Victoria 的生与死的背景、她的家庭背景和杀死她的人的动机却几乎没有得到传媒的关注,公众的悲哀转到了本书探讨过的一些案件上面。和 Damilola Taylor 相似,Victoria 在英国只呆了几个月(她被她的父母从象牙海岸带到英国以追求"更好的生活"),

而且她是黑人,进一步确保了她不具备新闻价值性的是,她死在了她的近亲属的手上(参见 Laming,2003)。

他们不愿意报道发生在家庭内部的儿童被虐待和谋杀的程度的原因是传媒对偶发风险的着迷和它们将**危险**专门置于公众领域的压倒性的倾向的一个进一步的证据。这种强调的净结果是,**恋童癖者**成为21世纪道德义愤的接棒者。更具体地说,是作为陌生人的恋童癖者,而非熟悉的家庭成员的恋童癖者成为当代英国使人产生恐慌的怪物。

1996——作为"悲惨的被害人"的儿童

于是,恋童癖是我们时代最凶险的犯罪成了根深蒂固的观念,许多评论家认为它是过去两个世纪最重要的道德恐慌(Jenkins,1992,2001;Silverman 和 Wilson,2002;Critcher,2003)。性侵犯始终是有新闻价值的故事,但"恋童癖"这个字眼第一次受到关注是在1996年席卷全英的地方和全国性的传媒中都广泛报道(Kitzinger,1999;参见 Soothill 等;1998)的"社区的恋童癖"(paedophiles in the community)的主题(Kitzinger,1999:209;参见 Soothill 等,1998)。对这种突然的广泛报道有几个催化原因。在英国对于本应保护儿童的儿童福利院和儿童机构内发生涉及性侵犯的案件在公众认知中不断地增多。在北爱尔兰,几宗天主教堂神父被指控对儿童性侵犯的案件成了新闻头条并引发了对教堂内部过分掩盖这种事的指责(Greer,2003a)。在1996年秋天,当一个被释放的恋童癖者被指控在比利时犯有一系列的谋杀儿童罪的时候,公众焦虑上升了,再一次对过分掩盖的指责指向了政治家、警察和公务人员(Critcher,2003)。在英国,以性为动机的 Fred 和 Rose West 犯罪案件被揭露,1996年,也就是在那个两次被判决有罪的、和被害人居住在新泽西同一条街道的家伙强奸并杀害了7岁的 Megan Kanka 两年后,美国出台了"Megan 法案",这些都触动了英国人已存在的对此问题的关注,对恋童癖者较轻的处罚和过早的释放他们已表达了不安的情绪。随着美国通过社区通告的立法（被称为"Magan法案"），这个国家的游说集团因此被赋予一个新的工作重心。为了应对公众的压力和即将到来的选举，1997年《性犯罪法案》（Sex Offenders Act）被仓猝赋之实施，一年后，《犯罪和违反秩序法》（Crime and Disorder Act）也被通过。这些法案以立法的形式决定对儿童有过性犯罪或有过使人关注的性侵犯行为的人警方可以进行全国范围的记录，警察可以向地方执法官的法庭申请禁止某人实施可能被视为引起公众危险的行为的指令。

换句话说，性犯罪秩序法规是以未来为导向的，它们需要警方来预测个体将来的可能行为并"对他（原文如此——原著者注）所表现出的现实危险做出一个评估"（《犯罪和违反秩序法》，1998年）。而且，在性犯罪的场合，嫌疑犯和已决犯应有的民事方面的权利被忽略了。在英国法中，那些因为一项犯罪被定罪和已经执行了刑罚的人会重新恢复他的民事权利，而对于性犯罪者，由于公众的安全优于个人自由（Ashenden，2002），他/她不需要现实地做出什么违反法律的事情（甚至不需要先前曾经犯下过性犯罪），只要能给警察他/她在将会很危险的"合理的怀疑"（2002）就足够了。对于许多评论家而言，这有很大的问题，原因有三（Cowburn和Dominelli，2001）。第一，它提出了保护易受伤害者的期望，这在现有的对实施性犯罪者的专业知识的基础上是无法实现的，同时，相信社区安全可以通过更复杂的风险评测的方法和刑事司法系统工作人员的更大的勤勉努力来实现。这些观点和一些专家的意见相左，例如，缓刑警官联合会（Association of Chief Officers of Probation，ACOP）组织认为，将社区感优先于个体罪犯或潜在罪犯可能会导致治安维持会的活动和将罪犯赶到地下（Kitzinger，1999）。第二，以未来为指针的风险评估对性罪犯的改造给予了太少的关注，尤其是考虑到占主导的观点——哪里有对儿童的关切，哪里就没有了值得一提的风险；第三，它忽略了在家庭领域中被性侵犯的妇女和儿童这个更大的问题，并延续了家庭是安全之地的假设。根据慈善组织"儿童热线"的统计，从2001到2002年，在总计9857名打电话求助的儿童中,95%的人认识施暴者(www.childline.org.uk);同时,据估计,5%—20%的妇女和2%—7%的男人在家庭里经受到过性伤害(Kitzinger,1999)。然而来自家庭成员的对儿童伤害或杀害的隐蔽性,和那些由其他儿童、成人陌生人,尤其是在过去5年内由性动机引起的成年陌生人谋杀儿童而激起的义愤和近于歇斯底里形成了鲜明的对比。

正如 Kitzinger 指出的,20 世纪 90 年代的后半段时间经历了一些事件的汇合,这些事件提升了公众对与被释放回社区的性犯罪者相关问题的关注,使公众出版物和它们的读者处于一种"恋童癖警觉"状态(1999:213)。然而,直到 2000 年夏天,在恋童癖问题上引起的歇斯底里才随着《世界新闻》的"命名和耻辱运动"达到了高峰,该运动自身是对 8 岁儿童 Sarah Payne 被拐卖和被谋杀的一个反应(参见,2002,对该事件的回顾)。精确评估传媒对政治、法律观点和决定的影响很困难,但是毫无疑问传媒对 Sarah Payne 的失踪的延伸报道强化了"危险"和"风险"的关系。进一步说,对英国公众来说,对一个可以识别的愤恨对象——恋童癖者——的报道可以使大众传媒将广泛存在的性暴力问题减少到几个名字和照片可以被印进报纸中的男人身上。

传媒对该问题的构建的一个进一步的后果是对恋童癖者的主要地刻画仍然是一个卑鄙的、自我封闭者的形象。但是这种形象(对形象刻画的不准确是不证自明地表现在互联网上从事虐待儿童的影像产品的交易人员构成了复杂的销售网络的现实上)并不限于我们的大众传媒。政府进一步在对《性犯罪者法》的适用的指导性注释中强化了这种印象。内务部引用一个原来因对在校外"游荡不归"的儿童有过不体面行为而接受过警告的男人试图接近离家儿童并向他们提供糖果(1998 年内政部)的例证,借助恋童癖者这个老旧的典型,来举例说明法规如何起作用。正如 Ashenden 指出的,对恋童癖的典型的报道有双重效果。首先,当适用公众熟识的定型化时,可以使该主题不那么令人不舒服,可以使公众同所描绘的个人相分离;其次,它同时维持了对不可知的捕猎者的恐慌

(Ashenden,2002)。于此同时,因恋童癖引发的道德恐慌支持了性危险存在于陌生人中间和那些陌生人与"我们"不同的观念。"我们"是"正常的"、道德上体面的、守法的公民,而"他们"则潜伏在学校门前或娱乐场所,通过"捕食"那些无辜者满足他们的性堕落。

作为一种"道德恐慌",恋童癖当然适合一些此类标准。虽然不能被描述为"普通的"犯罪,但恋童癖绝非异常,陌生人对儿童的谋杀在过去三十年中一直比较稳定,差不多每年大约有6例此类的死亡案件。然而,传媒却将它报道成持续的危险、一种随时都可能给我们打击的犯罪。对使用互联网跟踪和确定被害人的恐慌尤其来自于孩子的父母们对新的电脑和信息技术的不信任以及对家庭将来的进一步解体的担忧。其他的传媒技术,尤其是闭路有线电视,使陌生人所实施的对儿童的拐骗变得尤其有吸引力,因为它能把被害人最后的活动以影像方式提供给那些已经知道他们命运的、有窥私癖的人。而且,和所有的道德恐慌一样,恋童癖获得了一种很大程度的共识。几乎没有人能像对儿童有一种性爱好的成年人这样能给公众的反应带来更强烈的吸引力,作为对那些按照他们的情欲行动、在活动场地和互联网聊天室中捕获儿童的人的回应,传媒、内务部和当地社区之间有一种令人印象深刻的一致表达的谴责,因此就非常容易看到为何在当代英国,恋童癖者被绝妙地描述为公众妖魔。作为一个无可救药的个体,常常退化成半人甚至野兽的怪物,思想和要求完全不同于正常思想的人,他(在公众说教中所使用的语言和想象加强了性犯罪者是男性的假设)是"绝对的他性"(Greer,2003a:40)。

然而,像在前一章提到的许多例证那样,恋童癖危机并不和传统的道德恐慌模式相一致,它的弱点现在应该很清楚了,如前所议,对道德恐慌报道的一个基本倾向是解释它们的来源。对于恋童癖者而言,一般的观点是妖魔化的过程并非源自政府(尽管或许有人认为新的《性犯罪者法》和随后的公共讨论已经有了贬损一大批包括没有实施犯罪行为的男人的意味)。但是绝大多数批评家认为在这一点上,《性犯罪法》是一部应对公众恐慌而非制造恐慌的法律。同样,虽然有人认为公众对于年轻人犯罪的焦虑——尤其像在 Bulger 案中那样——是代表政府利益构建一种偏离者的魔鬼名单和推行特殊的政治时间表的一种操作设局行为(Freeman,1997),但绝大多数评论家支持在本案中对"邪恶"创新是在法官和传媒的引领之下完成的说法(Stakes,2000)。话已至此,我们不应忽视政府没必要去制造一种危机并从中获益的事实,也不应看不到将社会问题构建成一种个人邪恶而非社会政策总体的失败,可以对寻求减少政治责任的政府利益服务的作用(Lacey,1995;Freeman,1997;Stokes,2000)。

对已经很有名的恋童癖者的"外化"(outing)和迫害或许因此能被视为是一种中观层面的关切,Kitzinger 认为,邻里压力团体早在 20 世纪 90 年代就开始采取措施。这些抗议主要由对政府的无能表示愤怒而且担心她们孩子安全的母亲组成的群体进行,并且在 Sarah Dayne 拐骗和谋杀案这个具有"分水岭"意义的案件很久以前就推动传媒对恋童癖进行报道。尽管是从讽世的角度出发,Jenkins(1992)对儿童魔鬼虐待案件引发的恐慌的研究也支持了关于恐慌来源的"中观"理论。他认为由于社会工作者对起初未曾想到的、大量存在的儿童虐待盛行情况的揭示,满足了一些意识形态和专业领域的需要,包括为投资不足的服务提供更多的必须的投资和至少在源头上开始为相对低层次的职业提供更多的迫切需要的信用。

罪恶、勾结和窥私主义

上面强调的因素巩固了左翼现实主义者提出的下列观点,即必须认真对待犯罪,不能将其视为是一种传媒促成的策略(Young,1987),但是还有另外一个相关观点要证明,这种观点已经很少被讨论,即通过将严重的犯罪减轻为道德恐慌,传媒将强化精神创伤事件的共有的罪恶感成功地掩饰了起来,同时迎合了我们所有人的窥私癖。在 James Bulger 案中,一种耻辱和罪恶感超越了邻里范围(主要是像传媒所称作"利物浦 38 号"这样的地方,那里的人们亲眼看到 James 被拖到他归天的铁路线那边,但没有人出面制止),并且渗透到作为一个整体的国家的良知之中。接下来像 Sarah Payne、Holly Wells 和 Jessica Chapman 被诱拐和谋杀这样的案件,进一步震撼了这个不断努力地依靠"我们中间的邪恶"的观念来否认它自己的缺点和串通起来将犯罪人妖魔化为"他性"的社会。在对 Bulger 案件的分析中,Morrison(1997)公正地提醒了我们在青年时期经历过的现在仍为之感到局促和羞耻的事件;毕竟,儿童可能是残忍、自私和不受限制的。他自己的一个不光彩的回忆是一群 15、16 岁男孩对一个 14 岁少女在她生日派对上的强奸。他没有和那个女孩发生关系,但他攻击了她,并在他意识到其他人在强奸那个女孩时并没有能有效制止,也没有报告所发生的事。但当我们回忆我们的年少时光并在这种回忆中退却的时候,我们坚守必须在这个肮脏和毁掉的世界中将儿童作为代表着宝贵的理想的纯真无邪者加以保护的信念。难怪出于这种不协调,当儿童犯下严重罪行的时候,一种新层次的渗透性的文化不安便会因此产生。

我们没法保护年轻人不受我们中间的"性变态者"和"怪物"的侵害,这种失败激起了一种总体性的焦虑和文化不安感。然而,再一次,在我们的文化立场和法律对泛性主义的作法的反应与年轻人加害的性被害者之间存在一个清晰的悖论。一种法律反常是,和年龄不满 13 岁女孩发生性关系的最长刑期是终生监禁;而和年满 13 岁以上的女孩发生非法性关系的最长刑期是 2 年监禁。2003 年 6 月当一个恋童癖者因同两个 13 岁左右的女孩发生非法性关系而被判处 3 年徒刑的时候,公众深切地体会到了恋童癖者多么有机会利用这种立法差异(相应地,在那一年 10 月,当罪犯为他的原审刑期上诉后,他的刑期增加到了 4 年半的时间)。依检察官的指控,他通过聊天室和一个女孩搭上关系,当时那女孩才 11 岁,在她过了 13 岁生日之后没多久实施对她的虐待之前他做了 2 年的精心准备。不仅在其 13 岁生日几天前对一个女孩性侵犯可被判处的刑期比几天后犯同样罪行可适用的惩罚有着如此之大的差距令人咋舌,而且将可以合法同意性行为的年龄设在16周岁看起来似乎也是不合适的。

引起年轻人性行为混乱的异常的进一步的例证在传媒对十几岁"私奔者"的持续的、常常有点诲淫味道的报道方面表现明显。在Sarah Payne、Millie Dowler、Holly Wells和Jessica Chapman失踪后,传媒在2003年整个夏天都在通过报道无数的女孩和男性相识走失的事件来延续着大家的恐慌。有一些事件涉及在互联网上成为男人目标的女孩,包括一个12岁的女孩跟一名31岁美国海军士兵消逝在欧洲(本书第7章还将对此作进一步的讨论)以及14岁的少女和一位46岁的"家族的朋友"出去"度假"这样的事。除此之外,在整个8月份和9月份,许多传媒对下列事件做了报道,即14岁和15岁的女孩们和他们16、17岁的男朋友们一起消失了踪迹。尽管由于这些少年的年龄都在法定可以同意性行为年龄之下从而被描绘成被害人可以理解,但也有人指出他们都是没有人强制而自愿离家出走的。这些案件背后复杂的道德问题(那些男性——在一些案件中是年龄非常大的男人——到底答应给她们什么如果不接受就会在她们的生活中失去的东西?这些案件发生在女孩有权同意性行为的年龄更低的国家该怎样处理呢?)因将这些女孩简单地解释为被诱骗她们离开她们所爱的家庭的那些男性操控者们被动的牺牲品而被忽略。同样的过程也发生在传媒对年轻人(例如,1995年18岁的Leah Betts和2003年10周岁的Jade Slack)和毒品的报道之中。当年轻人死于吸毒时,当年轻人被报道成受到危险、恶毒的亚文化腐蚀的纯真无邪者的时候,周期性的恐慌就会出现(Osgerby,1998)。正如我们在前面第二章中已经看到的,当代传媒促成的场景导致了现实被分化成包括相反的两种观点的图景。虽然像Jon Venables和Robert Thompson这样的非常年少的儿童可能会被塑造成"成人",但在被塑造成被害人的儿童中间没有任何讨论"成人"行为的余地。对于它们来说,儿童时期的纯真是一块没有过度性行为和性幻想、容易受到毒品小贩和堕落的快感侵蚀的空白的画布,不可避免,这些玷污行为的实施者肯定是病态的、年龄大的男性(Coward,1990)。

关于儿童性成熟期的令人混淆的信息在公众文化中也表现明显。或许有人会提出下列合理的论证,认为性对儿童的吸引力在一个年轻人被推崇的社会里并非是极端的,儿童时期和成人时代的区别已经不断地被模糊,尤其对女孩来说更是如此。音乐、时尚和化装品行业尤其必须对他们所推动的关于儿童性特征的混乱信息承担相应责任。Silverman 和 Wilson 指出(2002:42),小女孩穿着成年妇女的服装和成年妇女身着小女孩的服装的时尚表明,儿童"对许多不是恋童癖者的成年人也有着吸引力,她们会受到这种迹象的伤害"。Silverman 和 Wilson 提出了暗示着由下列问题引起的文化不安:为什么我们的社会总体上会在当我们都能意识到绝大多数儿童会被他们所认识的人伤害的时候却和"陌生人的危险"相串通?为何我们的社会恰恰就在使我们的儿童具有泛性特征的过程取得进展的同时"发现"恋童癖?(2002:182)。2002 年 5 月实施的"Operation Ore"形象地阐明被儿童的性所吸引或许不是一小搓污秽的、不适当的不合群者的专属"渔猎区"而是在全社会实际上都充溢着的观点(参见 Jewkes,2003b,2003c)。在警方对设在德克萨斯的被称作 Landslide 这个提供儿童色情照片的交费会员网站 7272 名英国注册者的调查中,污秽的、社会适应不当的、中年男人的原型表现得并不明显,相反,那些被调查的人包括高调的名人、教师、下院议员、监狱长、十几岁的年轻人和妇女。英国的登记者在 60 多个国家 39 万个个人注册者中只占很小的比例,但有人声称有多达 25 万的英国人仍然在使用儿童色情网站(Cullen,2003)。

一方面是对儿童安全关切的上升,而同时对儿童的保护仍然在很大程度上被一种充满特定幻想和假设的概念——恋童癖——所主宰。通过把注意力分散到"陌生人的危险"上面以及将恋童癖者描述为妖魔化的个人,传媒已经使我们加强了恋童癖者是一种独立的种类、一种和正常的人群有区别的类型的观念(Kitzinger,1999)。因此,在维持作为保守意识形态核心的理想家庭的形象的时候,却没有充分估量甚至忽略了性暴力在所有的社区都存在这一事实(它确实是发生在一定地域中的),即对儿童的伤害和杀婴更可能发生在家庭内部而非"邪恶的陌生人"的手上。即使由神父、教师、地方当局雇佣的看护者、警官或其他从社区中"突现出来"的成员所实施的虐待程度近年来已经被传媒和其他社会机构所意识到,但和那些对符合肮脏的年龄较大男人类型标准的个体的报道相比却噤若寒蝉(甚至更容易受道德审查的是任何由妇女实施的虐待,这一点我们将在第五章中看到)。就新闻记者及其所服务的更广泛的对象人群而言,他们不情愿承认对发生在家庭内部的虐待——这类虐待更加普遍并且在长远看来比陌生人的袭击更有破坏性——反映了一种强有力的情感和智力阻碍。很简单,乱伦是"一种很遥远的犯罪"(Greer,2003a;188)。

总之,狂热的、窥私主义的传媒报道关注像 James、Sarah、Holly 和 Jessica 这样的案件,给他们一个很高的待遇将他们从其他同样令人惊骇的犯罪中突出出来。那些在传媒中工作的人员决定选出某些事件并把它们按照他们职业法则和新闻标准加以报道,使它们在公众意识中确保了象征性的地位,并且与此同时压制着集体对此类案件所引发的罪恶感和否认感。他们将目标瞄准那些有足够的文化反响以至可以威胁到社会秩序基础的事件。然而,通过构建一个不能设防的、妖魔化的"他人"来和想当然的正常的状态背景相对比,杀人的和被杀的儿童身上所承载的道德恐慌可以避免社会基本结构的现实风险。那些寻求替代性解释的人就会被封住嘴或者被指责为替那些作为人类堕落最坏的例证的人寻找借口的"空想的社会改变良家(do-gooders)"(Stokes,2003),这不仅关闭了进一步的原因探索,而且也允许社区保持情绪上和身体上的不被触及(参 Barak,1994b;Aldridge。2003)。

道德恐慌和"一致性"的复兴:一些结论性的思想

在前面的章节中,我们回顾了传统上将政治、传媒和日常生活

第四章 传媒对儿童的塑造:"邪恶怪物"和"悲惨的被害人" 123

联系起来的道德恐慌的概念,在本章中,我们将注意力集中在了指向两个现代妖魔——犯了罪的儿童和恋童癖者——的恐慌和厌恶之上,他们都被描述为我们中间的邪恶怪物,在第三章中,我们认为恐慌的具体类型是没有助益的,而且当然,当适用于恋童癖时,也存在着值得商榷之处,因为公众对性虐待和不道德地利用儿童的真正的恐慌并没有根基或者被夸大了。非常简单,Cohen 的命题——或者更确切地说,它被追随者不计其数的适用——是向下列批评开放的,即传媒将严重的问题降格为充满空洞或矫饰言词的报道;它扭曲通常包含被害人和使人承受苦痛的犯罪的现实;它只能对犯罪成为令人不快的公众关注中心负责,而不能解释发生在私人场合、躲藏在传媒的关注之外的犯罪。将一个普遍存在的、即使是在很大程度上是隐藏的社会问题缩小到一个"可以理解的比例"的作法(Cowburn 和 Dominelli,2001:403)如可以证明的那样,使本章中讨论的问题成为不同于或超越于道德恐慌,这个措词将像谋杀或性虐待一位儿童这样的事件降低到纯粹的传媒促成的歇斯底里,从而否认这些可能引起的非常真实的和理性的反应(Kitzinger,1999)。

然而,道德恐慌命题的一些要素值得在下文中进一步挖掘,尤其是它对"一致性"概念的强调方面更是如此。正如在第三章中所提到的,依靠"纯粹邪恶"这样的概念的趋势并不令人吃惊,毕竟,一旦"邪恶"被定义,公众就会通过推理知悉"好"是什么?将恋童癖者标定为"内部的敌人"因此给了集体(常常被作为委婉说法来指代"**道德多数**")以利益的焦点——一种他们自己的文化的认同感。这在为了应对在他们的市镇释放被定罪的恋童癖者而由社区采取相应措施的作法中表现得尤为明显。回应着 19 世纪对人群的自然力的恐惧(在第一章中间已经简要回顾过),那种"是心理倾向而非大量的个体的部署构成了人群的本质概念"的认识,在一位作为以恋童癖者为对付目标的警戒团体组织成员参加了 2000 年 7 月传媒组织的人潮汹涌的"驱逐"运动的妇女的坦白中可以找到非常有说服力的表达:

随着一帮妇女走在街头,所有的妇女都在高呼把恋童癖者清除出社区,我不能忍住自己的冲动,但这确实是我的感觉。耳边充斥着如此多的噪音,我听到一声蜂鸣器发出的信号,我知道这听起来有点儿幼稚,但当我回到这里再想我做了什么时……现在,我想如果我们闯进了无辜者的家里,我会感到羞愧。我确实认为有点歇斯底里。因为所发生的事,我们有点像乌合之众。(2000年8月13日《观察家报》第4页)

让我们回忆一下 Gustave Le Bon(1895/1960)的著作,Le Bon 认为人群内部是兽性、是理性公民的绝对相对物。Charles Mackay(1841)在同时代认为,人们"会在人群中疯掉,只能一个个缓慢恢复他们的理智"(MacKay,1841,1956年重印,20页)。然而,这是对一个假设的威胁或某种疯狂行为的以一种统一谴责的集中,还是如 Pratt(2002)所认为的那样,是一种对国家以一种这些群体认为恰当的方式应对恋童癖的失败所做出的理性反应、或一种表达抵制和信心的运动?当社会不断变成断片、整个群体的人因他的外貌、时尚、行为、甚至基于对他们可能行为的预测而被排除在外(参第七章),人们倾向于向那些给他们带来统一感或一致性表象的事物的周围聚拢(Greer,2003b)。通过对共有的身份的感悟,每一个群体或人群的个体成员能潜意识地通过分享一种力量感来否认他或她自己的软弱的情感。

因此尽管较少发生,包含儿童被害人的高调犯罪案件被以和其他文化事件——加冕典礼、皇室婚礼、国葬和暗杀——同样的方式利用着,这些文化事件变成了通过大众传媒的集体性的记忆。尽管后现代总被说成具有片断、监管、规范、危险和风险的特征——有人认为,所有这些如果不是使一致性的观念变得多余,就是减轻了它的份量,个人的生活史被塑造、影响并在由大众传媒提供的参照框架内被赋予意义(Jewkes,2002)。事实上,就是后现代的这些"负面"特征可以满足人们对统一性的需要,而且在一个不确定、不安全的背景中,人们获得社会凝聚感和同社区联系感的主要方式之一可以通过传媒实现。因此,不仅那些带来亲密假象的传媒人物或名人(这在传媒研究中被称作"超社会互动"(para-social interaction); Horton 和 Wohl, 1956),而且还有那些暴力犯罪的被害人以及他们的家庭等这些要素都可以确保充足的"人气",以使处于公共义愤和悲痛中的人们聚到一起。然而,这种公共悲哀气氛——这种气氛在一个否则就会变得相互割裂或毫无个性的环境中可以起到创造和维持一种想象的一致性的工具的作用——是以"我们"为立足点的。人们想要的是互相联系和某种形式的互动,但并不要太多(Greer, 2003b)。这是为什么传媒促成的经历能比生活实践更容易使人满足。贬损犯罪人和对被害人以及对被剥夺了亲人的被害人家属的伤感化或神圣化的一般趋势,是一种通过传媒作为中介代理的生活体验的象征。除了我们为已经拿出时间发送信息、在书籍上签名或者参加"直接的行动"而感觉良好的这些事实之外,公众对包括儿童被害人的犯罪的反应(从像献花、路边的哀悼的神龛箱和书籍等这种消极的方式到暴力和治安维持会这样的积极的活动)是一种触及陌生人的生活而又不必忍受反过来自己的生命被陌生人以一种可见的方式触及的方法(2003b)。这些埋怨和愤怒的表达因此相应地对应着一种亲近和包容的特殊意象(这是一种作为个人献礼的亲密,是一种作为倾向于报复的一群人中的一分子的原始快乐),但这在很大程度上是一种无法辨认的想象,传媒统一指挥的公众对严重的和暴力的犯罪的反应因此成为想象的一致性的基础要素。但这仍然是一种几乎不相关的和无法识别的一致性。传媒对恐慌和厌恶的表达因此根本上是和后现代社会的本质保持一致的。

总结

- 对儿童混乱的态度:

"年轻人"作为一个概念富有弹性的原因之一是成人社会在对年轻人的性质的认定上存在着互相冲突、互相抵触的观点。对儿童时期的认识能够在"纯真"和"邪恶"这两个相互矛盾的措词中加以把握,并且常常在法律中被神圣化,并被公大众传媒每天的报道所维护着。作为儿童时期"天真无邪"建构的一个例证体现是在多大年龄的个体可以合法的被准许有性行为。在英国这个年龄是 16 岁,因此涉及低于这个年龄段的性行动和过度性活动的事件就不可避免地被以义愤和歇斯底里的语气报道。涉及到性问题时,儿童依旧是儿童,除非他们到了 16 岁。然而,对年轻人司法制度而言,《犯罪和违反秩序法案》(1998)废止了无犯罪能力的假设,以 10 岁开始就具有道德理解力从而可以追究他们犯罪责任的作法从结构上改造了年轻人司法制度。这种在司法体系内部存在的犯罪责任年龄的不一致,成为在当代英国涉及儿童时期最令人迷惑的概念。而且,这种自相矛盾对以两极对立和现成的刻板老套来从事报道的传媒有利。传媒可以将儿童犯罪人和被害人沿着一个从"纯真"到"邪恶"的连续整体来定位,分别详述他们的异常和脆弱,而对于社会结构(家庭、教育、政治机构和传媒产业自身)重要的深层次的问题从不被述及。

- 作为"邪恶怪物"的儿童:

对 James Bulger 的谋杀在公众的意识和英国法律中都是一个分水岭。如 Scraton(2003)指出的,James 的死被利用到了极点,先是保守党在 1993 年开会的时候狂热主张死刑、阉割和鞭打,随后新一届的工党政府突破了已经适应面很广的《犯罪和违反秩序法案》,呼吁对犯罪采取比保守党先行者更严厉的措施。在两种情况中,Robert Thompson 和 Jon Venables 的照片在有罪判决形成后很快就被所有的报纸刊载,他们的形象成为了献给企图将关于"青年惯犯"和"小流氓社会"的事件拧出所有水分的传媒的礼物,并且给了传媒用来引起对十几岁男孩形象产生相当大的恐慌的一个新的邪恶中心人物。

- 作为"悲剧被害人"的儿童:

传媒统一指挥的对性犯罪的恐慌将注意力集中在"恋童癖"上,这是一种强化公众对"陌生——危险"恐慌的社会构造,它给一致性提供一种可以识别的、成员可以将他们的焦虑和憎恶投射到他们身上的令人憎恶的形象。与此同时,它也使我们回到前述的儿童时期的纯真和脆弱,强调通过多种多样的"风险评估"策略来应对由恋童癖者所引发的危险。但同时它忽略在家庭成员和家庭中实际存在的危险,传媒对恋童癖的报道和它们对公众反应的塑造及影响因而不仅不公允地再现着对儿童的虐待和不道德利用,而且让一致性在最广泛的意义上"脱沟"(Cowburn 和 Dominelli, 2001:404)。这种对随机的风险的表达被延续,但如果它被包含在强调"一致性"的措词中,就会变成一种可以允许的危险。包含较大年龄或是成年罪犯而被害人较年轻的犯罪因此成了表达公众一致性的工具,从警戒到治安维持会的实践、从公众伤悲到公共复仇都是一致性的表现。

研究的问题

1. 为何在英国,儿童和年轻人常常被认为是犯罪的问题?这种特征描述存在什么问题。

2. 第一章中回顾的不同的理论视角如何看待犯罪的年轻人?

3. 最近对恋童癖的报道在何种程度上、以什么样方式扭曲了英国性虐待行为的现实?传媒对"恋童癖者"的构造和早期的对"强奸犯"的作法有何不同?

进一步的阅读

Muncie 的 *Youth and Crime: A Critical Introduction* (Sage, 1999a)一书和 Newburn 所著的"Young people, crime and youth justice"一文,发表于 M. Maguire 和 R. Morgan 和 R. Reiner 所编辑的 *Oxford Handbook of Criminology* 一书之中,对年轻人和犯罪问题都有透彻地探索,在 J. Muncie 等撰写的 *Youth Justice: Critical Reading* (Sage)一书中也有一些有用的章节。对于 James Bulger

的谋杀已经被如此深入地在传媒研究和犯罪学中评论,以至于实际上已经不可能专门挑出任何一项成果来研究了。Julian Petley 也在该问题上写过许多东西,包括他和 Franklin. B. 合著、发表于 J. Pilcher 和 S. Wagg 所编辑的 *Thatcher's Children? Politics Childhood and Society in the 1980s and 1990s*(Falmer)一书中的"Killing the age of innocence: Newspaper reporting of the death of James Bulger"(1996)一文。Morrison, B. 的 *As If*(Granta, 1997)也是一部一位参加过对 Thompson 和 Venables 审判的记者借用该案反思了自己作为一名儿童和一位父亲的经历的半自传体的著作。最后, Scraton, P. (1997)编辑的 *Childhood in Crysis?* (UCL 出版社)是一部有趣的文集,它探讨了本章中包含的许多问题。

第五章
传媒的女人厌恶：妖魔化的妇女

章节内容

心理分析方法	131
女权主义的方法	134
过度的性行为和性反常	136
肉体吸引力	142
坏妻子	144
坏母亲	146
神秘的怪物	148
发疯的母牛	152
邪恶的操控者	154
没有能动性	156
光荣之父 vs. 妖魔之母——一些结论性的思考	159
总结	164
研究的问题	166
进一步阅读	166

概览

第五章包括以下内容：
- 以实施强奸和杀人等非常严重犯罪的妇女为中心，展开心理社会学家和女权主义方法所支持的由传媒促成的对这些妇女反应的分析与探索。
- 对法庭应更严厉还是更宽容地对待妇女的思考。
- 讨论和男性共同实施暴力犯罪的妇女是被动的被害人还是通过自由选择的主动的杀人合伙者。
- 对传媒所适用的体现妇女"邪恶性"的标准事件、陈词滥调和"库存"的陈腐设计的分析。
- 思考妇女的"他性"和为何那些犯下严重犯罪的妇女比犯同样罪行的男性更有新闻价值。

关键词

能动性	女权主义者	精神分析
偏离	心理社会学	差异
杀害子女	异性家长制	解释
本质独立论	杀婴	窥私癖
毁灭家庭（者）	新闻价值	婚内杀人
他性	潜意识	

本章将考量公众对传媒促成的犯杀人罪或其他严重犯罪（例如，性犯罪）的妇女的反应，讨论将努力梳理出部分从**心理分析**著作中推导出的对女性罪犯特别恶毒的中伤性的解释。正如我们所看到的，现代传媒对犯罪、犯罪人和被害人高度筛选，被报道的犯罪必定是主流社会意识所特别敌视的，更不用说能够导致违法者构成诸如"公众妖魔"之类持久地、分布广泛的主题的时候了。一

些关于时间与地点的并列比较将会导致一些案件异乎寻常地例外或突出,即使是在一个极为恐怖的犯罪可能被报道成——如果压根还报道的话——普通事件的社会也是如此。像我们在前几章中看到的那样,罪恶、共谋和窥私癖构成了我们这个时代一些最具新闻性的犯罪内容,通常,是某些形式的传媒促成的对犯罪、被害人和/或罪犯的再现——通常这些日子都以闭路电视原始镜头的形式——使我们从舒适的麻木中震惊,并迫使我们认识到犯罪在我们认为最不可能的地方发生的现实。同时,犯罪行为、犯罪的实施者和/或它的被害人必须适应在第二章中描述过的新闻标准中的一个或几个。意识形态背景和新闻假设这两个背景的综合在创造公众一致性和影响将一些个体塑造成"他性的人"——我们中间的怪物——的过程中是工具性的。它们也决定着为何一些犯罪(例如,在对5名儿童谋杀案中 Myra Hindley 所起的作用)比其他犯罪(例如至少150名、也可能多达350名的成年人被 Harold Shipman 谋杀的案件)更具影响。遵循着女权主义批评家的思路,本章将讨论传媒占据、放大公众根深蒂固的对偏离妇女的恐慌,同时却对那些不符合心理社会学"他性"标准的犯下同样的罪行的男性犯罪者给予很少关注的现实。本文会对关于妇女涉及的某些类型的犯罪(如谋杀、过失杀人、杀害婴儿或杀害子女、性攻击和强奸)的许多一般要点做出概括,还要参照具体的选出的案件对传媒的妇女厌恶症做出举例说明。当然,这些案件将关注一些最具新闻价值的、在最近发生在英国和其他地方的臭名昭著的女性罪犯。

心理分析方法

当代传媒反映着其他社会、政治机构对婚姻和家庭的态度,而这种态度令人惊奇地植根于维多利亚年代。将女性视为被动的、母性的、与婚姻有关的和一夫一妻的思想和她们应该是儿童般天真无邪和多愁善感的观念并存,这导致了许多与此不同的"他性"的个体特征(例如,单身母亲和同性恋父母)遭受着敌意和谴责

(Wykes,1998)。但谈及妇女犯罪时(或者妇女犯罪所侵害的是女性被害人场合),她们和男性犯罪间的**差异**常常被通过与犯罪有因果联系的方式构建为**偏离**(1998)。虽然妇女很少跟踪、杀害陌生人或者干下连环谋杀案——事实上她们的犯罪很少是暴力性的、并且只占了被判决有罪的犯人的约10%——但是,做这些事的妇女具有高度的新闻价值,因为这类案件很新奇,因此,传媒乐意将暴力犯罪的妇女视为相对不平常,并承认她们在结果上更吸引人并更类似魔鬼。

从心理分析的角度来看,"差异"意味着她们对我们中的大部分的否定或者我们身上那些使我们感到易受伤害的部分在他人身上的投射。在婴儿开始对异性父母有性情感和渴望时产生的弗洛伊德所谓的恋父/母冲突情结同时伴随着对同性父/母的怨恨和妒忌,这种方法帮助我们解释历史过程式的对"他性"的迫害。简言之,对于男孩而言,他先前视自己与其母亲拥有相同的个体身份特征,但突然遭遇到与她的性别不同的现实,这诱使了不仅在肉体上,而且也在作为文化力量和道德权威的根源上对阉割和同父亲一样的男性身份的确认心存恐惧。在这种发现的背景中,文化(即父系的规则)战胜了个人所谓的渴望,孩子"屈服于一个有解构性的潜意识解决方法"(Minsky,1998:83)。在这种解决方法中,他驱逐、外化那些他认为不能忍受的身体的一部分,换句话说,就是被害时痛苦的无尊严和易受伤害感,并将这些感受投射到新发现的"他性"——他母亲身上。通过这种方式,他能够否认妨碍他拥有新近找到力量感的那种对他有害的感受,并将这种有害的感受发射到那些被定义为"因不同而邪恶的""妇女"身上(1998:84)。结果,"妇女、女性或被动性不论在哪里存在,都被视为是卑下的和可怕的,因为这些名词代表着受人鄙视的、自我阉割的一部分(1998)"。象征性的文化再现(例如,那些贬低、压抑、客体化、压制、屈辱、讥笑或者要不然就使妇女或"弱势群体"边缘化的报道)直观地被个体所"运用"、在精神层面上被确认并且在社会关系中被用到极点,从而加强和再生了社会分化和不平等(Messerschmidt,

1986;Giddens,1991;Minsky,1996,1998,Craib,1998)。

因此是潜意识的恐慌和文化强化的偏见之间的互动,定义了在任何时期都被指定命名为"替罪羊的'他性'"的人,我们的个体认同感也依托于这些人而产生(Minsky,1998:2)。这种女性化"他性"被害人形象超越了性别关系,不仅有助于解释性别主义,而且还对种族主义、民族主义、部落主义、恐怖主义、同性恐怖和宗教迫害的说明也颇有裨益。在所有这些不能令人容忍的形式中,都暗含着将那些令人鄙视的"异端"作为一种维系理想个体特征的手段的观念。对"他性"的理解可以有助于解释身份特征为何常常被赋予极端化的特征、以及为何个体身份特征在相对立的分类系统中常常被杂乱无章地包容进来或排除出去。如"内部人"和"外部人";"我们"和"他们";男人和女人;黑人和白人;"正常"和"偏离"等等。因此毫不奇怪,不同和"他性"这种观念常常被作为一种关于犯罪和被害的理论学说提出,正如前面提及的,传媒对移民、政治避难者以及在英国出生的黑人和亚裔的报道常常被有影响的"他性"的心理观念所强化,这种"他性"常常在目睹犯罪不是作为白人种族产物被实施的趋势中找到表达,而针对非白人的犯罪常常被以一种相当于惩罚被害人的方式构建。

然而,本章的主题是在何种程度上,**潜意识**的恐慌和在文化上构建的替罪羊之间的关系能有助于解释传媒对那些犯下严重的犯罪的妇女所促成的反应,心理社会学和女权主义理论将提供讨论的基础,并帮助我们理解那些包围严重犯罪妇女的法律的、犯罪学的和传媒的说教。毫无疑问,考虑到本书的篇幅,本书的重点将是传媒而非法律观点,然而,正如 Belinda Morrissey 指出的那样,法律和传媒机构之间紧密的关系意味着,两种功能在一起发生作用,它们的表现,通过反映法庭图景的占主导地位的传媒描绘,都有助于一种简单的分析(2003:4)。两者在维持妇女在实施了犯罪的案件中是女性邪恶者、在其是被害人的案件中是受压迫者的观念的过程中都起到了重要的作用(2003:4)。

女权主义的方法

简单地讲,女权主义犯罪学的方法在20世纪70年代以挑战传统的男性中心主义犯罪学的形式出现,第一部给犯罪学带来了深远持续影响的著作是 Carol Smart 的《妇女、犯罪和犯罪学》(Women, Crime and Criminology)(1977),该著作揭示了自龙布罗梭以来近百年的支持传统的男性为中心的犯罪学在文化上有偏见的假设。Smart 的先驱性的方法导致了许多有影响的著作的出现(如 Heidensohn,1985;Gelsthorpe 和 Morris,1990;Howe,1994;Lloyd,1995;Lees,1997)。这些著作认为,关于妇女的虚构假设和生物学目的论导致了对她们在法律适用上的特殊,实施严重犯罪的妇女被认定违反了两种法:刑法和自然法,用 Ann Lloyd(1995)令人难忘的表达就是,这种妇女"双重反常和应受双重谴责"。

并没有单一的"女权主义犯罪学",而是由一系列的方法对犯罪、刑事司法和犯罪学中的性别、人种和阶层的交叉做出不同的、有时是相反的论断(参 Gelsthorpe,2002)。在早期的论述中,女权主义的观点绝大多数集中在社会理论上,并常常适用于被害分析过程中的性别构成特征,尤其是男性对女性实施暴力案件中。然而,现在的兴趣已经扩大,它还包括了作为罪犯的妇女,许多女权主义理论寻求对性别特征构成的有意识或潜意识的理解。这些评论专注于为何尽管一些妇女完成了社会化却不能适应被称为"女性特征"的文化定型化?尤其是在当前场合的兴趣条件下,法律的、传媒的观点如何以及为何构建和反映对女性罪犯的负面的公众情绪(从反感到直率的敌意)?为了支持下面的讨论,女权主义者近年来提出三个问题:首先,当妇女被控犯有严重罪行时,她是更严厉地、还是较轻缓地被对待?其次,在和男性共同实施暴力犯罪时,或者实施针对男人的自卫时,她是被动的受男性压迫的被害人还是出于自己选择的积极的法律违反者?最后,为了回答上述问题,那些犯杀人或虐待罪的妇女如何在传媒中被报道?

第一个问题在女权主义犯罪学中被热炒。许多评论热切地希望能证伪因为法官和陪审团倾向于像对待他们自己的女性亲属那样对受审妇女做出类似于献殷勤的举动,从而往往使这些妇女在犯罪案件中"轻松地逃脱"的"骑士假设"(Chivalry Hypothesis)。对于"普通型"的犯罪,对妇女是否被更加严厉的惩处,或是手下留情地给予相对于那些犯下同样罪行的男性罪犯较轻的处罚,仍然存在着令人印象深刻的不同意见。Helena Kennedy QC 推测道,那些满足社会对好妻子、好母亲的期望并且具有与这些标签所暗含、相伴生的严谨的性行为的观念相符的妇女〔关于 Caulfield 法官在对 Mary Archer 的丈夫 Jeffrey 的审判过程中对 Mary 所作的评论,被 Helen 称之为"芳香试验"〕,更倾向于比那些挑战这些陈规定型化的妇女得到司法的宽宥(参见 Kennedy 在 Lloyd 书的前言中的论述,1995:X)。Lloyd 进一步认为,身处被告席时遵从无助的被害人的定型化(例如,作为虐待的同伙)"能对妇女有积极的作用"(1995:19),尽管有人已经概括认为,绝大多数妇女受到相对轻的判刑,而有一些女性被告人被处以更严厉的处罚,不仅因为可被感知的对已经提到的刻板规则(婚姻状况、家庭环境等等)的遵守情况,而且还因为她们具有的其他的像阶级、宗族和年龄这样的因素的影响(Morris,1987;Daly,1994)。

但无论"普通的"女性犯罪人在犯罪司法系统中的命运如何,绝大多数女权评论者断言,当妇女犯下非常严重的罪行时(包括谋杀),她们会吸引更多的传媒和公众关注,对她们形象的创造也更生动,她们也给人留下更持久的印象(Heidensohn,1985;Worrall,1990;Lloyd,1995),从因为厌烦而于1893年在美国 Fall River 杀害她父亲和继母的 Lizzie Borden,到2003年被指控在"Soham 学校女童谋杀案"审判中滥用司法程序的 Maxine Carr,纠缠或被卷进非常严重犯罪的妇女给传媒提供了最引人注目的关于犯罪和反常的形象(Heidensohn,1985),难怪有种说法认为女性据说是比男性更致命的物种。

事实上,犯严重罪行的妇女会被用和犯严重罪行的儿童非常相似的措词报道(参见第四章),在缺乏解释暴力和残忍行为在那些被社会视为本质上是"善"的人身上存在、发生的替代性的说教的场合,新闻记者依靠库存已久的"纯粹的邪恶"这样的措词,他们用标准化的故事、动机和陈词滥调来反映这种内容(列在后面),如我们在本章中将要看到的,这些经过检验的故事常常将妇女参与的方面隐藏起来,或者只是部分地报道,从而让公众到象征性再现的文化水库中自己去浏览、蘸取内容并用他们看起来合适的方式来填补空白。而且,它们联合起来使妇女缺乏道德力量而变得消极且不稳定,并且从某种程度上不能作为完全成熟的、成年的人类。

传媒用来构建犯下严重罪行的妇女的标准概括如下:
- 过度的性行为和性反常
- 缺乏肉体吸引力
- 坏妻子
- 坏母亲
- 神秘的怪物
- 发疯的母牛
- 邪恶的操控者
- 没有能动性

过度的性行为和性反常

在第二章对新闻价值的揭示中曾经指出过,传媒的报道集中在包含"正常类型的被害人"(那些符合无辜和脆弱等特点的人)的暴力犯罪上面,而那些不能被容易地描述成不应受惩罚或纯洁的、来自于那些更加边缘群体的人得到的报道较少(当然也得到较少的同情)。这种对特殊类型的被害人的偏爱同样延伸到了犯罪人身上,相反地,在某种意义上讲,正是罪犯被构建成了非常有新闻价值的"边缘人"。这使得犯罪的妇女因相对的稀少成为稳定的新闻对象,而且,当妇女可以被进一步指出其过度的性行为而边缘化时,她们将变得更加富有新闻价值。为了和一个儿童在其中被构建成是悲惨的被害人或者邪恶的魔鬼的双重分类系统相适应,她们的行为和犯罪同样被极端化了,这通常通过她们性行为和性历史的对照来完成构建。在这种最简单的形式中,妇女被按照或者是性放纵或者是无性经验或性冷淡这两种极端标准被分类。这种二元分类法被突出体现在一本叫作《贞女或荡妇》(*Virgin or Vamp*)的涉及本主题的一部书中(Benedict,1992)。

一般认为,在对公众生活中的妇女的一般报道中,当可以用一个圣洁的圣母玛利亚的形象来描绘一个献身的母亲或者忠贞地支持一个男人的女人时,传媒会极其乐意和非常伪虔诚。但现实中的妇女绝对不可能和这个不现实的理想形象完全相符,在整个犯罪领域内,妇女都被那些在刑事司法系统中工作的人所"性特征化"。因此,妇女常被更严厉地惩罚——并进一步被传媒标志性地惩罚。例如,年轻人被视为"正常"类型的小过失常常被界定为妇女独有的和不正常的,这样的后果是犯罪常常被"过分戏剧化"。事实上,如可想象的那样,女孩的不当性行为更倾向于将她们置于监护之下或者通过少年司法系统来应对的时候,法庭会对从母性的、一夫一妻和异性恋的"规则"中偏离出来的成年妇女过分地施加惩罚(Sarri,1983;Wilczynski,1997;参见 Heidensohn,1985:47ff)。同时,那些被传媒宣扬的我们所信任的机构(如家庭、教育系统、社会服务、警察机构等等)中存在的潜在危险和责任问题的案件将会变成一本柔软的色情杂志的令人目眩的珍闻回忆。在 1995 年 10 月 11 日的 Rose West 审判案中,几乎所有的非难和攻击性的、可用在妇女身上的措词都被记者们投向了她:

> 她被新闻用各式各样绘声绘色地描绘为:堕落的、同性恋的、富有侵略性和攻击性的、暴力性的、险恶的、双性恋的、喜欢黑人的、喜欢口交的、古怪的、邪恶的、妓女的、过度淫欲的、儿童虐待者的、女性色情狂的、污秽的魔鬼;她有一张床头刻有 c**t(原文如此)的四腿床;她摆出裸露上身的姿势、永远装模作样、从不穿内裤、喜欢性玩具、乱伦;她在黑暗中流泪,没有抽泣,也没有声音,当她发育成熟时,据说她形成了对性的

沉迷,Fred 会偷偷告诉你,"当罗斯怀孕的时候,她的同性恋倾向处于顶峰,我必须出动给她弄个女孩来,她有必须满足的强烈要求。"(《太阳报》1995 年 3 月 11 日)(Wykes,2001)

相当简单,当报道犯下严重罪行的妇女时,反常的性行为构成几乎是既定的内容,从 Myra Hindley 和 Rose West 到 Tracie Andrews 和 Claire Marsh(英国被判犯有强奸罪的最小的女士),那些被提到的实施反常行为的妇女,如果不被小报用淫秽的细节进行胡言乱语的报道,就会代表着"公众妖魔"——实证主义犯罪学的"天生女性犯罪人"的现代化身版本(Lombroso 和 Ferrero,1895)。然而,不仅女性罪犯被传媒以对妇女高尚行为的期待所诋毁,如果女性被害人没能顺从传统的、严厉的、强加的关于女性的定型化形象,她们也会遭受非难,例如,Maggie Wykes 强调了大众传媒对于 Fred 和 Rose West 犯罪的被害人适用了对性过分感兴趣为特征的语气。对她们命运的预测通过对那些将要发生在变化无常的、离家出走的、从陌生人那里接受礼物的姑娘身上的事情的自鸣得意的评价而暗示。不对她们生活、家庭背景和志向的细节进行人性化分析,而是把她们描绘为"来自儿童之家、同性恋、违法、出逃、被收养、学生、在街道上随便搭车或抢劫"(1998:238—239),相比而言,实际上关于 West 案的报告中并没有提及在 Cromwell 街 25 号,买春的男性当事人从其他人中间挑出 Fred 的 12 岁的女儿,也没有提及那些熟悉那所房子和它的住户的警察们(1998)。

相似的贬损性的归类被用在了对被称为"约克郡杀人碎尸者"的 Peter Sutcliffe 的去人性化上,对被害者的压倒性的印象是 Sutcliffe 攻击的对象是妓女(这不仅对许多被害人而言是不真实的,而且暗示她们是身上几乎找不出可以怜悯之处的肮脏对象),而几乎根本对她们是母亲、女儿、合伙人、学生等身份只字不提,请思考这段引自西约克郡警察局的副总警监的谈话:

约克郡杀人碎尸者已经让大家明白他憎恶妓女,许多人都憎恶妓女,我们作为治安力量会继续逮捕妓女。但这个碎尸者现在杀害了无辜的女孩……你已经达到了目的,说服了我相信你的观点,在另一个无辜的妇女死之前你自首吧。(引自 Chadwick 和 Little,1987:267)

公众出版物也因为 Sutcliffe 的犯罪设法惩罚了他的妻子 Sonia。1981 年 5 月 23 日的《每日镜报》(*Daily Mirror*)从调查该案的侦探那里做了如下引述:"我想在 Sutcliffe 袭击他的二十名受害者时他也在内心攻击了他的妻子二十次。"依据该论说,Sutcliffe 敬重他的妻子,她主宰他、轻视他,Barrister John Upton 这样评论:

> 这只是列举 Sonia Sutcliffe 作为一个妻子失败的许多原因之一,她作为一个性伴侣的无能、不想要孩子和她的精神疾患,都是丈夫屠杀行为的直接原因。在一个对性过分感兴趣、非难的公众的视野中,妇女不仅被视为是她系列杀人男人的支持者,而且是代替他实施此类行为的凶手。(Upton,2000:6)

女性的性喜好,她们对性的享受,或者她们的性冷淡长久以来被用作使她们妖魔化和证明在公众新闻中把她构建成"怪物"的正确的证据,甚至像在 Sonia Sutcliffe 案中那样,当犯罪不是她实施的时候亦如此。然而,如果讨论的妇女的性偏好是针对别的女性的话,将她们归属为"怪物"更容易占据新闻记者的思想。Morrissey 引用了一个新闻报纸编辑的话(最初在 Wilson 的著作中被引用,1988:55),该编辑把自己的下列想法描绘为天赋的新闻事件:"如果我能获得一个美丽的同性恋在幼儿园用一支机关枪扫射儿童的事件,我就发了"(2003:18)。事实上,"真实生活"(Real Life)以澳大利亚谋杀犯 Tracey Wigginton 和她的三个和她一样都是女同性恋者的共犯在暴乱中杀人的形式给我们提供了另一个接近完美的例证(Verhoeven,1993)。在我们的"**异性家长制文化**"(Hart,1994)中,同性恋、妓女和那些被认为滥交的妇女是"外来人"的原型。在被分类为"他性"的一群人中,她们更加另类。作为被害人她们见不着,作为罪犯她们是超乎寻常的。

Millbank 进一步详述了传媒把同性恋行为视为是攻击性行为的原因,在 Wigginton 和她的三个朋友在澳洲的布里斯班搭载了一个男性陌生人,向他提供性服务然后杀死他的案件中以及 Aileen Wuornos 在美国加州杀死七名男子的案件中,据说都是性的因素解释了她们的犯罪原因,她们是同性恋者,因此痛恨男性,但她们也痛恨以父亲为代表的社会和家庭——因此她们杀死具有父亲特征的男人(Millbank,1996:461)。有意思的是在 Wigginton 案中,被起诉的四个人只有三个被定罪,被免刑的第四个人没有被施用同性恋这样的文化定型化形象并被确定为不是真正的同性恋,她只是一个迷失了方向的纯粹的女孩(Morrison,2003)。

对于传媒来讲,同性恋代表着一种"异常"的类型(Levi-Strauss,1979;Fiske,1982);这种类型不稳定地在男性与女性间摇摆,由于从两种性别类型中吸取特征,相应地这种生物具有太多的含义,它们在概念上非常有力,作为来自文化人类学的名词,女同性恋"玷污"他们清晰的世界,相应地成为禁忌(Douglas,1966;Fiske,1982);在精神层面上,女同性恋者不代表两性中的任何一个,但可以附加到作为积极的男性化和作为消极的女性化之间的社会分层之上。通过引用小报的报道,Verhoeven 讨论了像 Wigginton 这样的——不夸张地讲——在男性和女性特征之间摇摆的不稳定的性别。

> 在 1987 年与她的情人 Donna 会面的时候,Wingginton 骑上摩托车把她的情人放在后座上,她经常超速。但当她坐在这对"爱侣"所驾驶的"海军司令"牌轿车的方向盘后面的时候,她的角色就彻底改变了,她变成了一个无助的、常常小心骑车、永不超速的妇人。(《周末真相》(*Weekend Truth*)1991 年 2 月 23 日第 8 页,引自 Verhoeven 书,1993 第 114 页)

在这段话使用的弗洛伊德式的并不精巧的隐喻显示着心理分析的主题在何种程度上成为公众流行观点的通用手段。

作为一个非正常的种类,无论关于非正常妇女的证据如何(或缺少证据),女同性恋者的特质都会适用于她们。文化所假设、强化的女同性恋主义和攻击性之间的"自然"的和谐,被集中反应在新闻对 Myra Hindley 首次犯罪后八年的报道中,不满足于按照千变万化的、有时是自相矛盾的方法对邪恶的表现进行描绘(像我们在本章中将看到的,传媒不能硬按到她身上的贬损的定型化是"疯狂"——她明显的神智健全被用作反对她的理由),传媒借用所谓的女同性恋作为她不断发展的堕落的"证据"。这个新歇斯底里浪潮的催化剂是 Hindley 曾经企图在一个据称是她情人的监狱警察和狱友的帮助下越狱。Hindley 自传的作家,前《太阳报》新闻记者 Jean Ritchie 把"越狱阴谋"视为 Hindley 名誉欠佳的滥交和控制他人能力的证据(1988;引自 Birch,1993)。对女同性恋者性需求和暴力侵犯的假设被1995年展示的 Myra Hindley 和 Rose West 在高度戒备的"Durham 监狱"握手的、随即出现在大众传媒中的图片所强化(Smith,1997;Wykes,2001)。

另一个对妇女而言异常的类型是"强奸犯"。从总体上,对传媒和公众而言,强奸犯是一种最令人费解的妇女被判罪的类型。涉及到男性强奸的案件是如此普通以至它们并不必然成为新闻内容(除非像在第二章中讨论的那样,它们符合一些核心的新闻标准)。犯强奸罪的妇女本身已经具有新闻价值,虽然对她们较少的曝光并不是因为她们并不存在——1995 到 1999 年,18 名妇女被控犯有强奸或帮助或教唆强奸罪(http://news.bbc.co.uk)。因此就不奇怪在18岁时被判强奸罪的英国最年轻的女性 Claire Marsh 2000年7月被牵扯进一起袭击妇女案后持续成为耸人听闻的传媒报道的对象。与她形成对比的是与她共同被起诉的同案犯 Marvin Edwards 则被给予了较少的关注,有些报纸或电台甚至都没有点到他的名字、登载他的照片(另一名被指证的男性同案犯由于太年轻而依法不能被归入这起共同犯罪)。Morrisey(2003)进一步讨论了两个涉及妇女的案件——Valmae Beck 和 Karla Homolka 案——她们都和她们的情人一道,被判犯有绑架(诱拐)、强奸和谋杀女孩罪。她认为,对妇女的犯罪的提及远远超过她们的同伙,而且使她们得到大多数传媒的关注。在她们的男同伙——Berrie Watts 和 Paul Bernardo——被看做是危险的神经病时,他们却仍然被视为可以理解,他们的色欲被认为是"正常"的男性幻想的极端体现,而在另一方面,这些男性罪犯的妻子们被描述为性虐待狂,她们的反常性行为超过了公众可以理解的女性特征的可延展范围。

如果犯罪人不能被构建成女同性恋或性虐待者,她们的反常将被参照她先前的性行为和性历史加以证明,从根本上讲,如果一个妇女能被证明具有较低下的道德标准,她具有足够的操控性和邪恶性以至犯严重罪行的形象就会更直截了当、容易理解。相反地,犯同样罪的男人常常被以一种令人尊重的、甚至浪漫的措词来加以报道,Wykes 曾经提到新闻报道如何以"交媾"和"私通"来提及 Fred West 和他的两个被害人(一个被奸,一个被杀)的关系。他被描绘成一个好丈夫、一个努力工作者和一个被对妻子"疯狂而可怕的爱"所驱使的养家者(Wykes,1998:238)。在 Fred 于狱中自杀只留下 Rose 独自受审以前,他宣称他将承受所有的惩罚,她永世的爱会是他足够的报答(Sounes,1995:348)。另一个传媒形象会"引起误导的罗曼蒂克"的男性罪犯是 1991 年被判决谋杀他女朋友——牛津大学学生 Rachel Maclean ——的 John Tanner,对该事件的报道给人一种因热爱而犯罪的印象("他爱她到死"),对 Rachel 所谓的滥交和不忠的报道被像《每日电报》的"情人在妒忌的暴怒中勒死学生"、《镜报》(Mirror)的"妒忌的 John 勒死他不忠的女友"这样的头版头条来报道,因此,推理的结果是,Tanner 并非完全应受他的行为带来的惩罚;他的犯罪由他女友的不忠引发。

肉体吸引力

除了她们过度的性行为和性历史之外,杀人的妇女也遭受着对她的外貌和吸引力的高密度的仔细审查,这个事实贯穿着她们生活的整个过程。在当代社会,传媒专注于非常特别的性别报道,通过这种报道那些被视为宝贵的诸如年轻、婷婷玉立和优雅等女性特征被弄成了符合"男人注视"的标准(Wykes 和 Gunter,2004)。这些加强着广告、妇女、杂志、小报内容的传媒说教的性别叙事,延生出新的说教,包含着对女权主义犯罪学的构建。女性犯罪学的说教在何种程度上着迷于龙布罗梭的影响被澳洲传媒把 Tracey Wigginton 描绘为"大屁股和大腿"以及"她 17 英寸庞大的身躯"的非女性化的异常妇女的报道所生动地说明(Morrissey,2003:124)。对于和她一起被控告的、也被定罪的(一个终身监禁,一个 18 年徒刑)的同伙则依次被描绘成"具有阴沉的性格"——脸上凝固着不怀好意的注视以及"又矮又胖并具有一种使人惊愕的表情"(2003:124)。而与之形成对比的是,第四位被判无罪的妇女不仅被视为不是真正的同性恋,而且被形容成娴静、美丽,在被控告的人中是最漂亮的女人。在对于 1987 年在澳洲昆士兰诱拐、强奸和谋杀 12 岁女孩的案件中支持她男性同案犯的 Valmae Beck 的报道中,外表也成了一个因素,很明显,她的动机不存在于她自己的性虐待的需要中,而是在其不安全的和不断增长的年龄当中(2002:151)。Morrissey 引用布里斯班《星期日邮报》(Sunday Mail)(1990 年 2 月 11 日)的报道,认为 Beck 的年龄和她"见不得人的长相"使她害怕失去丈夫到了足以为他做一切事的程度。同样地在这个国家,Rose West 不漂亮的长相使《每日镜报》(Daily Mirror)把她比作了"容易利用的广受欢迎的好东西"(引自 Smith 书 1997 版)。

然而似乎妇女根本就不能获胜,如果外形漂亮,她们会被描绘为"美女蛇"——用她们好看但是冷漠、超然、空虚的外表来诱捕猎物,这种形象的最明显的例子是被判罪的强奸和杀人犯 Karla Homolka,她被加拿大传媒报道成好看但浅薄;传媒也用正面的词句来描绘她,把她称作漂亮的女性美的集中体现,然而却在她对强奸和一般的性享受中暴露出"属于传统的男性"的特征(Campbell,1995,在 Morrisey2003 年的著作中被引用)。同样地,在参加了一个新闻发布会呼吁杀害她男友的"道路危险驾驶杀人者"能主动出来自首之后,以谋杀她的男友 Lee Harvey 而被判罪的英国杀人犯 Tracie Andrews,是位前任模特,依所有的标准,她是一个有吸引力的年轻妇女,但传媒将其报道成"虚伪的"、"粗妆艳抹",并在她的图片上配上"能够杀人的表情"这样的标题来作为头条加以报道(《每日之星报》1997年7月30日报道)。

坏妻子

如已经讨论过的,就那些衣着、长相或者行为吻合流行的、传媒促成的偏离的妇女的形象而言,非常成功地挑战了"骑士假设"。当妇女不符合"维多利亚式"的女性特征和家庭生活的理想并因此被视为坏妻子和母亲时,她们更倾向于毁掉法官对正常的妇女形象的印象(Kennedy,1992;Lloyd,1995)。相比较而言,婚姻状况、家庭背景和孩子很少或几乎没有对绝大多数男被告人的案件产生影响,这些男性被告对"受尊重"观念的遵守更多地通过像从业经历而非婚姻状态这样的因素表现出来(Lloyd,1995)。最理想的状态是,妇女应该是主妇,满足于居家、勤俭,在情感上依托于忙于打造社会地位的丈夫(Worrall,1990)。所有违反这些行为法则和追求她们自己的公共生活的人只有在当她们把丈夫和家庭置于事业的前台、而自己是偶然出现在丈夫身边作为他的有吸引力的战利品或他成功的进一步的证据时才是可以接受的。

因此,我们就不会再大惊小怪,那些杀死他们配偶或伴侣的妇女几乎不被考虑挑起让人不快的犯罪的原因,而直接成为"坏妻子"的集中体现。1990年被判杀死暴力、酗酒的丈夫Malcolm的Sara Thornton就是这样的一个角色,Sara说,"我常被描绘为一个在他饮酒时喋喋不休、不常穿内裤*和丢下他去参加聚会的形象"(Wykes,1995)。有点令人意外的是,那些本来是她们的配偶或伙伴杀人行为的被害人的妇女常常被以同犯罪实施者相同的负面角度来描绘并因她自己的被害而被推向法庭,一个"父系规则的混乱司法"(Radford,1993)的例子是因杀害他唠唠叨叨的事实婚姻的妻子被判2年缓刑而被法庭释放的Joseph McGrail,法官Popplewell先

---

* 即女用短衬裤。以前妇女和姑娘们作为内衣穿的长灯笼裤。——译者注

生的著名的论断是,被害人"挑战了圣徒的耐心"。有讽刺意味的是,该裁决出现在1991年7月,就在Sara Thornton对其徒刑上诉并失败的第2天。

女权主义的研究表明,相对于男性而言,存在着包括过度饮酒和斗殴这样的公共仪式性的"生活方式"的暴力模式,妇女暴力绝大多数被限制在家庭暴力的范围内(Polk,1993;Heidensohn,2000),而且,在男人谋杀了他的配偶或伙伴的场合,犯罪常常被认为是因嫉妒或压抑而发生(例如,当女性威胁要分手或者让罪犯感觉她对自己不忠心);在另一方面,妇女常借助"**婚内杀人**"(Spousal homicide)来作为对来自于其男性伙伴的先前暴力的反应(Browne,1987;Lloyd,1995)。然而,很有意思的是,最近有一种在一定程度上是反对女权主义研究和理论的观点,例如,虽然所有的证据正相反,Hornby(1997)总结说,刑事司法系统对男性的过度的报道必定是对男性巨大的系统歧视的证据。他还挑战了男人比女人更倾向于暴力的论断,他用一种很有说服力的例证来加以说明——即小孩子更容易被母亲而非父亲暴打。当然说男性比女性更具暴力性绝不是说所有男人都实施暴力、有暴力倾向或容忍暴力,所有的女性都不用暴力或是男性暴力的被害者(Miedzian,1991)。但是在一些研究领域中,像那些支持Hornby观点的反女权主义的情感已经蒙蔽了犯罪和被害的真实图景是可以论证的事实。这样的领域之一就是家庭暴力,这是一个近年来投入大量的努力认定男人是被害人的话题。但是,尽管在官方和公众的说教中存在对家庭袭击中男性被害人的突出,研究证明,被害男性也常常是家庭暴力的犯罪人,尤其是在男女合伙的犯罪中(Gadd等,2003)。而且,被视为"被害人"的男性相对于女性被害人更少地重复被害或严重伤害,他们更有经济实力离开这种虐待的关系(2003)。这种失真的再现阐明了Wykes的下述断言:传媒和法律对男性和女性暴力的构建适用同一个强调传统家庭组织类型和女性特征的框架,这和女权主义"成果"所具有的"更宽泛的思想的缺点相当"(1998:234)。这种强调的结果是对传统的保守家庭和性别关系的认可和赞扬——即使本章中讨论的许多关于犯罪的现实暗示,家庭和婚姻是绝大多数暴力、性虐待和谋杀发生的地点。

坏母亲

在弗洛伊德式的分析中,我们的心理结构意味着,我们早期对母亲的依赖使我们特别容易受"具有人的外形的邪恶的母亲"带来的恐慌的伤害(Morrissey,2003:23)。当需要她们来照料和哺育时,她们却谋杀、伤害或懈怠;她们代表着严重罪犯的仅仅一小部分,因此常常有一种可感知的保证传媒对其有兴趣的"新奇性"。坏母亲的主题具有如此的渗透性,它实际上可以适用于所有的妇女,无论是被害人还是犯罪人、真正的母亲还是非母亲,不论她们牵涉到是杀害儿童还是犯其它的罪时碰巧实施了只有母亲身份的妇女才能犯下的罪。在这后一种类型中,Tracie Andrews 因犯下要终身监禁的罪行而被广泛谴责,这将使她要长期与其女儿隔离,尽管在一个少有的理解他人处境的时刻,《伯明翰晚邮报》(*Birmingham Evening Mail*)指出:"这个带着一个小女孩的 28 岁未婚母亲似乎在包围她的环境中变矮小了……但想起有罪判决将导致她的女儿 Karla 被剥夺母亲则是件痛苦的事"(1997 年 7 月 29 日),然而,我们又在同样的文章中提醒这并不是个理想女性的形象,在举例阐释已经讨论过的实证论的命题的时候,Tracie 被描绘成"粗壮好斗的女性","在庭审中她那变得更加黄褐色的过氧化氢色的头发……有时她的特征除了极度前突的颚部以外都消失了"。更加矛盾的是,在恶劣的环境中失去她们孩子的妇女也会被描绘为坏母亲。这方面最著名的例子是 Lindy Chamberlain 案,在 1982 年的澳洲,尽管她只是看到一只野狗从她女儿睡觉的帐篷中出来,她还是被判杀害她那还是婴儿的女儿而终身监禁,她的多次上诉被驳回,直到 1986 年,由于新的证据和公众的怨声载道,该案才被重审,Chamberlain 才被改判无罪。一个仍然有争议但不那么极端的关于传媒倾向于把母亲勾画成"有罪的被害人"的案例是 James Bulger 的母亲 Denise Fergus。她被大众传媒的报道严厉抨击,因为她在 Bootle 购物中心购物结账时不注意照看自己的儿子而造成他被人诱拐,这种观点后来被相当令人遗憾的 David Ramsbotham 爵士的评论和监狱总监透露的在会面 Fergus 夫人时"既感到罪恶又感到悲伤"的信息所支持。总监接着评论道,"我搞不懂,但当我购物时,如果我把仅2岁的孩子放在一边,我想我不会感到非常舒服"(《星期日独立报》(Independent on Sunday)2001年7月15日报道)。

但坏母亲的陈腐设计被非常系统和复仇心切地用在了牵涉杀害儿童的女性犯罪人身上,就她们都是被牵涉进虐待、谋杀孩子(有她自己的,也有别人的,如在 West 案中)这一点而言,Rose West 和 Valmae Beck 对传媒来说代表着一个谜,下面这段文字出现在澳洲的报纸上,写作的目的是对 Beck 因与头脑中充斥着强奸处女念头的同伙 Barrie Watts 共同强奸和谋杀一个12岁的女孩而被判处刑罚做出反应,然而这无疑和在英国对 Rose West 这样的犯罪的描述正好类似:

> 在本案发生前,人们怎么会相信一个中年的母亲会参与这样的一个犯罪,我想知道的是:如果像这样的普通的、长相一般的家庭妇女和母亲都能够参与如此可怕的一种犯罪,会有多少普通的男人和女人会在将来在强奸、折磨和谋杀中,如她所说,和她一样受其邪恶卑鄙下流的同伙犯罪过程的影响?不用说,任何一个母亲都会有足够多的同情要被压抑,继而令人作呕地在她的同伙说他想强奸一个只有12周岁的学校女孩时很快被引上迷途。("星期六的 Kavanagh":"同情?是真正审判的时候了",载1990年2月10日,布里斯班 Courier-Mail,转引自 Morrissey,2003:148)

那些犯强奸罪、性虐待罪的母亲和年轻妇女体现着"妖魔化的母亲"(Morrissey,2003:154)。尽管个别的一些像 West 和 Beck 这样的高调的女罪犯臭名昭著,一般而言,社会并不准备最终接受一群以她的犯罪挑战"妇女不能实施性侵犯"这样的根深蒂固的观念的女性的存在。而且,在男性性虐待他们的孩子时,传媒常常会至少以同等的份额设法给所谓的共谋犯罪的母亲分配惩罚。在绝大多数这种案件中,涉及的妇女也常常是受她的同伙控制的虐待行为的被害人并且常常因害怕而不敢报案,但这并没有阻止法官和陪审团以"坏"母亲而非以被虐待的妇女对其施加徒刑(Morrissey 和 Wilczynski,1993)。或许在英国关于犯罪的文化观念中,"坏母亲"的原形是 Myra Hindley,不因为她自己有孩子(事实上她没有),而是因为,作为一个针对孩子实施严重犯罪而被定罪的人,她被视为不仅违反了法律,而且还违反了每一种对女人应有的气质和女子特征的文化认可。Beverly Allitt,这名被判谋杀了四名她照顾的儿童、图谋谋杀三名儿童和对另外六名儿童施加惨无人道的肉体伤害的护士,是另一个不能符合由家长制传媒维护的母性关爱理想的例证。在 Allitt 案中,是她选择的职业和她的性别被用作攻击她的手段,她不仅被许多报纸描述为"死亡天使"和"Myra Hindley 以来最妖魔化的妇女",而且《每日快报》的一位编辑还继续这样评论到:

> 女人应该养育而不应伤害,基本上她们完成了使命,即使今天暴力还主要是男性的特征,护士被认为是女性关爱的集中体现,她们是新闻头条的宠儿,当妇女实施暴力时,这种行为看起来很邪恶,是对其自身生物学的一种颠覆。(1993 年 5 月 5 日)

正如可以证明的那样,是妇女作为母亲和照顾者的角色使社会如此困难地接受妇女也可能伤害儿童。

神秘的怪物

在传媒对那些犯下严重罪行的妇女的报道中处于优先地位的妇女的形象来自于异教徒的神话、犹太信徒神学和古典艺术和文学。虽然有这些丰富的来源,对反常的妇女的塑造常常借助于这些传统之一或全部,即以女巫、撒旦、吸血鬼、鸟身女妖、邪恶的妖妇、"失足的妇女"和基督教的原罪的思想去表现女性的不道德。

这些主题常常串联起来用在指代女同性恋者的场合,同威胁到"男性"和"女性"的性别分类的明晰性的女同性恋一样,这些虚构的怪物同样是反常的、虚构的、宗教的形象,它们在上帝和人类之间转换,就像撒旦和吸血鬼在生与死之间骑墙。它们被赋予了太多的寓意以至于它们不得不被设计成禁忌而加以控制(Fiske,1982)。

能被视为出自希腊神话的最受欢迎的非正常的角色有两个,一个是遭情人摒弃就会谋杀她的孩子的荡妇 Medea,另一个是蛇发女怪美杜莎(Medusa),她的目光触及者会变成石头。小报在过去的四十年间已经在它们对 Hindley 的报道中对这两个象征性的角色进行了充分的利用,对 Hindley 的报道一如既往地伴随着在 1965年她作为嫌疑犯被捕时那张著名的照片。依据 Helen Birch 的观点,该图像即使对那些太年轻而记不得本来案情的人们而言已经变得和它的主体不再相关(1993:33),但它已经成为一个四十年来对公众的想象力有着"奇异的控制力"的"沉思的超自然力量"的化身,该图像已经变成"从它的'自然进程'中偏离正道的女性恐怖"的标志性形象(1993:34—35),一个女性反常的圣像,为表达对龙布罗梭的敬意,许多作者借用过氧化氢颜色的头发和"被罩盖起来的眼睛",并且从高傲的冷漠到不可挽回的邪恶等这样的肉体特征得出推论性结果(《卫报》)。一位编辑暗示,由于不断地在公众出版物的页面中被重复报道登载,此形象已经变成我们国家的文化组成的一部分,并且通过对神话怪物的微妙的再现对我们的策略和方法提出了质疑:

  Myra, Medusa;Medusa, Myra,在 1966 年被判处终生监禁后,无论她看起来像什么,Myra Hindley 都凝固成了永远的警察快照中的顶着一头过氧化氢色的头发的邪恶而且丑陋可怕的女人。我们注定会说:看看她挑衅而邪恶的眼神!天知道,她是不是魔鬼的后代,她极可能有一只覆盖着亚麻色发丝的蛇头,这个邪恶、邪恶的女人!。(Glancey,2002)

另一个对女性杀人者的描绘中使用的主题是吸血鬼,这方面恶名昭著的是对澳大利亚妇女 Tracy Wigginton 的报道，在她于 1989 年 10 月在布里斯班杀死了 Edward Baldock 之后，她被澳洲新闻界描述成"女同性恋吸血鬼杀人犯"。正像几位作家指出的那样，近百年来，吸血鬼主义和女同性恋主义在电视和文学作品之中建立了联系，考虑到对血的嗜好同作为一个性攻击者的吸血鬼所起的作用相当，这种联系总体上就不再令人吃惊（Verhoeven，1993；Morrissey，2003）。在许多叙述和陈腐设计中的吸血鬼似的嗜血和口交之间的心理分析上的相当性进一步强化了女性杀人者不仅仅是谋杀者，也是性偏离者的观念。在 Tracey 案中，当她的同伙声称她杀死被害人是为了享用他的血液时，吸血鬼的名称产生了。虽然有心理学证据证明在这方面它们被欺骗了，但传媒还是开始像报道真事一样报道这种说法，并在报道中揭示了粗野的恐怖、残忍的行为和性的滥用，尽管在后来的报道中有一种思路认为是她的同伙捏造了"女同性恋吸血鬼"的故事以减轻他们自己在谋杀中的罪责，令她独自面对审判（Verhoeven，1993 年）。一般而言，吸血鬼的主题给了一个可以悬挂否则就不太会令人产生兴趣的对象的钩子，而公众对（实际上是）荒唐地被捏造出来的关于吸血鬼的异想天开故事的相信也就不再让人吃惊，像 Verhoeven 评论的，"如果公众相信一个妇女能实际上很随意地杀死一个男人，就能相信任何东西"（1993：123—124）。这种轻信的乐意也延伸到负责侦察的警官思想里，他们承认会观看吸血鬼电影《千年血后》（The Hunger）以努力在中间发现作为侦破犯罪动机的线索（Morrissey，2003）。当在法庭上宣称 Wigginton 边欣赏 Prince 乐队"狂欢舞蹈"的旋律边仔细在街道中搜寻被害人的时候，这吸血鬼主题几乎达到了令人难以相信的顶峰（Verhoeven，1993）。即使心理学家认为她不适合出庭受审而应该被进一步进行心理治疗，他们的诊断也只是偏向了符合"哥特式"怪诞、恐怖叙述的轨道。关于 Wigginton 被诊断为多种个性紊乱的结论被用作她有吸血鬼倾向的进一步证据，并且相应地给像女巫、妖妇和双重人格者（Jekyll 和 Hyde）这样的象征性形象的复活提供了可能（Higgins，1994，引自 Morrissey，2003 年版书)。"

把女性杀人者描绘为吸血鬼或其他虚构的怪物很清楚地被用来使她们更像怪物而不是妇女。即使对 Tracey Andrews 案件的报道被幽默地和吸血鬼主体暗合,在回荡着 Tracey Wigginton 式的音乐品味的氛围中,《太阳报》在头版援引了她前任男友的一段话:"Tracey 在床上非常疯狂,她使我俩按'脱离地狱的狂欢'(Bat out of hell)这首歌所歌唱的那样做爱"(1997 年 7 月 30 日)。事实上,本章中讨论的绝大多数的妇女,都被以强调她们符合一项或一项以上对偏离妇女的意识形态构建的方式报道。Lindy Chamberlain 被刻板地描述成将她女儿在撒旦仪式中殉教的女巫的形象;外号叫"死亡少女"的 Aileen Wuornos,成为一个跟踪无辜男性以完成她非人复仇欲望的同性恋妓女;Beverley Allitt 成为一个铁石心肠的杀害由她照料的婴儿和儿童的"死亡天使";Tracey Wingginton 则被描绘成一个"吸血鬼杀人犯";Karla Homolka 则是一个美丽的但道德贫乏的妖妇;和 Medusa 类似,Tracey Andrews 拥有一个"可以杀人的长相";Ross West 是一个古怪的"麦克白"式的女士,她控制着自己的丈夫,是发生在"格鲁塞斯恐怖屋"(Glaucester House of Horrors)内的所有令人不适事件的鼓励者,在她丈夫死后,在传媒促成的说教中,Ross 变成了"黑寡妇";Valmae Beck 的招供和法庭供词成了她观看强奸、谋杀以及她性虐待狂的、在帮助她的同伙的犯罪中享乐满足窥淫需求的证据。正如 Reed(1996)指出的,上述的陈腐设计强化了女性杀人犯是以男性中心主义文化的替罪羊的观念。一种文化最深层的信仰和对妇女的恐惧,与儿童时期对通过传说、民间故事和神话流传下来的、来自阴间的超自然怪物和生物的焦虑纠缠在一起。对妇女的怪物形象化是如此根深蒂固地扎根于公众的意识之中,以至于几乎不可能把 Myra、Ross、Tracey 等当作真人看待,而是把她们描绘成奇异的漫画。对于许多女权评论家而言,这不是个局限于那些通过法律和传媒观点被塑造的妇女的问题,而且还提出了涉及对妇女的态度的更广泛的问题:"介于'好女人'和'坏女人'之间的两极分类法作为巡视、控制和加强被视为对所有妇女都适当的行为疆域的方法发生着作用。"(Morrissey 和 Wilczynski)这把我们带入了另一套主导"官方(official)"对关于犯罪妇女的陈词滥调式的说教,即,在她们的生命中某个时段,所有的妇女都可能变得疯狂(1993:217)。

发疯的母牛

当民间传说的神话制造了一个关于偏离妇女的陈腐设计的集合的时候,另一套意象也已经被科学和医学所施用(Heidensohn,1985)。再一次地,19世纪从龙布罗梭到弗洛伊德的这些男性先驱们的"发现"深远地影响着将妇女病理学作为解释她们犯罪的原因的观念。

绝大多数犯下像谋杀、过失杀人这样严重罪行的妇女被她们的律师建议采取精神病抗辩,换句话说,在减轻罪责的基础上认罪或者承认**杀婴罪**(这是一种只适用于妇女的犯罪。是一种婴儿出生成为母亲的精神平衡被打破的原因,从而导致母亲杀害小于12个月婴儿的犯罪)。Wilczynski(1997)指出,在**杀害子女**案件(由父母或继父母杀害儿童的犯罪)中,大约有30%的男子使用精神病抗辩,而64%以上的妇女使用此抗辩。这使得女性很可能多二倍地得到精神病和剥夺监护权判决(有意思的是,杀害子女罪是仅有的一种男女所实施的数量大致相等的一种杀人罪行),男性倾向于使用"常态抗辩",这种抗辩无需精神状态的"不正常",例如,过失杀人罪,这种犯罪需要缺少杀害或严重伤害被害人的目的(1997)。相应地,当男性杀害他们的孩子时,他们常常会被判决羁押(即使精神病辩护被适用的案件也是如此)。Wilczynski 进一步评论到,尽管杀害他们孩子的男人有时被认为是"糟糕的、令人遗憾的",但他们常常被视为"坏":他们的杀人行为"相对较少令人吃惊,它们更需要被惩罚和遏制(1979:429)"。

这种使妇女"精神病化"的趋势乍看起来好像会导致对她们处罚的轻缓化,尤其是在妇女犯杀婴罪或杀害子女罪的案件中(Marks 和 Kumar, 1993; Morris 和 Wilczynski, 1993; Wilczynski,

1997)更是如此。但一些评论家疼心地指出,精神病处置并不必然可以得到"轻缓"的判决。她们终生会被标上"精神病患者"或"精神变态者"的标签,在许多档案记载的妇女犯罪的案例中,如果她们未被以医学方法处理,她们就不会那么久地被监禁或禁锢在精神病院、监狱或其他机构中;不给她们开药她们就不会产生对那些药物的依赖症(Lloyd,1995;Wilczynski 1997)。对妇女犯罪案件用医学方法处理的漫不经心已经被完善地记录下来(Dobash 等,1986;Sim,1990;Lloyd,1995;Wilczynski,1997),并且以代理人在辩护中使用心理学上的孟乔森综合征(MSBP)这种在 Beverley Allitt 案件以前很少听说的病症为典型例证。简单来说,MSBP——"照料者的疾病"——是一种影响父母或照料者的病症,绝大多数患者都是妇女,她们被一种通过介入婴儿的医务治疗来获得关注的精神需要所驱使,在这种情况下,一般假定,如果该妇女被界定为一个轻度精神病患者或一个不稳定的歇斯底里狂,那些处在刑事司法系统中的人或一般社会中的人会更容易接受她犯下了暴力的或十恶不赦的罪行,即使判决并不必然反应那种观点。歇斯底里(hysteria)这个词来自希腊单词"husterikos",意思是"发源地的(of the womb)",该词长期以来被借用来强化妇女作为"他性"的观念。其他的妇女特有的精神病理学状态——例如,怀孕、生育、哺乳期都是法律认可的对杀婴的解释,而月经期和更年期也被作为"解释"女性犯罪的固有的病理反常的状态加以对待(Heidensohn,2000)。

把妇女生育环节病理化也允许了"坏母亲"话题的适用。把犯杀婴罪或犯杀害子女罪作为激素紊乱的结果加以对待长期维系着"母亲身份的神话"(Oakley,1986),并暗示着"正常"的女人天生具有母性特性并在其中找到满足和欢悦。尽管这是一种在传媒促成的说教中——尤其是广告业中——占主导地位的构建,但它是一种和严酷的现实不一致的意象,在现实中,对许多妇女而言,因为一系列的结构原因(如贫苦,缺少帮助等等),母亲身份特征绝对不可能是生理的和心理的原因(Wilczynski,1997)所决定。Pollack 在其1950年和1961年两次出版的著名的又声名狼籍的《妇女的犯罪行为》(*The Criminality of Women*)一书中认为,妇女的"他性"生物学不仅导致了她们自己犯罪,而且允许她们掩藏自己的犯罪行为,就像数个世纪以来,她们隐藏月经、怀孕、孩子的父亲的身份、更年期和性觉醒一样。Pollack评论到,如果她们能够虚构性高潮,她们必然天生具有欺骗性因此能更好地去欺瞒她们的偏离。尽管Pollack在总体上、尤其是在女权主义的出版物中丧失了可信度,但女性被她自身的生物学所支配的观念仍然在医学、法学和传媒关于犯罪的说教中存在。用月经前综合症(PMS)来解释并为妇女的暴力犯罪作辩护是一个起源于维多利亚时代的歇斯底里的生物决定论的最新展示(参见Benn,1993)。同时,男性被视为理性化身,由他们的头脑而非生物性所支配,尽管几乎没有[虽然在20世纪60和70年代曾有一些研究者确实声称暴力犯罪和男性染色体异常有关,并命名为"超级男人综合症"(参见Ainsworth,2000)]刑事案件被以高睾丸酮水平能够解释暴力犯罪的发生为基础进行辩护,但激素失衡确如可证明的那样对诱发男性犯罪比女性犯罪要有更大的可能性。这种将妇女的生理学和"自然特征"病理化从而把她们构建成狡猾的欺骗者的作法,把我们带到了更广泛的把妇女作为邪恶的操控者的陈词滥调的定型化形象之中。

邪恶的操控者

许多本章中提到的女性——Myra Hindley、Rose West、Karla Homolka、Valmae Beck——并非单独犯罪,而是和她们的男性情人或丈夫共同实施。和男性共同组成谋杀联合体的妇女对于寻求理解她们并将她们的行为通报给社会上的其他成员的组织机构来说是非常棘手的问题,尤其是当她们的猎物是典型的无辜的被害人——儿童和年轻妇女的时候,事情更是如此。这些妇女犯罪人既不会引起人们对她们作为犯罪人的同情,也不会作为有力的复仇者得到赞扬,同样地,她们对主流的学术和女权主义观念而言代表着一个谜,对于法律和传媒业而言,这些妇女不大可能被改造和救赎(Morrissey,2003)。

即便她们的被害人是女孩或年轻妇女,那些参与杀人的妇女也不能简单地被构建成女同性恋。因为和她的男性同伙的关系常常坚定地展示着他们之间的异性相爱的特点,所以传媒在借用它们对女同性恋的标准报道方式进行处理时难免搜肠刮肚、煞费苦心(即使如此,这也并未阻止它们的尝试,正像前面已经提到的对Rose 和 Myra 手拉着手的形象的展示)。同样地,也不大可能容易地把这些妇女塑造成被害人或复仇者,因为几乎找不到这两方面的证据。即使存在把她们塑造成被害人(就像在 Homolka 一案,Homolka 是在她的共同被告手上经受了数日的残酷虐待后才最终走进警察局的)的余地,她们牵涉到如此严重的犯罪(在 Homolka 案中,包括诱拐、贩毒、强奸、谋杀包括其 14 岁妹妹 Tammy Homolka 在内的多名年轻女性)使她们不可能在传媒中得到任何同情。

对那些看起来与男同伙起同等作用或至少在严重犯罪中是毫无异议支持男同伙的异性恋妇女传媒无法套用老规则,突破方法是使她们承担犯罪的责任。上述所有提到过的案例的结果都是这样展开的。Ian、Fred、Paul 和 Barrie 都是邪恶的男性,都有可能极端残暴。但缺了一个柔顺的女性,性虐待狂的男性将无从作为。只有和她们联系才能变成"致命的一对"(Morrissey,2003:152)。是妇女的帮助才使男人迄今拥有的暴力和邪恶得以释放。如很多评论家指出的那样,在 Myra 和 Ian 被判处有罪后数年中不断在大众传媒中上演的关于她们的肥皂剧就是这些观点的证明。尽管 Hindley 在犯罪中所起的作用比起 Brady 要小,她的罪责却被认为更大。在不抗拒 Brady 施虐受虐要求和没有能阻止他令人毛骨悚然的犯罪的情况下,实际上是 Hindley 加害了他们的被害人。作为女人,她本该显示出更多的怜悯,本该做得更多,背信是 Myra 的行为,她是邪恶的操控者,而她的同伙是一个被精神异常折磨的忍受者,这种印象在 1985 年当 Ian Brady 患妄想型精神分裂症被从监狱转移到精神病医院时得到进一步强化。他拒绝饮食并声称他对死的渴望,一个瘦削的、颓废的,"肢体明显显示着他身体内部的痛苦"的 Brady 的照片开始出现在新闻报道中,这和"学位典礼上代表着温柔、美丽而幸福形象的、微笑着的 Myra 正好形成鲜明的对比"(Birch,1993:55)。几十年来,对 Myra 的妖魔化不断地强化,使她成为被放大、常常是公开的讽刺画,而 Ian Brady 则在实际和隐喻中不断地消逝。

妇女和杀人的男性结伴并帮助他们实施伤害行为的动机非常复杂并富有争议。一些批评家认为,在多数情况下,这些人都是"普通"的妇女,她们偶然地受控于这个通常较年长的男性,如果没有那次命运攸关的关键性会面,她们会继续过她们的"正常"的乡间般平静的生活(Williams,1967;Smith,1997;Wykes,1998)。还有人认为,这种概念化否认了这些妇女的**能动性**和自由意志,她们或许是因为她们有和男性相同的(犯罪)需要而寻找这些男性,她们参与同伴的谋杀计划是为了同时作为实现自身意愿的方式(Birch,2003;Morris 和 Wilczynski,1993;Pearson,1998;Morrissey,2003)。对这些学者而言,有一种令人不快的主张,认为这些妇女可能会从她们的犯罪中获得快感,这既成了妇女们在传媒和法律教条所描述的犯罪中隐藏起来的障碍,也成了对这些案件进行充分的女权主义思考的牵绊。为一个明显乐意犯十恶不赦的残酷罪行的人进行辩护比那些因行为受胁迫或压制——也就是说,这些妇女的涉案是"由于存在意识的强制"——要困难的多(Morrissey,2003:56)。

没有能动性

因此,不断增多的学者们的结论是,无论学术上的女权主义或一般的社会成员都不准备正视妇女也能够如此残忍、性虐待和富有暴力性,男性比女性更具侵略性的简单道理不仅加剧了对妇女也可能有暴力潜力的广泛的文化无知,而且也被用来从精神上否认妇女能像"女人"那样杀人的观念。一般而言,妇女或者被视为大孩子(这在一百年前龙布罗梭和 Ferrero 那里就如此,今天在医学界的观念中还是照旧,Morrissey,1987),或者被视为男人[这种观点被许多妇女被视作是具有"有男人气"的女同性恋者的例证所证明,参见 Ward Jouve,1993]。像吸血鬼、蛇发美杜莎(Medusas)*这样的陈词滥调也被用来否认妇女的作用。如果一个女杀人犯变成了一个虚构的怪物,她会失去她身上的人性并被认为并非作为一个与描绘她的人生活在同时代的活生生的人来行事(Morrissey,2003)。

只有两种犯罪妇女可能保留她们作为人的特性并避免被归入"邪恶"一类,但是这时都暗示着犯罪的妇女不具有能动性,一种是"婚内杀人"(spousal homicide),在这种场合下,妇女可被视为以自卫来反抗对她实施虐待的伴侣;另一种是杀婴,这种情况下妇女可能被视为是"疯狂"和"令人悲痛的"复合体。在这两种案件中,相关的妇女可视为不应对其行为负责的被害人。Morrissey 思考了被害的构建和这种构建对和"婚内杀人"相关的妇女更广泛的适用:

> 许多杀人的妇女的形象把她们如此彻底地描述成被害的形象,以至于很难将他们视为她们的生活中曾经牵涉进有目的行为……把女谋杀犯报道成被害人,在他们努力试图解释她的行为以确保她得到法律的同情对待时,可以起到否定她有责任、有罪、有能动性和有理性的效果。虽然在确保成功地减轻刑罚中有不容忽视地作用,这种策略的负作用在改善社会对妇女的一般态度和挑战加在妇女身上的负面的神话和陈词滥调的时候超过了可以得到的好处。(Morrissey,2003:25)

正如先前讨论过的那样,那些依赖妇女生理学和生物学的宿命主义的假设来对女性犯罪的解释,如证据可证明的那样对异常妇女和非异常的妇女同样有影响深远的适用,以疯狂为解释理由的占主导地位的说教无可争议地要提到妇女对犯罪的无能动性。当 Beverley Allitt 这起案件唤醒了绝大多数传媒依靠精神错乱这样的陈词滥调进行解释并进一步得到孟乔森综合症这样的病症的支

---

* (希腊神话中)长有蛇发令人恐怖的女妖。——译者注

持的时候,一种孤单的唱反调的声音出现在《电讯报》(*Telegraph*)之中,David Enoch 博士——皇家利物浦医院顾问和研究孟乔森综合症的专家——认为公众对 Allitt 的假设不正确:

> 她没疯,她也并不神经。如果你是精神病患者,你会失去洞察力并误导你自己,你不知道自己在做些什么,那些患孟乔森综合症的人知道他们不是真的有病而且对他们自己的行为有洞察力……Allitt 一定知道她对孩子们做了什么(1993 年 5 月 19)。

甚至杀害了自己孩子的妇女或许也不能完全归入"非理性"或"情绪迸发"等那种常为她们构建的类型。像 Alder 和 Baker (1997)解释的那样,杀婴和杀害子女行为或许会由犯罪时高度情绪化的妇女实施,但这些行为并不必然代表着一种突然的、非理性的、控制的丧失。

传媒没能确认牵涉在严重犯罪之中的妇女的能动性明显地表现在传媒微妙地避开她们犯罪的真实细节。在妇女犯强奸罪和性虐待罪的案件中,有选择性地报道非常明显。例如,Myra Hindley 所实施的犯罪被持续地作为可能是英国曾经发生过的最十恶不赦的犯罪来报道,然而,甚至许多使用她的肖像以利于报纸的发行的新闻记者都如此年轻以至记不得在 1966 年对她审判时的情形,或对 Hindley 在性虐待和谋杀被害人的案件中的确切作用都没有事实上的充分认知。除了对她的犯罪的总体上的恐惧和厌恶,我们中间几乎没有人知道她到底做了什么。同样,法律和传媒对 Val-mae Beck 和 Karla Homolka 的报道也粗略地停留在参与实施攻击行为上。事实上,Homolka 因为在庭审时控方用于指控她有罪的录像带缺失并没有被判处性虐待。在 Beck 案中,她被判了强奸罪,但许多报纸并没有提及她的犯罪的这个很重要的方面(Morrissey, 2003)。当传媒沉浸在垂涎于 Ross West 的性嗜好时,她在何种程度上牵连进对 Cromwell 街和其他地方被找到遗体的被害人的性虐待和谋杀并没有被搞清楚而且并未在法律上得到证明(Smith, 1997;Wykes, 1998)。尤其是考虑到大众传媒和读者的对性的胃口,传媒面对妇女实施的严重的性犯罪时的沉默寡言有点让人吃惊。Morrissey 推测道,尽管对妇女参与了性犯罪有无可争议的证据,但传媒却不会报道那些从传统的占主导地位的、异性家族长制对女性特征的观念中明确偏离的女主角:"很显然,这些新闻事件经常就这样解释:男性强奸和谋杀,妇女观看并帮助清理现场。"(2003:153)然而,与此同时,对这些妇女在这些强奸和谋杀案件中的牵涉行为的假装规矩、不公正的报道却从总体上鼓励公众去向象征性表现的文化水库中去汲取水分以"填补空缺"。

光荣之父 vs. 妖魔之母——一些结论性的思考

心理社会学的"他性"的方法给我们提供了一个有用的框架,这个框架可能用来对成为传媒和法律对犯罪妇女说教特点的充满偏见和歇斯底里做出解释,可以使由妇女的邪恶引起的广泛的和深深植根的文化上的不适清楚明白地显露出来。我们把严重犯罪的妇女视为仅仅是"他性"的这种无能,或许和我们早期对母亲的依赖使我们尤其容易受到邪恶妇女能引起的恐慌的影响这样的心理结构有关(Morrissey,2003),我们潜意识对女性恶魔的恐慌因此被重拾,并被一种将妇女的偏离行为报道成是其固有本质的令人震撼的异性家长制文化所强化:

> 那些来下定义的人,他们的行为本身,从不会被定义为"他性",却会是行动的标准。那些和标准不符的人——在此处是那些妇女——因此是离心的、偏离的。男人是标准、是"他性"被测量的客观标准。男人被认为是独立的、理性的,自治的和负责的,而……"他性"的妇女因此被视为是依赖的、情绪化的、非完全成人的和不负责任的,她们被依照男人定义。(Lloyd,1995:17)

这种对"他性"的心理理解处于传媒对杀人的男人和女人的有差别报道的中心。非常简单,当我们考虑用来构建传媒促成的严重犯罪事件的叙事技巧时，即使妇女不是母亲或/和杀害的是成年人、而非孩子，她们也会被赋予坏母亲的特征。而另一方面，男人，无论被害人是谁，很少被描绘成"坏父亲"（虽然，像对妇女那样，基于假设的关于阶级、人种、年龄和家庭稳定性的陈词滥调对围绕男性犯罪建立的法律和传媒的观点也有影响）。让我们将上述讨论过的偏离妇女同 Robert Mochrie 的案件做个比较吧，在 Robert 案件中，他先把他的妻子和四个孩子殴打致死，然后自己吞毒自缢。在2003 年 7 月 29 日第四频道播放的一部"最前沿"的记录片中，Mochrie 被报道成一个悲剧英雄，传媒称其为**"毁灭家庭者"**（Familicide or Family annihilation），这是一种由于婚姻解体或不能以"传统的"方式继续养家糊口而逼迫成年男子实施的最后一种可以借助的手段。从某种程度上讲，Mochrie 两个原因兼备：他的妻子和他的先前的生意伙伴有染，而他本人也常常去嫖妓，他提前退休后，经历了几次失败的投资并处于破产的边缘。尽管有人会认为这些因素可能会降低他的中产阶级的家庭的"典型性"，但 Mochrie 的朋友和邻居构建在他身上的说教和电视记录片制片人对他的不加批评的报道都完全集中在了他的彻底的、完全的平常性上，被重复用来描写他的词语是："平常"、"正常"、"中规中矩"、"有尊严"。她的妻子 Cath 和他是"完美的一对"，Robert 喜爱他的孩子。然而在2000 年 7 月 12 日的凌晨，按照 Cath 最好的朋友的说法，他"仔细地"、"平静地"将他每一个正在熟睡的家庭成员棒击致死，随后发了一些文字通知取消了订送的牛奶后实施了自缢。

正像一位报纸编辑后来所做的评说所言，朋友们对 Robert 所显示出的同情虽然有点慷慨和令人惊异，但并没有什么特别，这很可能是一种将他们认为他们了解的人和那个不可理喻的剥夺了包括他自己的生命在内六条生命的人相符合的一种勇敢的努力（Mclean，2003）。只是节目的制作人之间的串通令人吃惊。他们不仅完全避免了使用怪物、妖魔这些库存的现成的称谓，而且，他们认可 Mochrie 基本上是一个体面的人，一个被某种可感知的但是有误导性的英雄主义所逼迫到极限的人。记录片的叙述者总结到,Mochrie 的动机是以一种奇异和骇人方式显露的爱。报纸专档作家 Gareth McLean 的"Mochrie 的动机更倾向于是由接近精神压抑和'绝望、悲哀、骄傲和对强壮男人不能企求帮助的反抗情绪'相结合产生的恐慌而不是爱"的评论,再一次显示了心理分析的思想在何等程度上渗透在公众和传媒的说教之中,但是,在当前的场合最让人产生兴趣的是在总体上社区对这些悲惨事件的平静的宽恕性反应,正如 McLean 进一步评论的:"请设想一下如果是一个妇女犯下这些罪行会面临的憎恶的海啸吧!"(2003)

这里并不是说所有的犯下谋杀罪的男人都被容忍、忽略、理解或喝彩赞美。只是绝大多数犯下可怕罪行的男人都能得到像 Mochrie 那样的对待。确实男人常常被描绘为"怪物"或"邪恶的野兽",但问题是传媒和公众对杀人或犯下其他严重损害的罪行的妇女的反应比它们对犯同样罪行的男人的反应要夸大得多。男人的暴力被认为存在于一个从非暴力犯罪到谋杀和性偏离行为在内的"连续整体"内,这决定了男性的暴力犯罪只在程度差别中被考查(Naylor,2001)。甚至关于男性气概和杀人行为的犯罪学文献也用"误导的利他主义"的措词来表述"毁灭家庭"的行为,把这种杀害视为一种面对关系到男性对他的家庭的福祉所承担的责任的、势不可挡的社会期待时的一种男性的尊严和骄傲的问题(Alder 和 Polk,1996)。简言之,暴力被视为男人的可能的行为方式之一;即使出现极端的行为,也不那么令人觉着明显地反常。结果是,当一个男人犯下杀人罪时,他的行为被将视为是可想象的和可能的——就像在 Robert Mochrie 案中——人的行为。确实,男性犯罪在处于支配地位的男性理想中是固有的,在政治、社会、经济特别是文化生活领域中,男性暴力被明确表达、被荣耀化甚至崇拜化,犯严重罪行的男性因此在很大程度上比犯同样罪行的女性更正常,他们的罪行因此不伴有总体性的否定。然而,在妇女犯杀人罪的场合,"中伤发生的作用使她们从社会中被异化出来,她的"他性"被坚决主张,因此绕开了她为何被社会塑造成这样的认识"(Morrissey,2003:24)。当男性谋杀时,不用遭遇这样的驱逐;确实,男性犯罪或许可以被认定为只是占主导地位的认可犯罪并且使犯罪变得可能的这种富有攻击性的体现男性价值的意识形态的一个方面(Ward Jouve,1988)。

　　上文提到了在确保女性罪犯的声名狼藉中占有首要地位的两个要素。一个是它要适应第二章所列明的传媒标准,那些犯谋杀罪或性虐待罪的妇女尽管占了被妖魔化、但绝对数量很少的罪犯的很小的一部分,这顷刻间就决定了她们的报道价值:她们的犯罪很新奇并且在本质上是负面的。而且除了新奇性之外,她们还常常显示了12个核心新闻标准的绝大多数或全部(参见第二章)。对她们犯罪的恐慌符合所需要的门槛要素;通过使用定型化的故事和熟悉的主题(女同性恋怪物、邪恶的操控者等等),在介绍她们的犯罪时编造出一种不祥的可预测性;她们的历史和动机被简化为最简单的方式(也就是说,她们要么"疯狂"、要么"糟糕");她们的反常被刻画成个体的、偶发的——由我们本来有意相信的人实施的最没有意义的行为——因此我们每个人都面临风险;她们的犯罪被通过她们的性行为或性异常加以解释;她们常常得到一种令人毛骨悚然的名声;的确,有一些通过照片这样的生动的形象来获得偶像地位,比如警方拍摄的 Myra Hindley 的头像,Hindley 的照片不仅使她的面庞——过氧化物颜色的头发和脸上的皱纹——在大众传媒中成了"这个国家最深邃的恐怖的脸"(Upton,2000:6),而且获得了不朽的艺术生命*。儿童在妇女实施的谋杀中被害进一步巩固了她们的新闻价值性,甚至在没有直接牵涉儿童的案件中,那些杀害可能的母亲的异常行为也被作为了她们从处于保守意识形态核心的、传统的女性特征的观念中偏离的充分的证据;最后,谋杀由于地理和文化上的相近性变得声名狼藉。我们的传媒

---

*　艺术家 Marcus Harvey 在他几年前使用一个铸成儿童手形的刷子为在皇家学术院进行的展览创造一幅 Hindley 的丙烯酸画像的时候,自己也变得臭名昭著。这幅画被大众传媒严厉地抨击并遭到了参观者投掷鸡蛋和墨水。该声名狼藉的画像也蛊惑了20世纪80年代的乐队——"史密斯一家"(the Smiths),该乐队将画像印制在唱片的封套上,并再一次引起了传媒的震动。

的广泛的种族优越性意味着 Myra 案、Ross 案、Tracie 案等案件在文化上和地域上对本国受众都有意义,她们生活的每一个部分都将会被我们这些贪得无厌的受众切开分析。那些被 Belinda Morrissey 讨论的来自于澳大利亚、美国和加拿大等在政治上、经济上和文化上都同我们英国所结盟的国家的女人们(分别是 Tracey Wigginton、Aileen Wuornos 和 Karla Homolka)却几乎在英国的传媒中没有被提及。

考虑到本章所提出的证据,一些女权主义作家对将杀人妇女的报道适用于更广泛的全部妇女的担忧可以理解。传媒促成的对偏离妇女的理解并非存在于文化真空之中,负面地、有潜在破坏力地植根于妇女的外表、过度性行为和举止的陈词滥调当然并不限于在对实施严重犯罪妇女的讨论中适用。在公众的视野中,所有的妇女都倾向于成为按照它们的意愿所构建的叙事的主体,或在另外的情况下,去适应传统的消极、异性恋、母性、柔顺的女性气质等观念。然而,许多评论家指出,当涉及到杀人的妇女时——在这里,再一次地,我们找到了公众对杀人儿童的反应的回声——一种深层次的文化焦虑被人类可能堕落的程度的令人不适的现实所勾起。传媒报道可能会很轻率地把妇女的严重罪行归结于她们的非人性和"异端性",但 Smith(1997)认为,无论这种描绘和本章所描述的案件的事实相差多远,社会需要占主导地位的把她们倒霉的男性引诱进着手实施那些否则可能不会发生的犯罪活动的妇女杀人犯的形象。

抱有这种想法,用一些最后的对 Myra Hindley 的思考来结束本章似乎是合适的,Hindley 这个对这个国家的很多人来说都是一位常存的、有力的然而终我们一生也不可见的形象,英国和欧洲法庭对抗她自然生命界限的控诉确保她的形象在公众意识中将长期存在。然而,作为这个国家头号的公众妖魔,她在全体英国人的灵魂中的地位已经被一个几乎用尽所有贬损性的和毁灭性的、能用在妇女身上的陈词滥调来攻击她的英国传媒扩大了。在她 2002 年死于狱中之前,30 多年来 Hindley 一直是英国社会最深切的焦虑的中心。Helena Kennedy(1992)强调说,Hindley 变得如此有象征意义、甚至偶像意义的人物的原因在于,她是社会倾倒最邪恶的秘密的一个容器;是一个提醒人的道德可以堕落到何种程度的工具,合伙律师 John Upton 评论到:"她不仅是一个犯了罪的妇女;更确地说在她的女性气质中固有着一种罪恶的因素。"(Upton,2000:6) 简言之,我们对 Hindley 的迷恋深刻揭示着我们在当代文化中很少见天日的对妇女作用的保守态度,她保留着——甚至在死亡后——"恶毒女人的原型",一个怪物似的、神话式地挑战着我们关于女性特征的显意识和潜意识的所有信条的女谋杀犯。但她的犯罪并非独一无二的,更不是唯一的邪恶,正如 Stein 勋爵在 Hindley 于 2000 年向贵族院最后一次失败的上诉中强调的那样。在女同性恋主义、性异常、堕落和邪恶的连续整体中,Hindley 莫名其妙地包含着所有的点,然而她真正地参与的性攻击、强奸、折磨和谋杀行为——她真正犯的罪——被忽略或被躲闪到看不见的程度。犯下严重罪行的妇女因此被公众奇怪地置于高高举起的作为一个总体上不知道她们所犯何罪的人性最堕落的一个例证的位置。这种妇女变得象征性的远离她们的罪行;远离那些从它们中可以引申出道德确定性的犯罪。Myra Hindley 具有无可救药的邪恶,没有必要进行进一步的讨论。但我们不得不扪心自问,这是否是应该来自传媒、法律、政治、司法系统和社会总体的反应?公众的这种奇怪的冷漠和伤害符合每个人的利益吗?更重要的是,符合被害人和丧失家属的家庭的利益吗?在本章开头提及的另一个确保罪犯臭名昭著的因素是占主导地位的、事件发生的文化氛围。在妇女杀人和性虐待的案件中,不太可能会有这样一种思想氛围,在这种氛围中,即使我们生活在一个怀疑人生价值和犯罪饱和的时代里,也能把犯罪视为是寻常和平淡的事件。

总结

- 本章找到了心理学和社会学在犯罪学对犯罪反应的说教中对犯罪一致性和差异的关注,这种对犯罪反应的说教、期望能理解那些指向(可以证明不恰当地)一个特殊的偏离的"他性"群体——犯杀人或强奸妇女罪者——的恐慌和厌恶的起源和原因。

· 把妇女的反常视为是她们的"他性"的文化倾向被它从来没有招致过争议的新闻标准和以下主张所混合,即可能从来没有一种主导意识形态的氛围容忍那些偏离于"适当的"女性行为的文化认识。

· 已经讨论过,和更广泛的传媒和文化构建一致,那些犯杀人罪的妇女受到了在法律机构中和传媒机构中进行的高密度的审查,这种审查涉及到她们的性癖好和性历史,常常以她们身体的尺寸、体形和性吸引力为标准进行判断。但自相矛盾的是,传统的对美丽和丑陋的构建可以被用作一个妇女固有邪恶的证据,传媒从大批经典文学著作和神话集中引出妖魔化妇女的形象,那些杀人的妇女(尤其是那些杀死自己孩子或杀害年轻妇女的女性)是好母亲神话的恶魔一般的对立面。许多传媒说教围绕"**本质独立存在主义者**"(essentialist)建立关于妇女的概念,换句话说,他们假定妇女的"实质"(essence)与男人不同,妇女在生物学上注定了具有照料和养育的功能。妇女对儿童实施的犯罪尤其不可理解和"不真实"。除非这种犯罪能被在"病态"的措词下和作为女性特质的实质上的"自然"相一致,否则就会被视为"非自然"和邪恶(Worrall,1990)。一定程度的生物学"实质独立存在说"在认为那些实施严重犯罪的妇女——尤其是当她和男性共同犯罪时——是这些共犯关系的主要发起者,并且是本质上的邪恶操控者。

· 如果一个女人的严重罪行不能被解释成"疯狂"而是显现为头脑清醒的理性的行为,这就会变成紊乱的象征。像 Myra Hindley 那样行事的、承认她们是以自主和合计好的方式犯罪的妇女是如此逾越社会的"正确"(指缺乏能动性)的妇道观念,以至于她们在关于她们的法律和传媒说教中被一带而过,对她们罪行的解释令人吃惊地在女权主义者的读物中缺位。

· 讨论已经表明,借助基于心理分析来理解性别特性使心理社会学和女权主义的观点远非水火不容。在本章的讨论中,心理分析的概念和来自传媒和文化研究的基于社会学的说教被共同使用,以期揭示到底为何是一些个体——如可证明的那样——催生了大量的与她们的实际犯罪者的罪行不相称的歇斯底里和诬蔑中伤。而且,本章认为,传媒始终如一地将发生在妇女和孩子身上的虐待作为极端的情形,而不是作为历史上被奉为神圣的在男人、女人、儿童之间建立关系的婚姻组织和家庭最坏的但又是正常的产物来加以报道。

研究的问题

研究一批报纸特别注意涉及妇女犯罪的事件。

1. 对"妇女被按照她们被理解的'他性'来塑造"的观点,你能找到什么证据?在你选择的报纸中有哪些陈腐设计和陈词滥调表现得很明显?

2. 龙布罗梭的"天生女犯罪人"(她们的异常可通过她们的体格暗示出来)在多大程度上渗透在当代关于妇女和犯罪的观点之中?

3. 什么样的妇女符合传媒促成的"理想"犯罪被害人的观念?在传媒对被害人的观点中哪些妇女不可见?

4. 传媒、法律和学术观念对承认妇女能动性的可能性上的不情愿已经如证据可证明的那样导致了我们理解妇女犯罪的另一个"遗漏"。集中在妇女欲望、贪婪、复仇或纯粹的上进心上面的解释令人吃惊地在犯罪学研究中缺位(Davies, 2003,),你能想起"看不见的犯罪"的何种例证来证明这种观点?

进一步阅读

现在有相当数量的犯罪学文献涉及性别和暴力,这其中的许多文献借助传媒报道来举例说明涉及妇女暴力和被害思想的传播。对女权主义方法的一个有用的介绍是 Gelsthorpe, L (2002) 的 "*Feminism and Criminology*" 一文,载于 M. Maguire、R. Morgan 和 R. Reiner 编辑的:*Oxford Handbook of riminology* 第三版,(Oxford Oniversity Press);Frances Heidenson 也写了大量的关于女权主义分析性和暴力方法的书,例如他的(2000) *Sexual and Politics Control* 一书(Open University Press)。Maggie Wykes 在她撰写的章节中研究了一些具体的案例,这些章节发表在由 Dobash. R 和 Noaks. L 编辑的著作 *Gender and Crime*(University of Wales Press)和 Carter 等人的作品中(见下文)。Joan Smith 在 1997 年出版了 *Different For Girls*(Chatto and Windus);Helen Birch 的(1993)*Moving targets:Women, Murder and Representation*(Virago)是一部编辑的著作,内含关于 Myra Hindley、Hollywood 所代表的女性杀人犯及杀死其孩子的女性系列杀手的内容。Cynthia Carter 等(1998)的 *News, Gender and Power*(Routledge)是包括同类背景的编辑作品,但是从新闻机构的单调的性别实践角度出发的著作。Belinda Morrissey's(2003)的 *When Women Kill*(Routledge)是一本理论上更进步的著作,她讨论了出现在本章中的案例(如 Homolka, Beck, Wigginton 和 Wuornos),并以心理分析的方法进行了解释;Philip Jenkins(1994)在他的 *Using Murder:The Social Construction of Serial*(Aldeine de Gruyter)对包括女性在内的系列杀人犯进行了讨论。

第六章
犯罪观察

章节内容

大众传媒和对犯罪的恐慌	170
警察的角色	177
英国犯罪观察	184
被害人的犯罪观察	191
罪犯的犯罪观察	195
警察的犯罪观察	197
《犯罪观察》中的犯罪：一些总结性的思考	200
总结	202
研究的问题	204
进一步的阅读	205

概 览

第六章包括以下内容：
- 对传媒和公众对犯罪的恐慌以及这种恐慌是理性的还是感性关系的讨论
- "批判犯罪学"和"左翼"现实主义对犯罪恐慌的观点的比较
- 对警方不断变化的作用进行思考,通过虚构的电视角色"Dixon of Dock Green",对社区警官在英国人灵魂深处所占有的强有力的位置进行分析
- 讨论警察和传媒的共生关系
- 对长期播放的"现实"体裁的 BBC 系列剧《英国犯罪观察》(*Crimewatch UK*)(下文简称《观察》)的起源及其风格传统以及该剧对被害人、罪犯和警察的构建进行分析

关 键 词

批判犯罪学	合法	再现/不当再现
对犯罪的恐慌	警察和维持秩序	被害
左翼现实主义	理性/非理性	

在前两章中,我们已经看到,由于缺少解释暴力和残忍(尤其是那些被认为是纯洁的不应受处罚的人)存在原因的替代性的观点,传媒是如何用"十足的邪恶"来描绘被视为"他性"的特殊个体。本章不太关注公众歇斯底里,而是对世俗恐慌每日的运作程度感兴趣。在本章所划分的三个部分中,首先将讨论这种观点,即传媒对犯罪的报道使某些个体或群体感到更大的被害机率。在第二节中,将简要讨论被戏剧化的警务形象和虚构的节目[如《钞票》(*The Bill*)]对警察自身的影响;在本节也会考虑传媒和警方变得习惯于

合作共事的途径和方式——这是一种使警方的影响和权威合法化的合作,但随着 BBC1 播放一部暗中拍摄的揭露新募警察中存在种族主义歧视的记录片——这被一些高级警官称作 BBC 公司的背叛——这种合作岌岌可危。最后,本章余下的第三部分将讨论与《观察》相关的公众对犯罪的恐慌,该节目持续过度夸张报道看起来非常严重但统计上并不常见的犯罪,并对罪犯和被害人表达特殊化和极端化的观点,该节目还把警察描绘成冷静、高效、毫不迟疑地把罪犯付之法庭审判的犯罪斗士。

大众传媒和对犯罪的恐慌

一些作者(例如,Chibnall,1997;Hall 等,1978;Box,1983;Schlesinger 和 Tumber,1994;Kidd-Hewitt,1995;Osborne,1995;Slapper 和 Tombs,1999)已经研究了传媒(以真实和虚构的方式)有选择地扭曲和支配公众想象,并创造一幅助长陈词滥调、偏见、歧视和使事实总体过于简单化的虚假的图景的观点。他们的结论是,不仅官方的统计数字错误地再现了犯罪的真实情况(参见 Schlesinger 和 Tumber,1994;Coleman 和 Moynihan,1996;Muncie 和 McLaughlin,2001),而且传媒因其在操控和助长公众恐慌之中所起的作用也责无旁贷。在英国和美国进行的实验证明,传媒对犯罪的报道比以前更加频繁,个人之间的尤其是暴力的和性方面的犯罪被持续地过度报道(Roshier,1973;Graber,1980;Ditton 和 Duffy,1983;Smith,1984;Schlesinger 和 Tumber,1994;Greer,2003a)。一些研究(例如,Roshier,1973)也发现,报纸的读者过高地估计了破案率,警方有时用给记者提供已报道过的事件来加强对传媒创造的"犯罪浪潮"的关注(Fisherman,1981)。这在关于此类犯罪的统计数实际下降的同时可能会引起对犯罪浪潮的恐慌(参见 Schlesinger 和 Tumber,1994)。传媒对某些类型的犯罪的着迷往往在很大程度上是实用主义的和在经济上有益的(它们毕竟在从事报纸的销售和扩大发行量的工作),但它们对犯罪和暴力的描绘的双重结果是被提高了的公众焦虑度和公众对增加惩罚性手段的需要。

在犯罪学内部,公众对犯罪恐慌的讨论倾向于沿着理论路径极端化。受马克思主义影响的**批判主义犯罪学家**认为,政治家、传媒和刑事司法制度为公众对犯罪以及刑事司法的贯彻的讨论设定了议事日程,并且在使"内部敌人"观念的永久化上暗中勾结。这些日程不仅会塑造公众对他们可能成为犯罪被害人的可能性的感知,而且形成他们对恐慌对象的认知。Steven Box(1983)认为,公众受到的关于犯罪的图景被那些掌权者操控,并且向年轻人、黑人劳动阶级和失业者过分集中,而对受过良好教育者、中产阶级社会特权阶层和那些掌握权力的人惜墨如金。他认为通过大众传媒接受到的关于犯罪信息的过程,导致了将刑事司法视为由忍受、接受甚至鼓励特权阶层的犯罪、而同时犯罪化非特权阶层这样一个非常狭隘的法律规定程序所决定的。Signorielli(1990)走得更远,他认为传媒构建犯罪和暴力的方式鼓励人们接受不断增长的社会控制的压迫形式:"恐慌的公众更加不独立,更易操控……更易屈服于欺骗性的、简单的、强有力的、粗糙的方法和强硬路线所具有的姿态……如果能缓解他们的不安定感和其他焦虑,他们可能接受甚至欢迎压迫"(1990:102)。在所有这些表达中,犯罪被认为是一种思维方式的构建,它保卫有权势者,并进一步边缘化弱势群体。

然而,在这种观点中有一种隐含的假设,即对犯罪的恐慌是**非理性的**和不可理喻的——也就是说,这是一种那些掌握权力的人制造的虚假的意识。**左翼现实主义**犯罪学家激烈地批驳这种观点,认为犯罪的形象和它们引起的关切有一个**理性的**核心。例如,Young 认为,对犯罪和司法的广泛的认知在很大程度上"由人们的物质实践所决定而非由大众传媒或者国家代理人强加的幻想所构建"(1987:337)。Crawford 等人同意这种观点,认为在"城市内部的地区,大众传媒对犯罪的报道倾向于强化人们已有的知识"(1990:76)。当然,这些都是合理的观点,左翼现实主义犯罪学家在指出灌输对犯罪的恐慌方面不仅传媒应受惩罚这一点上是正确的。真实的**被害**、先前的被害经历、环境影响、人种分布和对警察和刑事司法系统的信心都是影响公众对犯罪焦虑度的相互作用的复杂因素。像我们在第一章中已经见到的，在孤立的生活经历中浸透着传媒影响的被动受众的观念被认为是过于简单和站不住脚的。

我们对犯罪恐慌的统计解释因此不能不跨越其表面价值。例如，发现公众报纸（即那些以一种耸人听闻的、渲染淫欲的方式最大程度的对犯罪进行报道的报纸）的读者拥有较高程度**对犯罪的恐慌**或许仅仅反映着他们真实的被害风险。小报的读者处于较低的社会经济层面上，他们更容易生活在使他们暴露在更高程度的犯罪的地区，或以使他们更暴露的方式行动。另一个例证是，尽管强奸是相对较少发生的犯罪，一些女权主义批判者认为在一些等级社会里，在男性控制之下的性或身体的暴力可能看起来正常和"普通"，他们认为，妇女们每天和男性不期而遇，得到的一个最经常的描述就是柔弱。妇女每天在不为绝大多数男人所知的程度上遭受着纷扰（Jones 等，1986；Stanko，1985；Dobash 和 Dobash，1992；Young，1992），这使她们适应了遭受更多性和/或身体袭击的可能性。而且，以家庭暴力为特点的许多针对妇女的犯罪隐藏在官方的数字中并很少成为新闻。在所有这些方面，2000 年《英国犯罪调查》（British Crime Survey）发现因为害怕成为袭击对象，超过三分之一以上的妇女不敢夜间独自外出不足为奇，这种现象并不能被以非理性的反应而解释过去。对超过 60 岁的老妇，该数字升至 59%，但这种更老的妇女所表达的恐慌恐怕也是反应她们相对虚弱和相对易受伤害的一种理性的反应（Muncie，2001）。相反，年轻男性对恐慌的表达的缺失或许反映着年轻男性普遍具有的浮夸虚张、自以为是的倾向（Crawford，1990）。

尽管传媒的具体效果在这样一个不断地具有"传媒渗透"特点的世界中很难被分离出来，但上面所给的例证不排除传媒在传播恐慌中起部分的作用。传媒的作用尽管不能还原为原效果，但它必然牵涉日常生活惯例和实践之中，并不可避免地编织进人们的自传或他们所讲述的关于自己的故事之中（Jewkes，2002），不可能将基于一定条件的经历和传媒作用下的经历相分离。因此,虽然妇女和年长者或许对男性暴力有真实的恐慌,她们的焦虑也会持续、弥漫地被这样一种传媒所强化,即这种传媒认可、延续针对妇女和年长者的暴力犯罪的新闻价值。非常简单,传媒对犯罪和偏离的报道很少基于事实,自从电影面世以来,犯罪作为一种商业性的娱乐活动被利用,并且始终是电视剧和"现实"节目的最突出的主题,它满腔热情地把事实、虚构和兴奋揉在一起。同时,像我们在第二章中所见的,关于犯罪和偏离的新闻包含一种有力的社会控制成分——"观察和提防"。相对应地,犯罪的传媒形象持久地强化着人们的焦虑:我们同时为犯罪报道所着迷和警示。因此就不奇怪,那些对他们的被害危险过度敏感的人,就是那些他们的被害被过度报道和被过度用耸人听闻的方法处理的人。

有意思的是,儿童和年轻人对犯罪的恐慌很少被讨论,尽管父母对他们孩子的恐慌是每天的传媒说教的流行题裁。电视常被视为是剥夺孩子更健康的交流形式的多彩的毒品,它使孩子们易受意识形态操控的伤害。自从猫王发行他的第一张唱片以来,音乐也成了坏的影响,但是,很少有涉及青少年对犯罪焦虑的传媒内容的讨论。Bok(1998)指出,在美国,新闻对持续增长的诱拐、绑架和谋杀的报道应该对可能和儿童的压抑和自杀的增长相联系的恐慌气氛负责(引自 Keating,2002)。在英国和美国,绕舌音乐和其他形式的美化枪支和毒品文化、提升讨厌人类情绪和沙文主义的音乐已经被引起了关切,在 2001 年,有 21 起帮伙型谋杀和 67 起企图谋杀案件发生在英国,而在 2002 年,数字增加了 35%(参见 www.homeoffice.gov.uk/rds)。但是,这种趋势和更广泛地合法化或美化帮伙生活和持枪犯罪的文化表达方法的陈述之间的关系并没有得到充分的研究。

恐慌很难被定义。经常它被定义为我们或多或少地拥有的可触及的量,恐慌或许可以更确切地被定义为一种包含一定的对自己在世界上的位置和身份的发散的焦虑(Sparks,1992),而且,对"犯罪"的恐慌的后果很难一般化。只要该犯罪具有新闻价值,一个高调的犯罪可能引起人们调整他们的行为,但这种焦虑的扩大可能是周期性的、短暂的和限定于犯罪发生的环境中的(McArthur,2002);另一方面,传媒和恐慌之间的关系或许可以更微妙的、更弥漫的正常化男性暴力和强化女性的顺从地位的文化气氛的方式来更好地加以理解(Brownmiller,1975)。从根本上讲,暴露于传媒促成的犯罪的影像的长远后果实际上不可能被量化。但如前述,当我们发表关于传媒"引发"恐慌的论断时一定要谨慎,同时也值得在心中牢记对犯罪的恐慌是一个比被害更广泛地可经历的现象。尽管作为他们的经历后果,犯罪的被害人极可能会变得对将来的再次被害更加恐慌,更多的个体将会因间接和犯罪接触而经历恐慌,这些间接经历犯罪的情况包括:个人观察、与被害人的私人会话、通过多种交流渠道传递的二手、三手、四手的讲述和当然应该包括的大众传媒的报道(Skogan 和 Maxfield,1981)。测量传媒报道对公众对犯罪的恐慌的影响的努力问题重重。但在某种程度上确切地说,大多数人认为他们关于犯罪风险的知识来自电视和报纸获取的信息(Williams 和 Dickinson,1993;Surette,1998)。在 1995 年"市场和意见研究协会"(MORI*)的投票中,66%的被采访的人认为他们的信息来自于电视,33%承认犯罪的新闻和记录片报道提升了他们对犯罪的恐慌(Keating,2002)。

  依英国《犯罪调查法》(British Crime Survey,BCS),"对犯罪的忧虑"在 1994 年达到一个高峰。尽管记录在案的犯罪在该年下降,在 1998 年到 2000 年间,对犯罪的关注相对保持稳定,而与之形成对比的是,在这个期间内记录在案的几乎所有的犯罪类型都下降了 10%(McArthur,2002)。Hough 和 Robert 1998 年使用来自 1996 年 BCS 的资料发现,当被问及多少犯罪涉及暴力时,78%的受访者回答 30%或 30%以上——而内政部统计数字的记载只有 6%,与此形成对比,对法庭使用应当适用而没有适用监禁刑的程

---

* 即"Market and Opinion Reserch Institute",它是英国最悠久的、规模最大的调查机构之一。更多详情可登录其网址:www.mori.com——译者注。

度却惯例性的被低估。依赖统计手段去测算犯罪的程度本身就是个有问题的努力。但关键在于公众的意识反映着许多传媒宣传的观点,也就是说,犯罪处于螺旋上升中,刑事司法体系过于仁慈。没有一种观点是精确的,Hough 和 Robert 因为这种公共误解而批评了传媒:

> 传媒新闻价值对平衡报道产生了影响,善变不定的法庭使新闻和敏感的人不能理解。结果是,大量的人群暴露在没有代表性的对无行为能力人定罪事件的不变的溪流中。(1998:X)

传媒常常聚集于相对不同寻常的问题之上,并以一种耸人听闻、过于夸张的方式进行报道,要求更严厉和不妥协的惩罚,地方传媒对犯罪的焦虑的反应常常在倾向性上采取直接和微观的处理。下面有两个例子能够证明该论断。在 Damilola Taylor 谋杀案发生后不久,他所居住的 Peckham 当地居民就向社区警察施加了压力,呼吁更多的可见的巡逻警官以减轻他们的恐慌感。同样的反应在 Sarah Payne 被害后也出现了。尽管据《世界新闻》的"出名和耻辱运动"报道,大多数的人们(76%的被调查者)想知道在她的邻里是否居住着犯过罪的恋童癖者,但是,一个对作为新闻报纸运动基础的 MORI 投票的仔细研究揭示了相当不同的现实情况:

> 当被问及可以做些什么去改善他们当地儿童的安全时,24%的人认为应增加治安活动,23%认为应限制车速,16%的人认为应给孩子提供更安全的玩耍场所。只有3%的人提到将恋童癖者的名字面向社区邻里进行通告作为一种解决方案,这和认为应该增加停车管理员的提议比例相当。(Garside,2001:32—33)

社区警务问题一直在对犯罪恐慌的讨论中处于核心地位,尽管对警方的尊敬和信任有所降低,公众对增加更多地"警察巡逻"的要求并没有减弱(Newburn,2003)。尽管犯罪学研究已经反复证明在街上安排更多的警力并不会减少犯罪,但认为在街道上巡逻的社区警力是一个高度可视的阻却势力的想法在公众认识中经久不衰。这已经变成了政治家之间互相争斗以作为"对犯罪毫不留情"的凭据的关键问题,并且成为那些几乎不可能公开争论的最有力地表现人们感情的"常识"问题之一[这一点可以被"影子内务部秘书(Shadow Home Secretary)"Oliver Letwin 对一些犯罪学专家对保守党在该党 2003 年会议期间提出的增加 4 万个新的巡逻警察的作法提出的质疑及严厉批评可证明]。在值勤区域步行巡逻警察和犯罪的减少之间被广泛赋予的错误关联,反映了新闻从业人员影响新闻报道的优先点和对"犯罪的恐慌"的讨论的一般限制。如 Downes 评说的:

> 对"犯罪的恐慌"在某些涉及街头犯罪的形式中表现得最完备的事实,极可能和对不可预测的暴力的整体性报道有关,而不是和更常常出现在家庭中的、或者被正常化为意外、或者像对组织犯罪那样,被害变得间接或分散。(Downes,1998:182)

公众对在巡逻区域内值勤的警察的需要或许和潜意识中对像包括移民、政治避难者、来自弱势少数族裔、旅行者、小贩和青少年等这些他性的恐慌有关。这或许是许多现代城市中已经转化为安上栅栏的、设置保安的中产阶级社区的"保垒心态"(fortress mentality)的一种普遍的说明(Minsky,1998;参见本书第 7 章)。这当然有助于解释为何在舒适的、低犯罪率的"中英格兰"(middle England)对犯罪的恐慌却能不协调地被感觉到的原因(Girling,2002,2000;Taylor,2002)。公众对巡逻区警官的支持也被视为是批判主义犯罪学所主张的"如果能缓解他们对犯罪的不安全感和焦虑,民众倾向于支持更多的可见和压制性社会控制形式"观点的一个证据(Signorielli,1990)。公众对可见巡逻警的要求或许进一步反映了他们对警察服务的官僚化缺乏信任。1990 年,出版了一份报告,它审视了对警方的信心减弱并审视了内务部建设新的效率目标的计划。警方出台《警务运作评论》(The Operational Policing Review），它主要是用来考察曾经存在的和仍然存在的警方与其服务的公众之间基本的对立关系，也就是说，警方追求已经跑题的诸如经济性和效率的目标，而公众则需要更多的警力，这又是非常费钱和低效率的。

警察的角色

《警务运作评论》的作法之一是警官个人和公众成员被要求在传媒促成的两个典型之间选取出一个：即一个被视为"Dixon of Dock Green"*的巡警名叫 Jones，他花了一生的时间和社区当地的居民一起做预防和解决犯罪的工作；另一个是"肌萎缩式"（Sweeny-Style）的瘦削精干警官 Smith，此人相信法律强有力的作用，他每天都飞快地开着警车逮捕严重的罪犯。几乎不用透露选择的结果就知道公众喜欢 Jones，而警察喜欢自己是 Smith 式的。但是，如果不让人吃惊的话，调查者使用两个可容易识别的电视角色去评测对警方的态度这一事实本身至少很有趣。警察显然是在电视上以真实或虚构手段被最广泛涉及的职业，许多高级警官意识到虚构的对警察的报道不仅仅只有娱乐的意义，在一个警察被控诉为机构主义种族歧视、对谋杀的侦察无能以及循环腐败的时代里，对警务工作、犯罪及刑事司法的性质进行戏剧化描绘起到了重要的象征性功能并且有助于"警务神话"（Mythology of Policing）的持续（Manning，1997）。

因为这个原因，有必要对"Dixon of Dock Green"所起的作用做一个简要的考察。近年来，出现了传媒对警察报道的过度研究，因此一个详细的、依时间先后排列而记载的传媒对警察形象的刻画在这里就不再叙述了（尽管在本章末设置了进一步阅读的相关建

---

* 这是一部 1955 年至 1976 年在英国备受欢迎的电视连续剧的名字。故事的主人公是一位名叫"Dixon"的警官，他在一个虚构的名叫"Dock Green"的地方作为最基层的低级别警官长期为社区的居民服务——译者注。

议)。相反,焦点将集中在公众和警察对于传媒对**警察**的一般性的报道的反应上、以及在何种程度上传媒的描绘会影响我们对警方的认识并意识到警务机构**维持秩序**的合理性。Dixon 在这两个方面都值得提及。首先是他在 20 世纪中后期对塑造公众对警方的文化认识起到了关键性的作用,现在仍在英国人的心灵中时隐时现。他最初出现在 20 世纪 50 年代的 Ealing* 电影《蓝色灯盏》(*The Blue Lamp*)之中,在此后长达二十年的时间里,产生大量的"Dixon of Dock Green"系列并在 BBC1 上播放(1955—1976),从那时起,警方就一直是电视制作者和公众的无穷的魅力源泉,Dixon 的影子始终遮盖着对警方态度的争论。事实上,尽管三十年来已经不是我们屏幕上经常出现的角色,他仍常常被政治家们、传媒和警方自己唤起(这一点可以从伦敦警察局长官提议恢复"巡逻区里的'Dixon of Dock Green'式的警察"的评论中找到证据。参见 2003 年 2 月 28 日《卫报》)。然而,公众对警方的信任和信心现在已经常常是如可以证明的那样非常脆弱了,从来没有出现过警察被广泛地爱戴和尊重的情形,警察也未在任何时候符合过 George Dixon 所反映的和善、仁爱、坚定而且公正的特质(按一位前任警察首脑的说法,Dixon 时代的力量是"粗鲁的、独裁的和腐败的;Hellawell",2002:40)。确实,《蓝色灯盏》和它所引发的系列片是在那个警察担心失去公共信任和尊重的时代里,通过合作对大伦敦警察延伸的称颂(Reiner,2000)。

　　这是把我们带到了对 Dixon 再做研究的另一个原因。《蓝色灯盏》告诉我们许多二战后对犯罪、罪犯和警察的态度,并展示了许多本书中讨论的问题。大众社会理论的残余、对无礼且不道德的"十几岁青少年"的忧虑、对青少年犯罪和武装帮伙犯罪这种类型的不良行为的恐慌、在权力图表中寻求道德确定性的渴望都可以在这部经典黑白电影中找到。伴随着战争的瓦解、父亲们的丧失、

---

* Ealing 是英国东南部的一座城市,这里有著名的 Ealing 电影制作公司,该公司擅长用低调的幽默手段进行喜剧电影创作。——译者注

道德标准的放松、公众对青少年违法犯罪行为焦虑度的增加而播映的这部电影,是传统的"好坏对抗"的道德寓言。巡逻警 Dixon 被描绘成和蔼、谦祥谨慎地以确保公众免受伤害为已任的人物。然而,他只在电影中存在了 20 分钟就被 Dirk Bogarde 所扮演的一个长着小孩脸庞的武装抢劫电影院的小毛贼刺杀了。一个警察以暴力形式死于一个青少年小阿飞手上的描绘所创造的浪潮半个世纪以来一直为人们难以理解,但 Dixon 的中弹有代表秩序已死亡的广泛反响。换句话说,该情节的设计完全和关于青年的道德恐慌以及 20 世纪 50 年代的快速变化相一致(参见第三章)。年轻人的违法被视为一种新的犯罪类型,依画外音的讲述,它缺乏"职业盗贼的规则、经历和自律",实施者来自"破碎的家庭",他们是一种分离于社会的阶层,并且对他们的未成熟而言具有较大的危险性——他们如此不稳定,以至于已建立的犯罪黑社会也拒绝容纳他们。甚至发生在电影院的对 Dixon 的杀害也很有意义。在电影中,影院和充满乡愁气息的音乐厅进行了对比,而音乐厅则是一种更传统的公众文化形式。我们看到一对约会中争吵着离开的青年夫妇——因此电影院是适合于青年违法者的暗含着性和暴力的地方(Geraghty,未标注日期)。在射击发生后,该电影因警察追捕那个大胆的小流氓而变成了传统的恐怖片:受众亲眼目睹了 Bogarde 扮演的角色陷入恐慌的偏执犯的泥潭,直到他跑到一个名叫 Greyhound 体育场。警察和犯罪地下组织(体面的、受尊重、"绅士般"的恶棍)之间沉默的相互理解起到了跟踪他的作用,已经围聚在体育场周围的人群(象征着社区)随后包围了他,并将他制服后移交给警察,这象征着互相交流着的对年轻违法犯罪者的不能容忍以及将罪犯绳之以法的义务。

电视系列片"Dixon of Dock Green"继续了在电影《蓝色灯盏》中建立起来的令人舒适的、家庭式的和高度理想的警察形象,但是在 1976 年它退出舞台时,Dixon 所反映的正直时代已经看起来比二十年前更离谱和不相关。在前十年间,警务持续变得政策化:犯罪率在提高。在一系列包括臭名昭著的流氓在内的引人注目的犯罪发生后的余波里,在广泛报道的犯人从监狱中逃脱和对死刑的废除的探索中,公众的关注在提升。在这种背景中,警务系列剧变得更加现实和有影响,开始了一个不再把警察刻画成绅士或英雄,而是作为一个人微言轻、做着困难工作的普通人进行描绘的时期。从 *Z Cars*(BBC,1962—1978),经过 *the Sweeney*(英国独立电视台,1974—1978)到 *The Bill*(独立电视台,1984),警察在英国电视中被描写成具有所有其他社会成员都具有的人的缺点和不良习惯的人。同时从 *Juliet Bravo*(1980—1985)和 *Heartbeat*(1979)到 *Prime Suspect*(1991)和 *Between the Lines*(1992—1994),塑造了多种多样的有时有抵触的警察形象。警官被多样性地描绘成关心人的、有权威的、正在腐败或已经腐败的人(Reiner,2000;Leishman 和 Mason,2003)。在当今的警察剧中,包括高级别的女性和少数族裔警官以及公开的同性恋警官在内的有分歧的和原来被忽略的警官"类型"被推上舞台(有讽刺意味的是,这种"少数人"群体在现实中比在警察剧中少得多)。即使在这两个领域中还有许多值得努力争取的余地,机会均等的说教因此可以在虚构再现和真实的秩序维持中被看到正在发生作用(Stick,2003)。

  同时,在过去了三十年中,在真实新闻报道中对警察的描绘变得日益可见,对警察的戏剧刻画不得不在某种程度上反映"真实的生活"事件(这中间包括许多在本质上的负面事件)。最近由传媒促成的警察历史的里程碑式的事件包括:警察腐败故事(最具恶名的发生在 1970 年代的"西米德兰重罪小组"(West Midlands Serious Crime Squad),它导致了对"伯明翰六人"的错误定罪);20 世纪 80 年代早期的城市内部骚乱,导致了维护治安秩序的警察从在骚乱中用垃圾箱盖保护自己的菜鸟向训练有素的"装备精良"的专家型警察的转变,这种专家型警察被传媒称作"兰博式警察"(Robocops);约克郡碎尸案中被搞砸锅的侦查——本该案中,警察被一个操着英国东北口音的骗子带进了死胡同;1984 年在伦敦利比亚大使馆对女警官 Yvonne Fletcher 的谋杀;1984 年的矿工罢工,在这次罢工中,警察被卷进了血淋淋的冲突并被抗议玛格丽特·撒切尔领导的政府关闭矿山的工人戏称为"玛姬的小男孩"(Maggie's boys);1999年对十几岁黑人青少年Stephen Lawrence的调查,在这次调查中发现伦敦警察是"机构性的种族主义者";2003年在BBC1的纪录片中,新闻记者假扮成受训的警官从事秘密采访工作,并秘密摄录了他的同事中存在的种族主义歧视性的行为和语言,这使得主要的警官都失去了工作(参见下文)。

对在何种程度上传媒报道反映着公众对警察的看法很少有人研究,传媒对警方影响的研究更少。例如,Leishman 和 Mason(2003:21)认为,"关于传媒影像可能对警察自身影响的结果鲜被问及",但是它们自己并没有自己的观点或得出结论。在一个涉及对12位值勤警察的小规模访问中,Nicola Stick 发现,传媒对警察形象的正面或负面报道对他们加入警察队伍产生着重要的影响。年轻的男性警官怀着通过传媒得到的令人兴奋的、富有魅力的车辆追逐等这些对警察行业正面的印象和期待而入行,而上了年纪的男警察则带着玫瑰色彩记得自己加入了一个"Dixon of Dock Green"式的、他的同事都是骄傲的、有原则的男子汉力量的群体。最令人吃惊的是,被采访的两名女警官引用负面的传媒影像作为自己入行的原因,在显示警察不名誉(如种族歧视)的记录片播出之后,她们俩决定警察服务需要像她们这样的人,于是"怀着正确的态度加入了进来"(Stick,2003:31)。

该实验不容否认受限于规模——这在很大程度上因为实验者(一个研究生)面临的方法的困难,当她告知她的目标警察她想采访受访者的主题问题时,一种能被警察感觉到的涉及到传媒对他们工作报道的敏感的迹象会出现,这种敏感甚至早在BBC播放声名狼藉的、揭露新募警察中的种族主义歧视的记录片三个月以前就已经产生。但是,该研究确实提出了警察和传媒之间共生性关系这一重要问题,因此,它的发现不能认为是结论性的。受访的青年警官引述了他们津津乐道、陶醉其中的对警察的虚构的描述(这和先前的研究一致,Stick 发现《钞票》(The Bill)仍被视为最精确反映警察工作的影片之一),然而他们却轻视那些现实性的报道并对新闻记者的动机表示怀疑,他们把自己的角色定位为"守门者"以阻止传媒得到它们想要的东西。他们同时把自己视为"容易的标靶",因为相比于"那些不用遵守相同规则的罪犯",他们更容易成为寻找批评对象和搜寻丑闻的传媒的目标(Stick,2003:33,参见Graef,1989;Reiner,2000)。年长的警官的观点要积极,他们把两者的关系视为互依、互利和互信而不是互相争斗。他们倾向于把传媒报道视为一种警方可以有效地利用的工具,一个可能反映他们警察更先进训练以及和传媒相关联或曝光于传媒的立足点(Stick,2003:33)。

当然,警察现在得到包括新闻出版高级职员、市场专家、公共关系官员和公司形象专家在内的大量的雇员的支持,这些人都站在警方一边从事着"形象作业"(Mawby,2002)。依 Mawby 的观点,存在着这种"形象作业"被不正确的动机所利用的危险,例如失实地再现以掩盖渎职或转移责任。植根于警方形象作业的是"开放性"的语言,警方不断地支持"开放"的交流或透明,因此有种说法认为警方非常乐意让传媒和更广泛的公众知悉警方的政策和实践(Mawby,2002),然而,Mawby 是在故意讽刺,他对警方或许给人一种民主的有责任的印象、但同时维持着警察部门自己的狭隘的利益的关注,在近年已经有了新的意义。警方或许公开自我庆幸他们自己的开放和负责任,但这并不意味着不会被外界强调他们内部存在结构低效的努力所戳穿。前面提到的 BBC1 在 2003 年 10 月 21 日放映的名为《秘密警察》(*The Secret Policeman*)的记录片就证明是一个警察机构的公共关系灾难。该节目描写的是一位新闻记者假扮成一位受训的警官在位于 Buche Cheshire 的国家警察训练中心度过的一个长达七个月的暗中采访经历。作为对涉嫌谋杀 Stephen Lawrence 的年轻男子所进行的模仿种族主义者的攻击所引起的令人不安的回应(也是被暗中录像),新入行的警官被揭露正在表达极端的种族主义观点,还有一个警察被看到身着一件临时的"三 K"党头罩。警方的公共梦魇出现在此节目播出一个月以前,当时一位内务部的资深文职公务人员写信给 BBC 的主席,指控该公司欺诈并要求他们从播放安排表上收回该节目的播放计划（2003年10月26日《观察者报》）。相应地，在播出的前几天，大曼彻斯特警察（GMP）局长——相关的权力人物之一——和内务部一起发表了目中无人的声明，批评BBC行事的方法和仍然继续的播放。然而，在节目播放的次日，高级警官们和内务大臣争相谴责被拍摄的警官，他们或许需要花些时间去消化那些因为亲眼目睹了该节目而感受到颤栗与强烈的厌恶的观众的感受。

像许多暗拍的记录片一样，关于秘密拍摄的伦理问题同样存在，还存在新闻记者"设圈套"故意地提出有引导性问题的时机问题、以及能否把成百上千小时的摄录片压缩编辑成仅有1个小时长度的东西进行播出的程序问题等等。在指出伦敦警察局存在机构主义种族歧视的1999年Macpherson报告出台之后，《秘密警察》再一次震憾了许多人，这其中包括本来认为从自己的队伍中根除种族主义的努力已经取得了进步的伦敦警察局的高级警官们。该节目表明，对全国来说，尤其是在新募和训练领域中，还有很长的路要走。最令人吃惊的曝光是，新募者的人种意识训练似乎只包括告知他们有四个千万不能说的词，即"黑鬼"（nigger）"中东佬"（wog）、"巴基佬"（Paki）、和"黑人"（coon）。在此意义上，虽然那些节目会被肤浅地解释为突出了"极少数的害群之马"，但它实际上还暗示着警察核心中存在的更广泛的结构性的问题。GMP的警察局长，Mike Todd，并没有给这种印象推波助澜，因为他当时在美国，但是据报道，他威胁如果BBC不停播该节目的话，将动用"胡顿式讯问"（Hutton-style inquiry）*。大约十年前，Richard Osborne写到："对犯罪的恐慌大于对不充分的警力的恐慌，只要警方能通过像《观察》这样的节目赢下这场传媒战争，他们对新闻的传播的控

---

* 胡顿式调查以它的独立和严格著称。人们认为，没有会不接受胡顿的传讯，也不会有人敢故意隐瞒与其调查的案件相关的文献与资料。这种调查具有开放性，不排斥社会对调查过程的广泛的监督，所以深受人们的欢迎，但与此同时，它的不错过任何可能证据的作法又可能使相关人员为耗时耗力，久拖不决的诉讼过程所拖累。——译者注

制就有了保障"(1995:39)。有讽刺意味的是,Todd 通过他的那张弓射出的最暴躁的箭是威胁警方将不再与 BBC 在《观察》节目中合作(2003 年 10 月 26 日《观察者报》)。

英国犯罪观察

警方对撤回对《观察》节目的支持的威胁被认为具有明显的震动作用,以至于可以成为《秘密警察》节目播出之后一周的头条新闻,这证明了《观察》在电视和英国文化认同中的位置。作为常常被选出来作为在这个国家的民众中促进关于犯罪的虚假认识重要的节目形式,《观察》是 BBC 的一档长期节目,它使用戏剧化的重构和监控犯罪的原始镜头设法从公众获取信息,本章的最后一节是对该节目的一个深入分析,并将剖析它延续犯罪的神话,讨论将把重点放在该节目对罪犯,被害人和警察的构建之上。

《观察》是当今以"真人秀"而出名的电视节目类型的前身,和所有的"真人秀"节目一样,它跨越了在事实和杜撰之间传统的界限(Schlesinger 和 Tumber,1994),尽管和《大哥大》(Big Brother)等当代的真人秀节目不一样,它基本上都是在传统的电视工作室做成的,但它是英国首个使用来自闭路电视的原始镜头和业余便携式摄像机的摄像对犯罪进行戏剧性重构的节目,也是首个依赖受众参与的节目。该系列剧于 1984 年开始在 BBC 一套每月播出,一年播十个月。1984 年是一个对法律和秩序不断增加政治关注的年份,公众抱怨被害人得到了一个疏离的对待(1994)。尽管当 1993 年 Ross 的合作主持人 Jill Dando 变成了一起暴力谋杀案的被害人时,《观察》节目本身变成了传媒关注的对象,但它影响最大的主要主持人从开始就是 Nick Ross。

《观察》被来自英国、美国和德国的资料所激发。Schlesinger 和 Tumber 通过描述英国的制片人如何从国外借鉴思想并稍作修改后提供给英国受众说明了节目的起源。他们采取已经以《警察

5》(*Police Five*)的形式在英国存在的理念(这是一个独立电视台的节目,1962—1990年存在过)并拓展它、增加了"观众参与"这个"魔术般的要素"(Schlesinger 和 Tumber,1994:253)。他们在形式上借鉴颇为成功的《美国最想要的》(*America's Most Wanted*)这个节目,但摒弃了该节目偏爱的公开的戏剧化,即对犯罪的重构被拍摄成慢动作并伴以戏剧化音乐以提升观众的悬疑感和兴奋度。他们也研究了德国的《第 XX 案……未解决的》(*Case XY,Unsolved*)这个节目,该节目和《观察》最接近并在此之前已播出了十七年,但并没有采用德国人从犯罪人的角度,尤其是和像强奸这样的性犯罪有关的犯罪角度进行摄录重构的方法(1994:253)。《观察》节目是如此成功,以至它在商业频道的竞争中送走了一些自己的竞争者并且形成了一些自己的附属节目,包括《犯罪观察无限》(*Crimewatch Unlimited*)、《犯罪观察档案》(*Crimewatch File*)和《犯罪观察已结案件》(*Crimewatch Solved*)等。

《观察》的形式从它二十年前首次被播送以来一直未作修改。通常对像谋杀、武装抢劫或强奸这样的非常严重的犯罪,有过了三四次的重构;它设置了一个电视片断披露关于罪犯的闭路电视摄像,以呼吁任何能认出罪犯的人前来举报;它还展示那些知道姓名但不知道行踪的嫌疑人的照片;还对以前描述过的案件进行最新情况进行报道——这是一种有三重目的方法,其一可以祝贺帮助确保定罪的受众;其二让受众感到和节目是一个彻底的整体;最后可以进一步(不精确地)树立《观察》节目对解决英国的严重犯罪负有广泛责任的形象,而且,近几个月来可以看到对先前被摒弃的有关被盗财产的节目特色的回归,在对《古董巡展》(*The Antique Road show*)、《寻找便宜货》(*Bargain Hunt*)及其模仿节目的大量受众的惹人注目的求助中,一位古董专家在夸示被警方挽回的高价值的艺术品、珠宝和古董。尽管该节目放弃了先前采用的颇受小报影响的名称以区分每期节目中不同的内容("你的电话管用"和"阿拉丁的坑穴",曾经被用来分别标志最新报道和被盗财产项目),该节目自从二十年前首次播出以来,在内容上只发生了两个明显的变化。其一,它变得不断依赖闭路电视原始镜头,这比 20 世纪 80 年代更普遍而且画质也比过去好得多,相应地,来自闭路电视原始镜头的画面和移动的图像组成了每一期节目的很大一部分,有时它们被用来补充对犯罪的戏剧化再现,在节目的其他部分被用作独立的信息细节;第二个主要的革新是 DNA 测试。这使得警方可以再开启一些旧案的调查并和《调查》的制片人一起工作以再次构建否则可能会被托付给历史的案件,对 20 世纪 60 到 70 年代的犯罪的重新构建给节目带来了有趣的新的要素,这种重新构建要求《观察》的研究者反思那段以真车、真时尚和真发型犯罪的时光,像其他的流行的电视节目一样[《最后的夏日之酒》(*Last of the Summer Wine*)、《开启所有时光》(*Open All Hours*)、《心跳》(*Heartbeat*)等等],《观察》的这种方法或许可以通过记忆、乡愁和怅然等这样的说教来吸引受众(Jewkes,2002;Germyn,2003)。另外,节目内容的唯一变更反映的是犯罪图景相应的变化,这种变化伴随着武装抢劫银行和英国储蓄贷款社案件数目的减少以及不断增长的对恐怖分子和恋童癖者信息的更多地了解呼吁。

戏剧化的重构是《观察》节目的商标,这也成为招致对该节目非常激烈批评的因素,犯罪重构中的编剧和摄录被 BBC 制片人的指导原则所控制着,即:

- 不用重构去简单地吸引或娱乐受众,但要承载真实的信息;
- 不要重构没有理由相信真正发生过的细节;
- 摄录技术不能惊动或扰乱受众;
- 不要揭示那些能引起盲目模仿的细节;
- 所有的重构必须清楚地被显示;
- 重构必须最小化给被害人或其亲属带来的压抑;
- 不要美化犯罪或罪犯。

(Pengelly,1999)

像我们在本章的提示中所看到的,这些指导原则在某种程度上被《观察》的制片人做了灵活度较大的解释。

信息性和存在于《观察》节目受众内心要求娱乐之间的紧张

冲突是节目制作者苦恼的根源——他们也差不多这么认为,前任节目编辑 Angela Holdsworth 认为,犯罪被保持在这样的背景中:

> 我们不仅集中于暴力犯罪,我们也努力帮助警方抓住更多的重罪犯,许多严重的犯罪涉及暴力,我们对增加进节目内容中的每一个情节都感到折磨,我们不为了它们的娱乐价值来挑选场目,但是很明显不能做那些电视不能提供帮助的事,也不能做那些没有东西可摄录的事,新闻的感觉必须融进娱乐性当中。(1990 年 9 月 3 日《卫报》)

但恰恰是这种新闻意识事关重大。Schlesinger 和 Tumber 反思了节目制作人不得不踏过的记录片和戏剧之间的精确的界限,该节目的创始制片人 Peter Chafer 的重点绝对在前者而不在后者身上的断言,如可证据证明的那样,在 2004 已不再像在 1984 年那样是事实(Schlesinger 和 Tumber,1994)。让我们以 2003 年 10 月(参见表 6.1)的节目为例,被画外音描述成"对无缘无故地埋伏袭击妇女并可能很容易杀害她们"的事件的重构以惊醒了漆黑夜空的使人想起费里斯转轮(ferris wheel)*的阵阵刺耳的尖叫声开始。这个刺耳的尖叫随后被证实是一群在 Blackpool 的一所宅院中享受女性聚会的妇女发出的声响,但是恐怖的印象已经形成,受众融入她们的暴力经验的胃口已经被激起。在这样的场景设置的框架中,在对犯罪行为的舆论制造中,不可避免就给戏剧化解释留下了空间,正如,Spark(1992:156)指出的,这些"犯罪的骇人物(crime scarer)"并不是偶然地借用"和犯罪小说一样对描写、叙述和编辑进行有条不紊地安排的手法",兴奋、悬疑和恐慌是运用这些技巧的目的(参见 Kidd-Hewitt,1995)。事实上,可以认为《观察》的成功在于它惊吓受众的非凡能力。正像青少年用他们惊恐的程度来衡量该电影的成功度——这是一种从许多儿童的角度看很明显和快感相

---

* 一种在垂直转动的巨轮上挂有悬着的座位,并且在轮子旋转时座位保持水平的娱乐设施。——译者注

联的反应,成人受众从而能够从观看展现在他们眼前的严重犯罪得到发自内心的本能的恐怖。

尽管故意地戏剧化,节目制作人和 BBC 以为公众服务为借口为犯罪的再现做辩护。Schlesinger 和 Tumber(1994 年)认为,在展示以人的兴趣为基础的不幸的童话时,《观察》和流行出版物有很多相似之处,确实几乎所有的选出的犯罪都能符合第二章所列的新闻标准。《观察》像大众传媒一样并且更加广泛地优先选择暴力犯罪并尽可能扩大犯罪是自发的、偶然的和不加选择的恐慌的性质。依靠受众收视率的电视节目的不幸的后果之一——不仅仅为了商业上的成功,而且确保它们自己所宣传的在遏制犯罪中的作用——在于制片人主动地寻找出可以抓住公众想象力的故事,并充分刺穿任何潜在的消息传递者的意识以鼓励他们把信息往下传递,依 BBC 负责犯罪节目的执行制片人的观点(引自 Weaver 书,1998),这证明了他们坚守向发生在最容易受到伤害的年轻女性、姑娘和老妪身上的最严重的谋杀、强奸犯罪集中的经过实践验证固定程式的正确。

作为《观察》节目中改编案件支撑的对于威胁、风险、恐慌、安抚和惩罚的过分关注,以及那些体验他人情感的快感不可避免地带来了关于被害人权利和失去亲人家庭的感受的伦理问题。演员们的对话常常被用来承载现实的意味并鼓励观看节目的公众去同情被害者,但是,这常常被直接解释成娱乐性的并且毫无必要地随意对待现实情况的作法。BBC 是一家为公共服务的广播公司,但它也在商业环境中运作、也必须生产吸引注意力的节目以吸引受众。Barry Erving 这位警察基金会的董事长,曾间接在他的下述评论中提及这种压力:

> 像《观察》这样的节目太有吸引力而使它的制片人失去了正确评价的能力,它包含所有的内容。它迎合英国人需要一点暴力和邪恶行动的胃口,制作成本很低,它提升警察出色的行动形象并鼓励收看者的参与。在它之上全是光环,因为它非常明显是一种好事。(1990 年 9 月 3 日《卫报》)

第六章 犯罪观察　**189**

　　进一步兴奋的颤抖因电视的即时性而产生,近年来,犯罪发生和该犯罪在《调查》节目上出现之间的时间跨度被大大缩短了。因此,现在反应主要犯罪的故事常在当月甚至一周内出现在 BBC 新闻简报中。事实上,不管包含在一个现场直播内的工作量的多少,《观察》旨在对刺激反应灵敏,并且有时候常常包括着最近发生的情况。这样的报道之一发生在 1998 年 1 月,当时有两个在当天被移交播送的案子被作为《观察》制作室的消息播出。这种灵活性使《观察》节目可以利用现存的对传媒的关注和受众对一些事件的熟悉作为它巩固受众的策略。一个成功的例证是 1992 年对绑架房地产代理人 Stephanie Slater 事件中女主人公毫发无损地获释后的再现。在该案中,因为绑架者 Michael Sam 的前妻从播放勒索赎金磁带的《观察》节目广播中听出 Sam 的声音,并因此导致了该绑票案的侦破和 Sam 的被捕。这使得已经是传媒高度感兴趣对象的《观察》节目的形象被进一步提升了(Schlesinger and Tumber,1994)。

　　该节目因此可以用预告片的形式在每月一次的节目播出前将信息放出来,用向受众许诺播出前将揭示某个案件先前未揭露的一些方面的内容的方法来"挠受众的痒痒"(Schlesinger 和 Tumber,1994),怀疑该策略主要是用来迎合公众的窥私癖和增加收视率的人已经不在少数,尤其是——就像前所未见的对被谋杀的高空跳伞运动选手 Stephen Hildler 遭受杀害以前从飞机上跳下的刹那的原始摄像镜头那样——当新的材料并不能真正提供新线索和推动侦查深入的时候(《观察》2003 年 7 月)。一个进一步的思索是,《观察》已运作了这么久,它已经成了 BBC 的旗舰节目和节目整体的一部分,在其节目历史和受众的认同度上非常轻松地和 *The Antique Roadshow* 和 *Eastenders** 同样受到欢迎。该节目开始被视为"令人舒适"和"安全",这可能已经鼓励制片人加大赌注设计增大

---

*　这是加拿大首都渥太华东部社区居民所办的报纸,由于由社区出资建立,因此它是真正的"社区报纸",其网址为:www.orleansonline.ca——译者注。

受众打探稳私的好奇心的策略并使他们对节目的忠诚最大化。这方面的一项改革是家庭摄像原始镜头的使用,虽然在戏剧化结尾之前节目的制片很少能得到犯罪当时的摄录像带,就像上述提到的跳伞运动员一案中的情形,但可以用替代性的影像资料加以代替,更加常用的是显示被害人和他/她家人或朋友在一起的"幸福时光"的影像剪辑。像所有的影像一样,原始的镜头诉说着一个在时间中凝固的时刻,这或许更加令人信服和注目,因为用 Paul Willis 的话说就是:"它给我们提供了真实的、固定的、温暖的、动人的和在一个真实的环境中活动着的身体。"被害人在生命的春天中活动的影像,微笑着、大笑着在镜头前悠然漫步,都强烈地提醒着我们生命的脆弱。这些画面也让受众去"认识"被害人,看清他们在家庭或社会背影中的位置,发出同感地分享他的快乐,当然也自始至终分担他们的软弱性和必然面临的死亡(Germyn,2003)。

对随机选取的三期《观察》内容的分析显示,每一期节目反映着六宗主要的案件,它们或者是犯罪的再现,或者是用照片、闭路电视的原始镜头或者其他生动的影像进行的延伸报道。这些来自每一部节目的案件将在本书余下的讨论中被论及。总之,详细资料请参见表 6.1。

表 6.1 《英国犯罪观察》的三期节目

1998 年 2 月
1. 再现:在家庭发生的恶性抢劫。被害人是白人妇女,嫌疑犯是男性,有北非外表。
2. 对致命的"打了就跑"的报道,被害人是年轻白人妇女。
3. 再现:在 Essex 对白人 15 岁少女以性为动机的谋杀,无线索。
4. 用闭路监控原始镜头进行报道,在火车上对 16 岁男孩进行性攻击,请求知情者对具有牙买加口音的黑人提供线索,但没有暗示他是目击证人还是犯罪嫌疑人。
5. 再现:武装抢劫珠宝。电脑综合脸部特征识别分析(E-fit)为黑人。
6. 在伦敦北部 Highgate 发生的对妇女性侵犯的报道。闭路监控原始镜头嫌疑人为黑人。

(续表)

2003 年 3 月
1. 再现:陌生人实施的以性为动机的对 17 岁少女的谋杀,嫌疑犯为亚裔男子。
2. 报告:由两名陌生人对老年白人妇女在家庭内部实施的抢劫。嫌疑人是白人,由一位怀疑的邻居对他们进行了摄像。
3. 再现:在 West Midland 被害人家中发生的恶性抢劫。小孩被人用枪威胁。嫌疑人:愚笨的白人、矮壮的黑人和亚裔妇女。
4. 对北爱尔兰根深蒂固的飙车文化的报道,对"打了就跑"被害人的亲属的拍摄以及让嫌疑人(被指认为白人男性)自首的呼吁。
5. 再现:回到 1964 年 5 月发生的一起案件。以性为动机的对 13 岁少女的谋杀。除了他患有淋病和有一辆车(在 40 年前,拥有一辆车没有现在这么平常)以外没有其他线索。可以获得 DNA。要求犯罪发生地的南约克郡的男性来交上他们的 DNA 样本以争取从被调查名单上排除,呼吁将所有事实综合后能整理出某些思路的妇女自告奋勇报上名字。
6. 再现:武装抢劫珠宝。嫌疑人是 3 名黑人。

2003 年 10 月
1. 再现:白人、女性的仓库经理被从她家劫持后带到其工作地点,在那里她被捆绑起来,与此同时至少 6 人的犯罪帮伙抢劫了仓库的电脑。有 3 个人涉案绑架,2 名是黑人,1 名白人。
2. 再现:由陌生人在对一位妇女进行了袭击。袭击发生时她正和她身为警官的男友用手机通电话。嫌疑犯经过电脑综合脸部特征识别分析为男性,种族不详。
3. 再现:在北伦敦的 McDonald 发生争吵后谋杀了一位白人。嫌疑犯被闭路监控摄了像,被描述为具有"地中海或深色的皮肤"。
4. 对一个由陌生人对一位 12 岁的黑人少女强奸案的改编。嫌疑人是黑人男性。在描述犯罪场景时 3D 电脑制图被首次使用。
5. 再现:回到 2003 年 10 月发生的案件。对一位 10 岁男孩的谋杀。案件在发生 30 周年时进行特别报道,目的是为了"将那些应负责任者绳之以法并给被害男孩家庭做一个了结"。没有 DNA 证据被提及。
6. 在《需要帮助的孩子》(Children In Need)节目中,对由一位 82 岁高龄的老人栽培的巨大的南瓜的盗窃的报道。

被害人的犯罪观察

正如已经看到的,《观察》节目具有的娱乐功能事实与其公共服务功能并行不悖。对该节目任何一期的内容分析都揭示,那些在统计上不常见的犯罪(谋杀、强奸,对人的犯罪)被非常频繁地反映在节目中,而对那些公众极可能成为被害人的犯罪(针对财产的犯罪是一个极端例子,而由有力量的组织实施的犯罪是另一个极端的例子),如果不是从未被报道的话,也是很少被述及。

而且,对女孩、年轻妇女和老年人口实施的,具有暴力或/和性特征的犯罪,通常造成死亡结果的案件是节目的主要对象。这样的被害人倾向于被构建成无辜的悲剧人物,他们的被害或/和失踪不仅摧毁了个人的生活,而且毁了整个家庭成员的生活。承载严重犯罪常用的具有广泛影响的方法是将主持人、被害人和被害人的近亲属设成三角(Jermyn,2003:185)。在一场公开的情绪化的采访中,被剥夺了配偶或父母亲的人将在一个有被害人照片设置在受访人和主持人之间的工作室中被采访,在采访过程中,镜头会切换几次对被害人照片的特写,同时主持人会将被害人描述为好妻子、好母亲或亲爱的儿子、慈爱的父亲,以这种方式来暗示"几乎没有可以从其他的角度和方式来理解"被害人的余地(2003:185)。

159 在 1998 年 2 月那一期节目中,这种技巧被用来情绪化和认可一位"实施了犯罪马上逃逸"案件的被害人。主持人 Jill Dando 将她形容为"一位非常和蔼和细心的"、除了照顾她自己的三个孩子外还照看残疾人的好母亲,她的照片显示她是一位吸引人的、微笑着的、金发的年轻姑娘。当镜头从照片移到悲伤的鳏夫身上的时候,主持人问他:"Tina 是个什么样的女人?"这是一个不言自明的已经回答了的问题。而且,该节目使用了家庭摄像原始镜头和来自家庭相册的照片强调被害人的家庭关系,画外音和她钟爱的人的证词也强化了这不是一个摧毁了一条、而是多条生命的犯罪的概念。被害人可以在下列场合中被看到:婚礼上、生日派对上、假期中和毕业典礼上——都是"'精萃的'的'家庭场合'"(Jermyn,2003)。通过使我们进入一个通常被奉为稳私的个人生活的场合,《观察》引导我们不仅和被害人及他们家庭发生关系,而且让我们假想我们就生活在他们悲剧性的环境中。家庭的特权性也强调了处于案件的"新闻性"假设核心的保守主义的意识形态思维模式的框架、加强了关于"罪有应得"和"无辜受屈"的文化陈词滥调(见第二章)。正如 Jermyn 所述:"难以想象一个被害人能脱离起限定作用的家庭要素,不在家庭之中就不是适当的被害人"(2003:185)。

然而,即使在一个钟爱的家庭背景中的"罪有应得"的被害人也接受着责难,这意味着他们部分地应对自己的被害受惩罚。在对年轻妇女出于性动机而谋杀的场合——尽管在真实生活中不常发生,但却是常常在节目中被再现的一种犯罪——常常在节目主持人的叙述情节和对故事的再现中隐含着对被害人行为的批评。尽管那些为节目制作负责的人极力否定,但被重构的犯罪常常以一种生动的和耸人听闻的方式加以表现,女性被害人被不必要地泛性特征化处理了。例如,Weaver(1998)详细描述了一期《观察》节目对被性侵犯和谋杀的 17 岁的女性搭便车者的处理,在该节目中,这位由演员扮演的被害人身着内衣躺在她朋友家的太阳床上。画面从上部拍摄从而使观众的目光可以自上往下盯住她,这强化了招致窥私癖的印象。该画面(场景)和案情无关联,对情节的展开也没有推进作用,然而在向观众传送对被害人的印象中起了关键的作用。对女孩招致自己死于非命的苛责暗示遍布于案件再造的全过程:她拒绝了母亲让她搭车一起回家的要求;没有和花了一晚上骑着摩托车寻找她的男朋友联系;天黑以后从她朋友家出来搭便车回家并接受了开着卡车的陌生男人的捎带的建议。所有这些她疏忽的例证都集中反映在这种场景中,即她身着乳罩和短裤躺在太阳床上和她的朋友嘻哈作乐。这里我们可以看到在女性的虚荣、对拥有撩人体态以期在将来的沙滩度假中吸引人们的注意的贪欲和受众已经知道的她离开朋友时未做安排这样的高危行为之间被形象地建立起来的联系(Weaver,1998)。

依 Kidd-Hewitt 的观点(1995),《观察》节目的过错在于把受众封闭在一个充满恐慌强化物的恐怖世界,Weaver 对妇女进行的集中群体访问也证明了这种观点,在这个采访中,给妇女展示了对所发生的那件搭便车谋杀案的再现。一个最普遍的反应是在黑暗中,搭乘一辆车比步行回家更值得选择。"两恶相较取其轻"——一位受访者这样评论到(Weaver,1998:256)。受访者也赞扬了该节目在重构过程中对晚间独自外出的妇女所面临的危险的提示,甚至那个太阳床的场景也被一些人所支持,因为她们觉得节目所使用的"谨慎,小心"的语气使它产生刺激感的性质不应受到责备。尽管 Weaver 的研究显示了传媒话题具有多种性质,因受访者所提出的改编方案也有一些不同的、常常是相抵触的阐释,受访妇女的主要的反应还是无争议地接受《观察》对妇女不要搭便车的警告。绝大多数人欢迎该节目的"公共服务"要素、接受该节目对做出不负责任行为的被害人暗含的批评。很少有人对这样的观点提出异议:限制和责备她们的行为以避免被害,是妇女的个人责任。也没有人批评《观察》没有就如何被避免发生在妇女身上的袭击提供替代性的方法(参见下文)。Weaver 借助女权主义作家 Susan Brownmiller(1975:400)的话进行了总结,她认为她的受访者对这种性别区分的叙述的不加质疑地接受揭示着妇女"接受了自我保护这种特殊的负担……妇女必须生活、移动在恐慌之中,从来不指望获得男性所具有的那种个人自由、独立和自我保障"(引自 Weaver,1998:262)。

《观察》在何种程度上放大了受众之中的恐慌——尤其是在那些最不可能成为严重犯罪的被害人的人们中间——已经既是传媒研究又是关于此课题的犯罪学文献的共同的中心议题,Schlesinger 和 Tumber 指出,由独立电台管理机构所进行的研究表明,三分之一的收视者认为,《观察》使他们、很可能也使其他的收视者感到自己成为犯罪潜在被害人的恐慌。BBC 自己进行的研究声称,恐慌主要局限在妇女身上,尤其是那些独身的女性。该研究还声称,如果主持人在每一期节目中都做出保证,说犯罪在下降,而严重的犯罪少之又少,则可能会起不到效果,并只能实际增加某些受众的紧张度(Schlesinger 和 Tumber,1994)。2003 年 3 月,一个尤其不合适的由老练的主持人 Nick Ross 在对出于性为动机谋杀 17 岁优异学生 Hannah Foster 进行改编后播出的节目中做出的独白是:

> 对像 Hannah 这样的年轻妇女的谋杀成为头条的确切原因在于,它们确实不寻常。三分之二的英国谋杀案的被害人

第六章 犯罪观察 195

是男性,而且在道路交通事故中被杀害的人是被谋杀至死的人数的六倍。但是,谋杀妇女者总有些事特别让人心绪不宁,这些都是可能从《观察》收视者那里得到最明显反应的吸引力之所在。

Ross 接着给了四个相近却没有联系的谋杀案件的最新信息。所有这些案件都在过去十二个月内发生在首都或邻近的地区(有三件,像 Hannah 谋杀案,发生在过去二个月内),它们是:一个去年失踪的十四岁的 Millie Dowler 的葬礼;逮捕谋杀 23 岁的芬兰学生 Suvi Aronen 的嫌疑犯——在此案中,被害人在 2003 年 3 月用手机和其母亲通话时被杀害;对 Marsha McDonnell 案件情况的通报——Marsha 是一名 19 岁的学生,2003 年 2 月她在离家不远处被人用棍棒袭击头部而身亡;还有在 2003 年 2 月,在东伦敦维多利亚公园慢跑的 27 岁学生 Margaret Muller 被刺案。尽管明显在努力打消收视者的顾虑,Ross 把被陌生人以没有关联的、无缘无故的、好象没有动机的攻击手段杀害的五个年轻妇女的案件的报告放在一起的决定,产生了一种可怕的犯罪浪潮的印象。并且在节目的最后他兴致颇高的建议——"不要做恶梦,睡个好觉吧!"——似乎相当浅薄。而且,从本质上来看,因为它只采用未解决的犯罪、或者事实上警方没有重要的线索并已经走到侦察死胡同的犯罪,因此《观察》或许扩大了收视者的恐慌。于是,收视者得到的最后的感觉是:谋杀犯/强奸犯/小偷仍然"逍遥法外,并准备着再次出击"。

罪犯的犯罪观察

关于《观察》节目的一个进一步的问题是它可能引起对特殊群体(像来自少数族裔)的恐慌或仇恨。《观察》倾向于过度报道黑人罪犯而不充分报道黑人被害者、尤其是两种情形中的男性。在上述第三期节目的主要案件中,我们已经确定了嫌疑犯的种族,其中只有四个是白人,而有十个涉及非白人个体(在 2 个案例中,白人和非白人都被牵涉到)。该节目也经常不能区分不同的种族和民族群体,而用像"北非外表"、"地中海黑人外表"、"科索沃外表"这样的短语来对犯罪人的"他性"进行均质。只在一个严重犯罪中牵涉到一位女性罪犯(在 2003 年 3 月那一期节目中,在一名黑人、一名白人进入屋内并制服被害的一家人从而构成恶性夜盗的犯罪之前,是一个亚裔妇女敲开了大门)。妇女罪犯常常在该节目的其他部分被描绘,这时,照片和闭路摄像依然伴随着她们作为欺诈和其他经济犯罪的实施者的形象。

被害人被稳固地定位于家庭结构内部,并因此被"承认"是无辜的、不应遭受此种意外的人。同样的情况从来没有在犯罪人身上发生过(Jermyn,2003)。罪犯的构建正好和被害人相反,当被害人被以他的家庭为背景来展示并因而确保了他们的"正常性"和"代表性"的时候,罪犯却是匿名的、被构建成个体性的、孤立于社会和家庭联系的存在。因为《观察》只能显示没有重要线索或嫌疑犯的案件(害怕对审判不利),罪犯在再现中几乎看不到,或者被象征性地报道成一个极远镜头中的角色,或者是在犯罪的场景中散步或跑步的角色,或者被报道成模糊轮廓的开车者。这种从远距离的**报道**加强了犯罪者作为没有和家庭或"正常"生活有联系的"外人"的形象。这是涉及公众对罪犯构建的重要的一点,并和那些关于罪犯的经历和他们犯罪的背景的其他电视类型形成了对比,引起了全然不同的反应。例如,Gillespie 和 Mclaughlin(2002年)进行的一项研究显示,在对传媒报道的分组讨论中,受访者对于罪犯的观点,依所讨论的电视节目的类型而不断地变换。在关于肥皂剧的讨论中,先前对罪犯表达的公开的惩罚的观点受到了挑战,对罪犯的态度被按受访者对角色的所知而最终重新组织。和早期的研究一致——早期研究认为,只要这些成员能够在被描绘的角色中以某种形式找到认同,传媒内容对受众成员就会有一个更重要的影响——Gillespie 和 Mclaughlin 发现,如果受访者能认识他/她,移情作用就会发生在罪犯身上,一个较轻缓的惩罚态度就会被适用。这种对罪犯背景和犯罪的背景的"深入的知识"恰恰是《观察》节目所缺乏的,同情、移情或理解在这个节目中恰恰不是选项。在把罪犯报道成"他性"和把他们的犯罪报道成没有意义的和随机的行为的时候,像《观察》这样的节目鼓励对罪犯厌恶和反感这样的情绪,并支持了关于惩罚的流行主义的观点(Gillespie 和 Mclaughlin,2002)。

令人好奇的是,在《观察》中刻画的那些犯下了不可饶恕罪行的罪犯的"外人"身份甚至被以和其他"体面的"、"受尊敬的"的类型的罪犯相关联的形式加以构建。在五十多年前巡逻警 George Dixon 最初形成的时候,为回应对不同阶层的罪犯的涉及,Nick Ross 提到了前面曾提及的恶性入室夜盗,"我怀疑任何人看到了这一点——甚至那些与犯罪有同样志趣的人,都没有经历过这样的事,并无论如何不愿意和这些家伙打交通"(《观察》,2003 年 3 月)。相比较而言,由于《观察》节目给受众的反抗、获得权力和对占主导地位的意识形态的颠覆创造了机会,因此很少有人承认该节目是一种除了为警方和广播公司提供了一种强有力的工具之外还能产生其他作用的传媒方法。例如,这种类型的节目是"学习犯罪的学校"的控诉就没有得到节目制作人和主持人的密切关注。美国的一项对 208 个监狱被关押者的研究表明,90%的人"曾经通过观看犯罪节目学习或改善了他们的犯罪技巧"(Hendrick,1997,引自 Meyrowitz,1985:118)。曾经在《观察》节目上放映的最声名狼藉的再现是取道屋顶袭击"英国储蓄贷款社"的复杂而又智巧的方法,这次改编过程中的细节是如此生动、如此准确,以至于出现了几个学习该广播传授的方法的成功的"模仿者",这引起了《观察》节目的制片人和警方重新彻底思考他们改编严重犯罪的方式。同时,英国的研究已发现,监狱服刑者观看《观察》是为了认出他们的朋友或帮手,并嘲笑努力破案的警察,把自己的角色合理化为暴力罪犯,并把他们自己置于"现实——当然是他们自己的现实之中(Daniels,1997;Jewkes,2002;Matthews,2002)"。

警察的犯罪观察

当警方首次因和电视节目合作而遭受指责的时候,他们起先还怀疑这种观点。然而,《观察》节目被证明是在警察处理过的最具效率的公共关系演习之一,实际上,就看到警察和公众为解决犯罪问题而一起工作所产生的温暖感这一点而言就超过了该节目的所有其他好处。这是很清楚地为警察所理解的事实,尽管有大曼彻斯特警察局长 Mike Todd 抵制该节目的警告。虽然《观察》节目的制作人很卖力地指出他们不受警方的干预,但是瞄准该节目的主要的批评是他们不从其他任何渠道获取信息,在播出的内容中,警察说得太多。在每一个节目被合成之前,研究者例行打电话给每位警察询问主要的未解决的犯罪,并邀请选出案件的侦察警官来到电视台工作室。这或许可以积极和消极的观点加以对待。一方面,制片团队对每一宗被侦察的案件的细节都有着独一无二的接近了解的机会,并且对案件的一些还没有揭示的内容知情。事情的另一方面是警方能够确定知识被运用的条件。每一期《观察》节目的播放都包括来自英国各地的 30 名警察来支持他们各自的案件。典型的场面是,这些人中总能包括资深的侦察警官,他们通常和主持人一起加入直播的采访,其他的警官处理电话并形成采访工作室的背景幕,现在的节目和 20 世纪 80 年代相比一个显著的不同是,出现的高级警官既可能是女性也可能是男性,这显示着妇女在警察行业的高级职别方面取得的进步。除此之外,还有一些警官是节目的常客,提供最长时间服务的是探长 Jacqui Hames,他自 1990 年以来就一直是报道组的成员。

《观察》节目无论在职业还是个人方面都对警方做着正面的报道。负责侦查的警官被邀请到工作室去讨论案件并给调查增添了"个人风格"。在这个意义上,警官的"电视形象"到底如何并不当然重要,他们接受过多少传媒培训也不是问题(虽然在镜头面前,绝大多数都轻松而自信)。关键问题是他们代表着警务服务的形象并承担着鼓励潜在的目击证人或知情者打电话向案件处理部门报案的信心的职能。在这方面,该节目毫无疑义是成功的,尽管在节目中或节目结束后打来的电话中只有两三个或许有用(依节目网站:www.bbc.co.uk/crime/crimewatch 的数字,平均可以有 1000

个电话)。

然而,从根本上,编辑控制是一种交易,是在那些认为《观察》节目给了他们无与伦比的潜在获取信息的源泉的警察和那些以给受众提供娱乐——无论是否在满足窥私癖——为商业目标的节目制片人之间的一种交易,是警察和传媒之间的联盟决定了该节目的寿命。《观察》节目对警察来讲是一个天堂,这一点不像批评或挑战他们兴趣的其他传媒类型。合作的成功可以从逮捕的数量上得以测算。自从第一期节目 1984 年开播以来,《观察》节目组宣称该节目直接实现了对 582 名疑犯的逮捕(2000 年 4 月 21 日《独立报》,引自 Leishman 和 Mason,2003:115)。主持人 Nick Ross 也常常间接在该节目每月的播出中提示所取得的成绩(如他在 1998 年 2 月期的节目中宣称,"自从上一期节目完成,9 人作为节目的直接结果被逮捕"),尽管令人印象深刻这一点毫无疑义,但 Irving 指出,这种声明不可能被证实,他认为那些逮捕即使没有电视的帮助无论如何也可能发生,那些被制片人和主持人骄傲的抽出的数字恰恰正是"适用于该主体的严谨性极度缺失的体现"(1990 年 9 月 3 日《卫报》)。因此,该节目作为强化警方作用和地位的工具和作为有效的打击犯罪的工具发挥着功能。在 2003 年 10 月版的节目结尾,Nick Ross 告诉收看的公众,"致命的枪击案在英国已经不再猖獗,并且自 20 世纪 70 年代早期以来英国此类案件的发生数是世界上最少的国家之一",他的这个对警察工作的颂扬被他例行的具有讽刺意味的结尾告白手法所巩固:"因此,除了提防胆小怕事的新闻记者以外,没有必要再做恶梦了。确实睡个好觉吧!"。更加肯定警察工作的是作为伴生产品的系列剧《犯罪观察解决的犯罪》(*Crimewatch Solved*)。该剧正如其标题所暗示的那样,对那些产生积极结果的调查和执行活动进行了改编。像有人指出的(例如,Leishman 和 Mason,2003),传统上赋予虚构侦探的直率和道德确定性,如今在反映集团利益的报道和在娱乐信息节目中可以找到。伴随着图表展示的犯罪率的下降、据称的警方达到的 25% 的破案率以及将"国家警察培训学院"绘声绘色地描绘成极端"老练的"和

"机敏的"机构,《犯罪观察已解决的犯罪》(2003年8月20日BBC1)极尽赞美地、尽其所能地把警察刻画成了英雄的犯罪斗士(Stick,2003)。

《犯罪观察》中的犯罪:一些总结性的思考

日益增长的认识认为,电视传媒存在于社会实践之中,并和许多其他的社会实践完全充分地交织,以至到了犯罪、罪犯和刑事司法不能从电视对它的播报中独立出来的地步(Sparks,1992;Farrell,2001)。我们虽不能做出全面的对传媒效果的断言,或者主张传媒对被"引发的"对犯罪的恐慌负有责任,但是,我们可以审视一般的传媒或作为传媒特例的电视如何结合起来影响我们认识自己的日常生活意义形成过程的方式(Jewkes,2002)。如Sparks所言,如果对犯罪的恐慌更多地是被不确定和不可知的可能性所支配,恐慌问题就会不可避免地会和报道、阐释和含义等问题相联系(Muncie,2001)。对某些犯罪类型程度、被害的可能性和对多发犯罪的定位的失实再现,注定会在这个国家产生关于"犯罪问题"的歪曲的图景。

《观察》节目制片人的核心目标之一是以不同的方式表达在屏幕上所描述的犯罪。他们借助于和地理分布相关的某种程度的成功来实现此目标(仍然存在着对在英格兰发生的犯罪的集中,这和对英国其他地区的报道形成了对比)。他们也坚持"新奇性"这个新闻必要条件以打破行动次序并给节目注入新的活力。例如,为书写本章而分析的三个有趣的事件中,新奇性的方法可以在节目的诸多方面找到。首先,制片人确实在努力涉及节目中不经常出现的罪种。2003年3月的节目包括了一个对偷窃珍稀鸟蛋的报告;而2003年10月那一期节目对一只被盗南瓜的报告的结局不仅将节目定位在了"即时"上(该节目播出时正是万圣节之夜以前),而且回应了独立电视新闻公司的设计的旨在给受众一种作为乐观的喜剧性注解的"最终……"的故事方式。该节目也旨在对犯罪的描述进行革新,这一点在一位机警的邻居从窗帘后面摄录的家庭摄像原始镜头展示的一位老妪让两个夜盗贼进入她的家中的节目中有体现(2003年3月)。新奇性方法在2003年的节目中被进一步使用,在该节目中第一次使用三维电脑影像来展示一宗强奸案发生宅第的内外装修情况。

然而,该节目总体上并没有从针对一些有限类型的被害人的有限类别的严重犯罪这样的经过检验而可靠的报道程式上充分移开。一位《观察》节目的制片人曾发表意见认为,该节目在努力实现各种项目的综合和平衡,他举例说,在一期节目中包括了在Tonbridge Wells发生的袭击并杀害妇女的案件和对Notting Hill发生的强奸案进行了再现报道。但是,他的"《观察》报道着遍布英国各地区的案件"的论断并不能服众(Schlesinger和Tumber,1994:261)。直说就是,《观察》中极可能出现的案件是涉及较高程度的暴力的针对个人的犯罪案件、具有性本质的、特别是牵涉到年轻妇女和女孩的案件;极不可能出现的是白领犯罪、机构或国家犯罪和警察把侦查搞得一塌糊涂的案件(Schlesinger和Tumber,1994)。一些有用的预防犯罪的建议也很少见。清晨在Blackpool打电话的女孩被袭击案件是一个没有能提供预防性建议的好的案例。除了强调在夜间独自外出的年轻妇女实际上是选择了拥有不必要的危险这样的提示,主持人会用主持节目的机会提醒女性观众携带强奸报警设备的意义和移动电话带来的虚假的安全感(即使在另一端接电话的人是一位警官,尤其是——像在这起案件中——他当时在另一个不同的城市工作!)如果她们不得不在夜间走路,该节目可能在鼓励妇女们联合起来,并像去小酒馆的人被鼓励阻止那些可能喝了超过法定允许数量酒的人开车回家一样,鼓励朋友们互相劝阻在夜间独自外出。这种在电视节目中没有提出建议的事实不可避免地使对《观察》将公共服务和娱乐之间的平衡置于何处的问题继续被提出来。

总结

- 传媒并不是唯一应该受惩罚的引起犯罪恐慌的对象。实际的被害危险、先前的被害经历、环境条件、种族划分和先前和警察或同刑事司法系统的接触都是复杂的、促成程序相互交错的影响公众焦虑的多种因素。正如 Richard Spark 评论的那样:"人们对关于犯罪和惩罚的传媒事件的接受最好在'原处'领会,在这些案件中,许多普遍被犯罪学家和其他人抨击为'非理性'和'歇斯底里'的公众反应,倾向于变得非常容易被理解(2001:97)。"

- 然而,传媒或许可以被认为在创造这种文化氛围中起到了重要的作用,即在这种氛围中,某些类型的犯罪比其他类型的犯罪更经常、更高密度地被刻画,这种扭曲可能会助长某些部分的受众夸大他们被害的可能。考虑到《英国犯罪调查》所提示的对犯罪的恐慌与统计发生数字之间的成反比的关系,就威胁那些最"害怕的"但实际最不可能在他们——尤其是发生在年轻妇女孩和年老的人身上的犯罪——身上发生而言,传媒对犯罪的过度报道和过度耸人听闻化有部分的责任。

- 有些评论家认为,作为传媒将重心集中在最不典型的犯罪身上和用一种耸人听闻和窥私的方式进行报道的结果,妇女和老年人被并入群体恐怖并变得对避免成为被害人的过程中自身所起的作用过分敏感。一个这方面经常被挑选出来批评的节目之一是《观察》。在调查中,相对较少的女性电视观看者表达了下列观点,即该节目促使妇女把自己作为潜在被害人进行定位的性别歧视。这表明绝大多数女性收视者不加批判地接受了她们"面临风险"的状态并相应地调整了自己的行为。同时,在过分强调针对在公众场合露面的妇女和女孩发生的性或暴力犯罪之中,《观察》强调了女性在她们的被害中的罪责并含蓄地支持了男性有可以在任何时候去任何地点的"特权性"权利。

- 《观察》所采用的犯罪种类的惯例不仅导致了对绝大多数

发生在妇女身上的暴力型和性犯罪的压倒性地强调(经常被构建成"悲惨的被害人"),而且还用来作为构建罪犯和犯罪场景的一种特殊的方法。被展示的犯罪通常由非名人、男性的陌生人("他性")来实施;要么在被害人的家中实施(这是一种特殊的侵犯、暗示着她们的脆弱性)或在公共场所发生(通常是"在街上");犯罪不仅导致个体的被害而且还导致了被剥夺了他们所爱的人的家庭的被害,像本书中讨论的其他例证,即使当性和暴力犯罪的事实暗示着家庭常常是(很大部分是男性)暴力、性虐待和谋杀的发生地点,这种对事件的构造意味着对传统的保守的家庭和性别关系的认可和赞扬。《观察》也被认为在忽视其他犯罪,尤其是那些涉及组织、机构和(相对)有权势部门和人物的犯罪。例如,中产阶级和白领犯罪——当被刻画时——常被包括在"呼吁"这个短小的节目部分中,在这里,诈骗者或侵吞、盗用公款者的照片会被登出,并附有对他们名字和行踪的信息的需求。组织犯罪几乎在《观察》中根本看不到,在其他的传媒种类中亦是如此,戏剧化的再现——这是节目中的主要工作和它不断发展的主要原因——几乎千篇一律地包括性犯罪、暴力犯罪和偶发性质的犯罪。

- 《观察》也是一个在警方和传媒之间存在合作关系的一个主要的例证,维持秩序日益不断地不仅在它的政治和社会背景中被理解,而且作为和传媒报道文化有纠缠关系的一套语意学的实践被理解(Farrell,2001)。"形象作业"是不断认识到警务服务不仅是物质性的而且是标志性的警察机关的关注中心(Mawby,2002)。

- 多亏像《观察》这样的节目,"来自家庭的呼吁"、"犯罪的再现"以及"采访资深警官以请求社会协助"这样的节目现在已经是各种传媒类型惯用的模式。这些交流节目的影像和语音被警方仔细设计和选择,以劝说那些潜在的目击证人、罪犯或者那些觉得有人可能实施了犯罪的人来通报他所知道的信息,在这方面,我们看到了一种令人愉快的向仁慈的和一致认可的以"Dixon of Dock Green"为代表的警务的回归,但是,自从巡逻警 Dixon 出现在巡逻区,传媒和警方的关系就被描绘成困难和互相仇视。近年来,警方试图笼络和利用传媒以获取一个积极、合法、负责任的形象,然而,两个组织之间的形成的信任契约仍然脆弱,这一点可以在传媒不定时出现的对警务服务内部的种族主义和性别歧视的报道中得到证明。

研究的问题

1. 有人认为,巡逻警 Dixon 已经不计其数地被"去人性化和埋葬了"(Greer,2004),为什么 Dixon 持续受到欢迎?为何在 Dixon of Dock Green 停止播放这么长时间以后 Dixon 的形象仍然被唤起?

2. 展开你自己对《观察》的编辑的分析。在多大程度上它遵循公众新闻出版和广播传媒的新闻报道的传统(也就是说,"新闻标准")?你选择的版本的报道或重构是符合还是轻视了 BBC 节目的标准?

3. 以你作为一个观看者的经验,《观察》是否扩大了对某些类型的犯罪的恐慌?如果扩大了,这种影响是长期的、扩散的还是短期的?它的影响是否植根于地理位置和文化上的相近似性?

4. 除了 2003 年 10 月 BBC 播出的《秘密警察》(The Secret Policeman)这个例证以外,还有许多其他案件,在这些案件中,个人(尤其是名人)在涉及像收受钱财以支配赛事、或在经营中收取回扣、或者购买毒品这样的违法、犯罪中被偷偷摄了像。个人常常像在 BBC 的记录影片中那样被新闻记者通过相当于陷阱的手段所陷害。这种记者的暗中的调查方法在像性别歧视、种族歧视、腐败和其他的否则就不能揭露的案件中的使用是否合法?

进一步的阅读

Robert Reiner 在警察和传媒的关系上创作了大量的著作,包括他撰写的"Media made criminality: the representation of crime in the mass",该文发表于 Maguire M., Morgan R 和 Reiner R. 编辑的 *The Oxford Handbook of Criminology*(Oxford University Press),以及"Mystifying the Police: the media Presentation of policing"发表于 Reiner, R. 的著作 *The Politics of the Police*(Oxford University Press)(2000),对该问题的一个出色的合乎理性的最新的分析由 Leishman, F 和 Mason, P 提出,参见其著作 *Policing and Media: Facts, Fictions and Factions*(William)。Mawby, R(2002)的著作 *Policing Images: Policing, Communication and Legitimacy*(William)在当今的警察不得不参与的"形象作业"的有关问题上的论述尤其出色,考虑到警务问题和对犯罪的恐慌之间的关系,本章有意集中在刑事司法体系的一个因素——警察上,然而,这并不是说对犯罪的恐慌并不暗含地和刑事司法的其他方面相关,例如,法庭(尤其是被认为做出太难以理解或太轻的刑罚判决的法庭)或监狱(由于当代社会的危险性和反复无常或许被视为过于拥挤),这些刑事司法的其他方面和传媒对它们的报道被 Jewkes, Y.(2004)的名为"Media Representation of Criminal Justice"发表于 Mucie, J 和 Wilson, D. 编著的 *Cavendish Handbook of Criminology and Criminal Justice* 一书中的文章所探讨(Cavendish)。除此之外,Mason, P. 编著的(2003)*Criminal Vision: Media Representation of Crime and Justice*(William)也包含了一些有趣的主题,包括 Mason 自己撰写了一章关于监狱的电影再现——一个对他早期的章节内容的继续,该章题目为"Prime crime and punishment: the British prison and television",载于 Kidd-Hewitt, D 和 Osborne, R(1995)年编著的 *Crime and Media:*

the Post-Modern Spectacle(*Pluto*)。还有前述曾提及的 Criminal Version 一书包括由 *Jermyn* 撰写的涉及《观察》节目的名为"*UK' Photo stories and family albums: imaging criminal and victims on Crimewatch UK'*"的文章。Kay Weaver 所著的"*Crimewatch UK: Keeping women off the street*"发表于 *Carter,C*,Branston 和 *Allen,S* 编著的 News,Gender and Power 一书之中。然而对《观察》的最好的导言性分析参见 *Schlesinger,P* 和 *Tumber,H.* 1994 年的 Reporting Crime 一书(*Clarendon*)。

第七章
犯罪和监管文化

章节内容

统观主义	209
监管系列措施	211
身体的控制	214
治理和政府监管	216
安全性	219
利润	224
窥私主义和娱乐性	228
从统观设计到监管措施综合再到回复传统	232
"大哥大"或"勇敢新世界":一些总结性思考	234
总结	237
研究的问题	238
进一步的阅读	239

概 览

本章包括以下内容：
- 对作为现代监管方法象征的统观主义的盛行做一个简要的考量。
- 讨论在何种程度上监管技术和监管系统被结合起来形成具有惩戒力量的监狱性网络。
- 揭示在过去二十年间导致监管急剧扩张的制度基础和动机。
- 在具体的场合——工作间——讨论和监管有关的原理。
- 分析传媒和公众文化如何通过报纸、电话、电影、音乐、艺术等方式的报道来使我们形成对各种监管的概念的认识，以及大众传媒所产生的"受众社会"（viewer society）如何综合统观式和概观式监管类型。

关 键 词

监狱型的社会	统观设计和统观主义	监管系列措施
身体的控制	利润	概观主义
政府监管	安全性	窥私癖

在过去十五年间，西方社会监控的使用发展迅猛，已经到了绝大多数公民可以认为他们社会生活的每个方面几乎都处在了被监控、观察、分类和控制的程度。在各种监控方式中处于最前沿的就是闭路电视，据估计，平均每一个在大城市生活、工作的人每天都会被摄像多达300次。如果你想使用信用卡、从银行取款、为老板打工、在选举中投票、购买货物、参加足球赛、开车、乘火车、使用移动电话或在互联网上冲浪，从视觉的角度来说你想保持隐蔽是不可能的，很简单，最近几年我们都已经亲历了"身份隐匿的消失"

(disappearance of disappearance)(Haggerty 和 Ericson,2000:619)。

同时,监管问题也成了学术思考的一个重要问题,它既是理论分析的沃土,又是政策制定者以及那些吸引来自中央和地方政府代理机构、政策实体、保险公司和私人公司投资的商业经营者的重要利益所在。这个领域的绝大多数犯罪学研究已经揭示了闭路电视的作用——或者在具体的背景之中(例如,Beck 和 Willis 1995 年分析闭路电视在批发业的作用、Newburn 和 Hayman 在 2001 年对伦敦一家警局的闭路电视的应用的研究),或者概括性地对它在环境预防当中的作用或影响(参见 Clark,1997,关于此问题的概述)进行评估。监控因此成为关于"目标加固"、"防卫空间"和被害(Newman,1972;Bar 和 Pease,1990;,1994)研究成果的基础。有一些研究开始审视像闭路电视这样的视频监控手段在减少犯罪中是否富有成效或者只是将犯罪挪移到临近地区(相反的发现,请参 1995 年 Short 和 Ditton 的著作)。还有一些研究集中在视像监管体系对减少公众对个人安全恐慌的作用上(Bennett 和 Gelsthorpe,1994;Ditton 等,1999)。鉴于这些问题在其他犯罪学教科书中都有详细地介绍(例如,Coleman 和 Norris,2000),本章将采取不同的方法讨论监管快速扩张背后的原因以及它对社会分层和社会控制的潜在作用。本章还将综合犯罪学领域的观点和那些在社会学领域和人文研究两个领域杰出学者的主张。用 Giddens 所下的定义就是(1985),"监管"这个术语被用来指示两个相关的现象:可以用来操控那些聚集在其周围的人的行为和由那些处于更权威位置的人对一些个体直接的监管。但还是让我们从思考将学术领域关于监管的争论统一起来的话题——"统观设计"开始吧。

统观主义

在公众的意识中,对闭路电视和监控的意象被"大哥大"的角色所主宰,这是一种 George Orwell 所创造的全知、全见、无形的超级力量。然而,在对监管的学术讨论中,占主导地位的隐喻已经变成了**统观设计**,这是一种特别有助于讨论一些人监控另一些人的行为的技巧。18世纪改革家Jeremy Bentham所发明的圆形监狱这种统观主义设计,是一种可以适用于监狱、学校、工厂、工作间以及其他由一些权力较大的少数个体对一个较大群体实现监控管理需要的技术设计(的确,Bentham设想整个城市以这种统观设计进行建设)。统观设计的惩罚性要素如此明显,导致了它常常和监狱设计相关联,尽管学术著作一般认为Bentham的模式从来没有实现过,但有不少的监狱是按**统观主义**的大原则建造的则是不争的事实。简言之,Bentham的设计包括一个在周围全部布满囚禁个体房间的圆形建筑,中间的观察塔可以监视囚犯的一举一动。一套照亮囚室但使观察塔处于黑暗状态的设计使一个人监视许多个知道他们被监视、但不知具体在何时被注意的囚犯成为可能。因此被监管者就只能以好像总是被监视那样地行动,服从和不抵抗就有了保证。能被看到而不能去看的心理状态引发了不需要看得见的阻却手段和公开暴力相结合的恐慌。统观设计随即被那些对它有Foucault式偏见*的人所挪用,他们抽出这种建筑结构背后的意识形态的观念,并将其作为新的通讯和信息技术潜力的一种证明。在写到在17世纪末的那场瘟疫时,Foucault(1977)描述了市镇的一些地区是如何被用警戒线隔离并置于检查市镇每个部分的保卫人员不断地警戒之下,以确保没有人逃脱而向更大的范围传播瘟疫的。相应地,像Bentham监狱中的囚犯一样,市镇的人们不是简单地被监视,对他们的监管被设计为阻遏因素发生作用,或者作为一种鼓励市民按某种方式行动的忠告。因此,对Foucault而言,

---

* 在福柯之前,在真理认识和权力之间的关系上,许多学者都试图通过将真理客观化、神秘化来实现权力与真理的分离,来确认真理可以超脱于权力之外,但福柯明确提出了知识不存在于权力之外的观点,他认为,知识是权力的眼睛,知识是支配他人、限制他人的手段,它总是以真理的名义为权力辩护的,而权力已经在社会生活中弥漫,它对个体进行着越来越多的控制,整个社会逐渐成了一个监狱一样令人窒息的社会,每个人都在经受着或多或少的监控与限制,人注定了是被监管的对象与客体,由于福柯过于强调社会对个体的控制,因此有人将他的思想总称为福柯式的偏见。——译者注

Bentham 的建筑设计不仅仅是允许少数不可见的人去监管其他大量人口的一种将来监控设计的蓝图,而且还是一种获得对服从者、顺从者绝对控制的一种手段。

监管系列措施

统观设计的针对性明显和闭路电视有关联,但是它总是不断地被用作一种其他革新的隐喻,尤其是和那些结合计算机使用的革新(ID 卡、商店会员卡、基因库、加秘、指纹、掌纹、眼扫描、声音确认、数字化面部识别等等)。换句话说,科技的进步已经使执行训诫功能的监视超出了像监狱或工厂这样的封闭的界限和控制的环境范围而把社会作为一个整体包括了进来(McCahill, 2003)。然而,正如 Norris 和 Armstrong(1999)所言,闭路电视系统的统观效果有限。它有三个缺点应注意。其一,那些在像街道这样的公共场所安装的闭路电视系统不可能持续运行,而且对那些故意要实施偏离行为的人而言,伪装他们的外貌或者从镜头的注视中移开是相对较容易的事。例如爱尔兰共和军的准军事组织在这方面就特别内行。在过去十年间,尽管在易遭受炸弹袭击的地区不断地增设镜头,但警察和北爱当局在甄别有责任的个体方面却相对收获甚微。其二,即使偏离行为被监视到,但采取迅速反应行动的能力有限。在绝大多数情况下,闭路电视的操作者本人并未被授予处置这些偏离事件的权力,他们也没有办法督促警察采取迅捷的措施。Norris 和 Armstrong 举例说,在对 3 个城市的闭路电视中心控制室进行的 600 小时的监控调查研究中,他们只看到了 45 次调度应对。

在当前场合闭路电视最有趣的第三个限制是只有当统观设计这样的惩戒力量在和被监控的个人信息相结合时才能发挥完整的作用。Norris(2003 年)认为,尽管在英国闭路电视有了极大的扩张,但这些闭路电视的操作者总是存在的将个人的影像和更多的详细的知识和信息相联系的低能给作为统观设计的功能带来了极大的限制；按 Haggerty 和 Ericson 的话说就是，这种监控"常常有 1 英里宽，而只有 1 英寸深"（2000:618）。简言之，除非像关于犯罪人的名字、行踪、地址、先前的犯罪记录等这样的进一步的犯罪信息能够被收集到，警方对于被录像的已经发生的犯罪无能为力，正因为如此警察才使用像《观察》这样的节目呼吁公众来"填充空白"。

另一方面，监控的深度和密度也可以通过其他不同技术的联结获得（例如，数字化的闭路电视系统和计算机数据库）、或通过组织的配合取得（例如警察和个人安全机构）。Haggerty 和 Ericson（2000）将这些曾经分割的监控系统的聚合称作"**监管系列措施**"（surveillant assemblage）。但无论这种联合的监管系统有多么复杂，它们仍易受人们的错误或无知的影响。通过例证，Norris 和 Armstrong（1999:221）发表报告认为，有两个威尔士球迷错误地登陆了"国家足球情报部"的数据库（National Football Intelligence Unit's database）从而被认为是流氓捣乱者，在鉴别出他们的身份后，他们在随队参加在比利时的客场比赛时被逮捕，尽管他们未做错任何事，这两人随后被驱逐出境并被禁止在欧洲的任何其他地方旅行，此事引发了电子特征识别优先于"真实"特征识别这个有趣的问题。一旦关于个人的信息进入一个联合的监管系统，无论它是影像性的、还是文本式的，即使它是虚假的，它们的特征都会被"固定下来"。这在很大程度上类似于个人的法律特征由采自他由生至死的大量信息所构建，这些信息包括出生证明、护照、雇佣史、医疗和齿科记录、犯罪记录，死后信息等等——这些都是获取他们、定位他们的不断增加的大量档案（Finch, 2003；cf. Foucault 1977），因此，个体可以在非记录性的、影像的监控网中被定位。

越来越多的情况是，在对任何一件主要的犯罪案件的调查中都会包括被害人和嫌疑人的活动及消费方式、他们自己的阅读品味、个人关系、性经历，他们个人私生活的各种其他方面都被编辑进详细地"反映他（原文如此——原著者注）从规则中偏离出来的行为"（Poster, 1990:91），这种信息的结合因此常常通过大众传媒形成公众的知识来实现。例如,随着《观察》节目主持人 Jill Dando 被暗杀在她伦敦寓所的门槛上,据透露有 14000 多个电子邮件被检查,在她的传真资料中的 486 个名字被调查,另有 2400 份口供被采录。关于她和她的未婚夫和刚愎自用的前任男友的故事开始出现在小报上。进一步的信息被通过其他层次的监管手段获得。例如,当闭路电视原始镜头显示有一辆蓝色的陆虎轿车在谋杀发生后不久急速驶向画面的南面方向时,共有 1200 部车辆被进行了追踪。这些措施的结果是,谋凶案的侦破小组 7 个月后逮捕了一个被怀疑盗窃这种车辆的嫌疑分子。在她死后一周内,警方播放了她在被害的那天早上在 Hammersmith 购物的闭路电视录像,同时透露,该案"主要嫌疑犯"乘一辆 74 路车逃离,并在 Putney Bridge 下车前用手机通了一个电话。在 Dando 被害一年后的 2000 年 5 月 25 日,Barry George 在其住宅被严密监管一段时间以后被逮捕。然而,具有讽刺意味的是,不是一件高科技的家什促成了 George 的被捕,而是一本西伦敦警局的详细记录着疑犯先前的性犯罪和持枪犯罪情况的"被翻旧了的索引卡"(2001 年 7 月 3 日《泰晤士报》,可参见 www. timesonline. co. uk)帮了大忙,这张卡在谋杀发生后 9 个月内仍未被发现,后来一位警官偶然发现了它。

　　显示当资料的片断被结合在一起时能得到深度信息的另一个例证是对 2003 年 7 月在一个互联网聊天室"遇见"了一个 31 岁的美国男子后失踪的 12 岁的 Shevaun Pennington 的寻找。伴随着 Shevaun 安全回家,尽管她的家庭要求了解关于他们失踪孩子和诱拐者的进一步的信息,但下列情况被广泛报道,即多亏能够不断获取疑犯移动电话通讯的全球卫星定位系统,警方一直掌握着孩子和诱拐者的行踪。依靠该系统,警方可以误差不超过几米地定位出手机的位置,甚至在关机时也可以激活此电话。而且,警方通知了信用卡公司,因此当疑犯用他的信用卡购买机票时报警装置会被自动触发。与此同时,疑犯家乡的警察搜查了他的个人电脑并且发现他下载过儿童色情物品,他的犯罪记录也显示他曾在美国因性骚扰一个 12 岁的小孩而被控告(Morris 和 al Yafai,2003)。在

Wigan,Shevaun 的电脑也被检查,结果发现她已经在父母不知情的情况与这个美国人联系了一年多。更异乎寻常的是,据报道曾是海军陆战队员的疑犯用军事行动般的精确设计了这次诱拐行动。法庭对他电脑的分析显示,他和 Shevaun 的聚会和逃离有种特工模仿曲棍球运动员运用"16 码得分"策略的味道。

以上的两个例子只是来证明监管还远非一种整体性的技术手段。它们凑巧是两个备受关注的案例。但即使我们将讨论限制在通过闭路电视对"普通"公民的普通监控上时,我们事实上还是指由镜头、电脑、远程通讯和人的一种结合(Norris 和 Armstrong, 1999),例如,在对位于英国北部城市的闭路电视的社会学研究中,McCahill(2002)论述了那些为闭路电视的操控者知悉的人或许更易受侵入、或者延长的监控干扰的情况,这不仅因为被监控者先前的犯罪被观察或录像、而且因为监控者也居住在相同的地域,或者因为和被监控疑犯是同学、或者因为和疑犯的父亲同是一家飞镖俱乐部的会员。警察常常使用不断积累的知识,安全保卫人员或许会向他们暗中通知疑犯的活动,或者允许社区警察呆在控制室里盯着监视器。总之,人和组织的网络常常被说成是构筑成一个"**监狱化社会**"(carceral society)(Foucault,1997)。因此,公共生活越来越多的方面正在变得受到通常和监狱相联系的那种类型的惩戒性力量的控制。换句话说,先前分割的技术结合成一种监管系列措施并设计成创造纪律和控制的系统(Haggerty 和 Ericson, 2000)。而且,这种纪律和控制的系统受那些代表着推动它、运转它的人的基本的动机和需要体系驱策。在对 Haggerty 和 Ericson 类型学稍加改进中,这些关于监控的基本原理将以下列标题在本章被进一步探索:身体控制,控制和政府管理、安全、利润、窥私主义和娱乐。

身体的控制

在《纪律与惩罚》(*Discipline and Punish*)(1997)一书中,Foucault 讨论惩罚措施从施加身体痛苦、公开示众(本书以一个人被吊死、被车裂或被碎尸这样令人毛骨悚然的场景作为开头)到注重对思想的控制。在西欧出现的惩罚思想的转型在一个值得思考的年代中产生了:Foucault 所述的酷刑产生于 1757 年的法国,在英国,最后一个公开执行发生在 1869 年,到 1969 酷刑才得以废止。后来,Cohen(1985)在关于社会控制的论文中发现了一种从思想关注退化到身体关注的"主要的变化";换句俗话说,从思想和目的到身体的复归;另一方面,在当今的社会,身体已不再是惩罚的立足点而是犯罪预防策略的标靶。

这种方法的一个方面是大量的将监管指向监控、立法化和**对身体的控制**。对特定的目标群体的监管可以通过技术和肉体之间的结合获得,而这种肉体和技术的结合则包括从肉体和科技手段的物理结合到更偷偷摸摸、拐弯抹角和非公开的信息制造手段的适用(Haggerty 和 Ericson,2000)。前者包括各种形式的现在已经很常见的电子标签,例如在新生婴儿的手腕或脚踝上缚牢一个不仅能够包含新生婴儿的电子信息、而且还可以在婴儿的活动超越安全界线时触发报警的装置。对罪犯和缓刑犯适用的电子监控器、和在宠物皮下埋植可以探测其行踪的微电子芯片,都是利用皮肤—技术—信息结合模式的不同的应用实例(Haraway,1991)。间接的依靠远距离身体监管包括通过电脑键盘的点击监控衡量办公室的产出和效能,以及对商店员工的肢体语言进行视像监管以确保他们在贯彻他们雇主的为消费者服务的理念(参见下文)。

对于识别技术而言,身体监管超越了个体和孤立的群体达致整个人群。在这个方面,个体识别通过生物统计学研究获得,这都是依托于物理贡献的识别——指纹、手掌扫描,视网膜识别,体液等等。在这个全球监管的社会里,一个人不再以他拥有什么被识别(例如,一本护照或一张信用卡);也不再以他知道的东西来识别(例如个人身份号码),而是不断地由决定他是什么的东西所识别——一个独一无二的身体部件的集合(Lyon,2001)。具有讽刺意味的是,尽管以一种更加复杂的伪装形式,但实质上我们已经转到了实证主义犯罪学派测量身体、头颅等等这样的人类学度量的偏见上。因此,对于"身体的信息化来说",并没有什么新东西(Van der Ploeg,2003:58）。生物统计学识别的原始形式已经存在了几百年,在19世纪末拍照和指纹领域的发展伴随着行政和档案记录的集中化和官僚体系化。事实上,指纹是监控形式中因熟悉和多样性的使用已经消退了它自身的许多坏名声的好的例证。一旦被执法机关作为一种独特的识别嫌疑罪犯的手段使用,伴随着这种应用可能引起负面意义,对指纹的使用已经扩展到包括特权卡持有者、常坐飞机者、俱乐部成员和图书馆使用者（2003）;同时,在法庭犯罪调查的背景下,传统的指纹被"基因"指纹、或者被称作基因检测的方法所取代。近年来,从DNA样本中获得某种结果的速度持续加快,许多曾永久性地成为警察档案的犯罪案件,被通过对衣物、枪械或其他嫌疑人接触过并被侦查部门封存的物品上的DNA检测而被迟到地告破,但是,尽管DNA给我们提供了一个不可能在两个个体间转换的独特的识别器,但没有哪个系统永不出错。即使在每天的个体识别中有包括像DNA这样的效果明显的手段可以借用,就像伴随其他科技的发展出现的情况一样,职业罪犯和恐怖分子总是能领先警察一步（Jewkes,2003a,2003b）。DNA能被克隆、能被"移植",在自杀性爆炸和恐怖主义"烈士"袭击的场合,常常使所谓的技术变得不相关。

治理和政府监管

在关于闭路电视和其他监管形式的犯罪学文献中不断显现的一个主题是,这些监管系统在一个精算式的推理过程中被引入了背景分析。换句话说,闭路电视在社会控制的广泛策略中占据了特殊的地位,它已经从"反应性"的被动行动（也就是说,只是在规则被违反的时候才被采用）变成了"预先行动"（即尝试在违法犯罪发生之前预测规则的违反）（McCahill,2002;参见 Cohen,1994）。视像监管系统因此被视为是大量的风险衡量、犯罪控制策略的一个要素,这些策略也包括对与监狱囚犯和那些被假释者相关的"危险"进行的风险评测、对性罪犯的全国记录以及对社区中有恋童癖者的通知、承担着对当地犯罪情况进行监控的社区的安全互助、以及那些试图在建筑物和城市规划中将犯罪设计排除在外的努力(O'Malley,2001;Stenson,2001)。监管系统不仅加强了改造政策,它还创造了一种新的管理方式。这种"改造的理想"对"治疗"那些引起个人犯罪的病症的允诺以及对于消灭贫困、不公平和艰难困苦的美好境界的唤醒,都主宰着20世纪的绝大多数时期的犯罪学论文(McCahill 和 Norris,2002)。但近年来,随着对犯罪和可以观察到的刑事司法体系忧虑的不断加强,那些当权者已经从任何形式的自由主义的假托退却并着手适用专制主义的民粹主义策略,开始使用像"监狱工作","零忍耐"和"强硬对待犯罪"这样的策略方针(Stenson,2001。)

关于监管的新说教也反映在古典犯罪学理论的复兴之中。在古典犯罪学派看来,犯罪是机会性的和"正常的",换句话说,不需要对罪犯进行特殊的适应不良调节(McCahill 和 Norris,2002)。这些理论方法的特色近年来伴随着从以个体犯罪人为导向的政策向那些瞄准"犯罪基因的生成环境条件"的转变而发展(2002;另参见Garland,1996,1999),这些被重视的生成环境条件包括汽车市场、夜晚的城市中心、失修的周边环境、照明糟糕的街道、学校和大学、交易中心和足球竞技场,新的手段的目标是引进环境犯罪控制的方法,一个新的**政府监管**的方法(尤其是像闭路电视这样的影像监控)是对选出的那些不"属于"这些环境的人采取先发制人的措施进行驱逐(Naughton,1994)。因此,不是设法去容忍、理解和改造那些不同的人和危险者,而是思维方式朝着更少的花费和简单地将他们从特定地点和获得商品和服务的特定机会移开的转变;控制流动性和行为以及操控他们而不是改变他们的转变(Hudson,2001;参见 Simon,1997;Young,1999)。这些转变的态度不断被视为不仅仅是控制犯罪的努力,而且是在"犯罪的过程中进行治理"的新的"政府监管"(Simon,1997;Stenson,2001:22)。依据 Stenson 的观点,这个过程不正确地将贫穷的白人和少数族裔列为了标靶,这些人被不断地分割并起到"人类垃圾筒的作用,在那里,生存、激动和成功以及企业的机会越来越多地依赖于涉足非法经济活动"

(Stenson,2001;18;参见 Hobbs,1995;Farrell,2002)。Davis 这位专业描写洛杉矶的作者,也发现了在新的核心商业区同贫民区出现了一个相似的隔绝,他认为,这种被隔绝的过程,具有一种潜在的种族主义的弦外之音(Davis,1994:4)。

用识别、分类和鉴别来实现人群的可计量化的转向可以通过一套复杂的策略体系来实现,不难看出监控技术在其中起了多么重要的作用。随着越来越多的现代社会的疾病被描绘为"犯罪"问题,个人和组织被鼓励将他们自己视为潜在的被害人和积极地应对他们面临的风险,对犯罪的应对因此不仅为警察和刑事司法教授、而且为保险行业、社区、雇主、零售经理等等所演习(O'Malley,2001)。它们常常以应对那些给经济稳定和社会秩序造成危险群体的能力来证明自己的正当化,而这种由各种主体所适用的监管方法能够导致对被选定的危险产生更宽泛的定义。例如,引起民权组织关切的、最初创始是为了促进对像谋杀和强奸这样的严重罪犯进行鉴别的"英国国家基因库",现在未经允许就从被判有罪的人或事后最终被判无罪的立案案件的嫌疑人那里采集基因标本。像"Liberty"这样的民权机构对被起诉但没有定罪时就采集DNA 样本和指纹尤其感到忧虑。但是,内政部却在计划修订刑事司法法案以允许采样可以更早地在逮捕阶段进行。对那些担心"大哥大"国家变为现实的人们更应加以警惕的是,现在有人呼吁将 DNA 检测扩展到所有的英国人口(Radford,2002)。这一幕所引发的忧虑是,DNA 不仅被用来建立识别体系,DNA 也许还能够提供一套彻底的基因预测,因为有越来越多的研究声称,特定的基因可以预测出将来的物质嗜好、性行为倾向以及犯罪和暴力倾向。

照此,一套植根于 DNA 预测的识别系统能够导致社会的分层,产生一个植根于会不可避免地加剧那种鉴别系统所带来的排斥性影响的、以基因精英主义为基础的勇敢新世界。不仅会冒引发形成极糟糕社会的风险,这样的一套系统也会引发对立,因为这样的一个系统将会通过便利建立一个统一的关于个体的综合的信息库带给这个国家一个大哥大式的全知社会,而这种信息库会和公众对关于创建一种 Orwellian 式的监管国家*的恐惧相联系。(Finch,2003,101)

因此,似乎 DNA 作为一种日常监控的积极方法的潜力非常有限(也就是说,作为一种为公众所接受的形式,例如,用在减少日益增加的盗窃),因为,很简单,绝大多数人认为一个由风险记量所控制的社会将使每个人成为被监控的合法的标靶(McCahill 和 Norris,2002)。

安全性

到目前为止,所概括的作为监控和资本主义过程的结果之一是,伴随着城市空间不断地被分割和加固,定居在那个区域的人们开始罹患不安全感和妄想的折磨。尽管那些多余的和不受欢迎的人被留在了被控制起来的城市空间的空隙之中,但是存在着一种占据新近被私有化了的公共领域的人们进一步把他们妖魔化的趋势(Graham 和 Clark,2002)。

正如在前几章讨论过的,当不同和多样性不被容忍、更不要说被欢迎的时候,将这些人视为"他性"和担心它们成为引起问题的恐惧会变得更加明显,在这种环境下,可视监管技术或许进一步增加了公众的恐慌并且促成了将公共场所视为危险处所的印象。自相矛盾的是,这种从某种程度上讲是由于过于广泛使用监管措施引发的恐慌的应付对策却是使用更多的监管,因此,形成了大范围的封闭隔裂和集中居住的"堡垒意识(fortress mentality)"的加强。例如自助式闭路电视系统这样的个人和家庭装置在城市和乡村都日渐普通。英国的建筑和设计者追随加固社区的美国榜样,力图给处于社会经济谱系两极的居民提供安全防护。富裕阶层能够在

---

* 受严格统治而失去人性的社会,有时也指国家过于把持社会权利的国家类型。——译者注

一个由墙壁、铁门和 24 小时的监管系统组成的自我封闭的社区内过一种密封的生活,"Joseph Rowntree 基金"这个发展慈善团体就刚刚将其所有的两处塔式建筑变成了一座装了门的社区——它全部被栅栏包围、拥有一个交互通讯系统并有一个门房(Oaff,2003)。同时,2002 年度的电影《Panic Room》反映了富裕家庭对于一种可以防卫生化武器袭击的掩体的不断增长的需求,这样的房间有可以向警方报警的按钮,还配有可以使房主观察他的其他财产不受风险威胁的内部闭路电视。尽管更多在美国存在,《观察》报道说,对于这种房间的需要因为商人、名人和那些来自不稳定国家的外交官阶层而持续增长。

毫无疑问,监管科技已经剧烈动摇了个人和集体之间的界域,没有其他问题像担心失去私域这样地引起公众的不安(Lyon, 2001)。然而,据称,在 2001 年 9·11 恐怖袭击之后,政治气氛和公众接受度变得对监控理念更有利了。例如,许多政府正在研究和引入个人身份证*。"智能身份卡"能包括各种编成密码的信息,可将国家的身份证、驾照、健康细节、护照信息和电子现金装置以及眼扫描和拇指印等合为一体,在英国,像其他地方一样,身份证作为一种应对非法移民、犯罪和恐怖主义的万能处方由政府颁发。人们常常假定,技术的进步已使那些持有"瑕疵"证件的人(即犯罪的或非法的人)隐瞒他们过去的不良记录变得困难得多,这种身份证可以确保商品和服务可以在政府津贴计划的基础上被分配(Finch,2003;参见 Goffman,1963)。然而,两个有点抵触的问题必须牢记于心。首先,去构建一个更易被接受的自我从来没有更容易过(Finch,2003:93)。身份证盗窃已经变成了一个日益严重的问题。这一点被身份证可以通过互联网轻松得到的事实所加剧

---

* 尽管大部分欧洲国家的公民都持有身份证,但英国自二战后就没有强制要求公民持有固定的身份证。2004 年初,英国政府曾表示,2007 年以前,公民在自愿的前提下将领用一种智能身份证,到 2012 年前后,每位公民都持有这种身份证,以替代目前使用的护照,但该计划中有许多问题引起了英国民众和学术界的激烈争论。——译者注

(2003,Jewkes,2003b)。如 Finch 所言,固定个人身份记录的"监狱型网络"在某种意义上被互联网上为向身份证盗用者提供大量新的可以检测的身份证件的作法所颠覆(2003:96)"。而且,一个相对高度完整的身份可以通过相对不完整的记录的累加来构建(Clarke,1994;Finch,2003;Stalder 和 Lyon,2003),许多形式的身份鉴别可以在网上购买,包括伪造的护照、驾照、出生证明,电子个人身份号码以及信用卡号(Finch,2003;Jewkes,2003b)。正像 Stalder 和 Lyon 所言,无论身份证多么复杂,它只能像它所依靠的文件那样可靠。作为操作结果的身份,可以通过参照一系列的文件来实现,但是最后身份证件的可靠度,将会最终被这个参照链条中最弱的环节所限制。如果某人持有一张使人相信是真的出生证明,他就能获得一张重复他出生证上所记载的无论什么样的信息内容的身份证,而且,通过贿赂使官员在明知该文件包含不当信息而发放一份真实文件的可能性的存在,使这些信息变得比承载它们的高科技的令人眩目的光彩给人带来的信心要脆弱得多(Stalder 和 Lyon,2003;84)。

第二个要考虑的问题是,并非所有的犯罪人或恐怖分子都有存在问题的身份证件。即使相对复杂的身份证系统也没有防止恐怖分子袭击五角大楼和世贸中心。

绝大多数恐怖分子都有合法的签证并没有任何形式的犯罪记录,身份证所拥有的三项遏制力——证明文件的合法性、证明人之间的关联以及针对一些嫌疑人进行迅速的背景核对——将被证明不起作用,因为记录文件是合法的,绝大多数人没有在嫌疑名单上。恐怖分子、尤其那些企图在进攻中杀死自己的家伙,属于一个特殊犯罪阶层。他们几乎没有先前的犯罪记录,因此背景检查很少揭露问题。世界上没有重复的炸弹自杀者。(Stalder 和 Lyon,2003:85)

这些缺点没有扼制似乎永无停息的政府对监控和规范它的市民的欲望,尽管像作为安全手段这样的监控有种种应用,但对许多评论家来说,引起他们最大关注的是国家监控。当现实的对恐怖主义的恐慌使公众平静地接受更大程度的监控(并没有证据证明是这回事)的时候,许多政治评论员、民权活动家和公民自由组织表达了他们在不稳定时期所面对的过分干预措施的深层忧虑。当然,远程传感和监控已不再是国家当权者的专属特权,而且确实,Orwell 把国家强调成监控的代理人的观点或许在一个无论中央和地方、国家和非国家的组织机构都在监控全体人群的时代显得有点狭隘(Haggart 和 Ericson,2000)。例如,在 2002 年内政部宣布一项允许各个地方当局和一些其他公共实体可以进入电话、电子邮件和互联网数据时,英国出现了政治骚动。这些权利原来只能由警察机关、海关、英国安全情报部门 M15 和 M16、英国商品税务局等单位才拥有的。政府被迫使撤销一项允许"互联网服务商"留取数据的事实,几乎没有起到缓解那些认为《调查权力法案 2000》(Regulation of Investigatory Powers Act 2000)(www.hmso.gov.vk/acts/acts2000)已经使英国变成了欧洲监控程度最高的国家而忧虑的作用。

其他的异议主要是围绕 20 世纪 60 年代发展起来的、由美国"国家安全局"(National Security Agency)(NSA)和"英国政府通讯指挥部"(UK Government Communications Headquarters)(GCHQ)运作的名叫"梯队"(Echelon)的侦查机构展开。"梯队"截取和监控商业通讯卫星上的通信而且本质上是一个"窃听"机构,虽然以打击恐怖主义犯罪的名义获得了合法性,但该机构却被发现常常截取私人有价值的商业数据(Hamelink,2000)。而且,被称作"食肉动物"的"嗅控器"也被安在几个互联网服务器上(ISPs)以监控电子邮件通信,如果某个地址和一个"嫌疑"地址一致,电子邮件的内容就会自动被抽取出来并传递给美国联邦调查局。一方面许多人视这种行为侵犯了公民民事自由权,另一方面,实际上这些系统很容易被骗过,组织犯罪和恐怖分子使用更复杂的密码技术,而且任何人都可以通过经常使用改变邮件地址的方式来化解这种监控(Campbell,2000)。除此之外,并不是所有人在意识到国家当权者有这种监控个人的通讯和行动的力量时都会感到安全,这种不安全感在政府没有能成功地识别并对2001年9月对美国的威胁采取措施之后表现得尤其明显（Jewkes,2003b）。更令许多人担忧的是在对纽约和华盛顿袭击之后总是在开展的"对恐怖的战争"。美国政府对偏离者、异教徒和那些显示着"错误类型"的爱国主义的定义经历着一个漫长而棘手的历史,在9·11之后的对具有"阿拉伯"或"穆斯林"背景的人的恐慌,希望将他们置于在机场、边检站进行的最密集的主要监控目标之列的想法并没有减弱[Lyon,2003；参见Lyon(2001)第六章,在该章中,Lyon将详细审视美国国家安全局在全球监管策略中所占的主导地位]。

当然,监管并不必然依靠技术。统观设计的惩戒和压迫功能可以通过它影响行为和实现自我改造的作用所证明。仅仅使用一套相当原始的照明系统,统观主义的监狱就产生了一种恐怖和偏执的氛围。历史证明,最压迫的政治体制并不需要高科技的方法以获取相同的目标,例如,罗马尼亚独裁者尼古拉齐·奥塞斯库（他在1965到1989年统治罗马尼亚,1989年他和他的妻子被推翻并被执行了死刑）创造了一种强加的窃听文化,这种窃听实际上相当于一种对整个社会进行监管,类似的是,随着2003年伊拉克被从萨达姆·候赛因手下解放出来,英国传媒报道了伊拉克如何创造出一种同样效果的低科技的恐怖氛围。在过去20年间,伊拉克人民被鼓励告发他们的朋友、亲属和邻居,萨达姆的秘密警察会使用刑讯的基本形式以确保维持对个人强加的审查制度,但对一些人而言,西方由政府实行的对通信的控制因为它们对所采取的高科技的虚饰和隐密的方法而不再合法。随着通信特工已经将他们工作的重心从毒品走私、洗钱和恐怖主义转到截取"普通的"个人和商业电传信息、手机通信、电子邮件和互联网通信,为了安全而可以接受的概念再一次成为被审查的对象。*

---

* 在本文中还值得关注的是 Gilliom(2001) 以下评论,即在美国适用于接受福利救济的精细的计算机系统已经排挤掉并取代了传统的作为收集信息方法的被称为"内线密报"(ratcall)的情报系统。在英国,政府定期通过电视广告来鼓励那些怀疑某人是"福利骗子"(dole cheat)的目击者向社会安全部举报。

利润

在监管扩张背后最强大的动机来自于那些生产制造硬件和软件的公司,这些公司中有许多曾是军事设备供应商,但他们必须适应一个变化中的全球市场,随着技术变得日益复杂,监管设备的商业市场不断扩大,而生物衡量标准控制方法的生产商和面部识别软件的开发商则变得最有利可图。闭路电视也成了一块大市场。据估计现在有280万个闭路电视摄像头正在英国应用(McCahill和Norris在2003就认为该数字高达425万),现在的安全市场的价值已经达到27.44亿英镑(Ball,2003)。在20世纪90年代政府将它的75%的犯罪预防投资投向了闭路电视项目(2003)。截止2002年的十年间,被承诺的超过2亿多英镑的资金通过"城市挑战竞争和犯罪减少项目"(The City Challenge Competition and Crime Reduction Programmes)扩大投资到闭路电视项目中来(Norris,2003)。资金还可以从地方政府和那些向保护私人财产和公共场所的公共项目的运行成本捐款的企业之间的合作赚取,据估计,大约总计30亿英镑花在闭路电视的安排和维持之上,这个数字还不包括和闭路电视有关的监控费用(2003)。

利润动机也有它的社会应用。正如前面所显示的,占据公众意识的监控的形象常常类似于由柔顺的民众被隐形的集权主义力量所控制的、糟糕的、受严格统治而失去人性的Orwellian式的社会。有趣的是,在《1984》(Nineteen Eighty Four)一书中,是上层和中产阶级面临着"思想警察"高强度的检查,而公众团体、无产者被认为很少经受侵犯从而被放任自流(Haggety和Ericson,2000),然而,当foucault(1977)提出观点将监管视为等级社会一种社会控制手段时,他强调了统观主义的监管技术对公众的影响力,而且主张监管不仅仅是在监视和操控民众,它还监管人们的灵魂,霸道地将劳动阶层控制在一种被设计用来迎合不断发展的工厂体系要求的自我约束形式里面(Haggert和Ericson,2000);另一种不同的观点的主张者Bellman(1992)认为,监管已经变得较少地同惩戒和压迫有关,而是按照他们明显的财富和消费模式将涉及的人们分为不同的个体群体,从而把那些被视为值得拥有的东西推向市场。首先,监管可以用来构建和监控消费模式以使详细的消费特点可以被集中收集。这些特点能够用来预测未来的消费习惯、引诱并召回消费者使他们不至分流到竞争对手那边,甚至于鼓励他们购买他们否则不打算购买的商品,这些都以和他们生活中预先存在的特点相适应为基础。其次,相应的结果是,监管可以用来区分民众、在识别他们个体特征、消费习惯或者消费能力的基础上限制他们的行动。对某些标准的符合相应地决定着从优惠信用等级到迅速通关等级待遇(Haggety 和 Ericson,2000)。

所有这些进程相加就形成了的 Gandy(1993)所称的"统观类型(panoptic sort)";在这种类型中,个体不断地被鉴别、评测和分层以操控他们对商品和服务享有的机会。而且,它们对抗着导致城市明显地以消费化和商品化为至上选择的变化背景。西方城市不再以工业化和高福利为特色,现在宣传城市优点的较大的广告投资预算很容易得到;闭路电视的作用已经不仅仅是抵制犯罪的一种方法,而且是作为那些工作、访问或休闲的人们提升"感觉良好因素"的工具,作为存在于天空中的友善的眼睛而存在(McCahill 和 Norris,2002)。同时,购物中心或商场已经成为时代的教堂和纪念碑,这恰恰和车站在维多利亚时代和更早时期的城堡及城市防卫墙所起到的作用是一样(Shields, 1992)。和这些文化的重心先前的有形体现一样,在民众以他们是否看起来是守法的消费者的基础上被评测、分类和分隔的时候,购物商场有力地叙说着权力和特权是怎样在日常的实践和行动中被确保的。为更好地理解这个过程和监控在其中所起的作用,将社会学、犯罪学的方法和其他领域的贡献结合起来是有启发性的。像其他一些最近的出版物一样(Bannister 等,1998;McCahill 和 Norris 2002;McCahill,2003),下面的分析将利用城市的地理学知识,但主要的参考点还是关于消费文化的研究文献。

购物中心的起源可以回溯到19世纪为欧洲上层所修建的两

旁有商店配有拱顶的奢华走道(Shields,1992),如我们所知,包括常见的商店并出售大量商品的购物中心最初出现在 20 世纪 70、80 年代的西方社会,这些中心常常建造在城外,尤其是高速路的交叉口和邻近拥有大量人口的中心地带,这些发展常常导致许多城镇或市中心区的迅速废弃。当无家可归者或失业者从城市的阴暗处和黑暗的贫民区走出并要求进入这"闪烁着光辉的购物天堂"时,贫穷变得比半个世纪以来显得更加明显可见(Chrishie,1993:66)。他们拜访这些天堂的目的不是为了购买商品,因为他的经济处境使他们不敢有此奢望:如果这些穷人还年轻,他们的需要是到处闲荡,看人或者被看;如果他们年老或贫困,他们的目的极可能是逃离不适的天气进入有冷暖空调控制的、清爽或温暖的环境(Fiske,1989;Bocock,1993)。许多人或许只是渴望着成为人群的一部分,只是想体味那种有"归属感"的可触及的快乐,并且,有讽刺意味地是,同时他们还要逃离其他人的监管——例如,对青少年来说是父母或老师;对流浪汉和无家可归者是那些催促他们不要停留的警察或被授权的"公务人员"。但是,因为购物中心被修建成消费的殿堂,因此他们从一开始,就被设计成可视性和监管优先的统观设计的观察塔似的隐晦不明的区域(Longman,1992;Shields,1992)。

许多作家适用 de Certeau 的文化理论去发挥此主题。例如,Longman 将 de Certeau 的主体性及权势能够在惯常的消费实践中发掘的信念和 Foucault 对统观设计的批判相结合。他认为,购物中心的主要的起决定作用的特点是,它是一个或多或少从一个较大的环境中分割出来的相对封闭的聚集体,而且,在它的范围之内,所有的东西,包括气温、人的行动和商品陈列都被严格地控制,以给一个永远没完没了的公开展示的商品形成的消费的溪流提供可能。换句话说,在购物中心,监控非常精妙并且富于变化,这不仅在闭路电视和其他的安全措施上很明显,而且在大量背景设置和幻想与快乐的布局组织中的小心谨慎上可以显现出来(Longman,1992;参见 de Certeau,1984)。

将此问题超越统观主义，Fiske(1989)认为购物中心以及发生在其中的文化实践活动是经济和思维层面上的争斗的关键基点。同样受着 de Certeau 的影响，Fiske 认为在这些资本主义的教堂中，弱者搭建了他们自己的空间，从而使强者的战略利益遭受损失。de Certeau(1984)使用战争语言，认为从属者类似于游击队员，将占用空间视为一种抵抗的方式，这是对聚集在购物中心的"购物中心硕鼠"的恰当的比喻。Presdee 也在对澳大利亚南部一个市镇的失业青年的研究中详细论证了这个问题。在他的研究中，80%的失业青年至少每周去一次当地的购物中心，从而富有侵略性地"入侵"有法定权利去那里的人的"领地"(Presdee,1986:13)。这些"外人"在没有任何购物打算的前提下，通过消费着消费主义的意向、温暖和空间，戏弄着这个系统。与此同时，他们在闪烁着光辉的宫殿中，通过大胆而强有力地使大家知道他们的不同或对该宫殿的另类的利用来侵犯"真正"的消费者和安保人员(Presdee,1986;Fiske,1989)。Presdee 的研究详细列举了失业青年如何侵占空间以实现颠覆性的运作和抵抗，包括非法饮酒、激怒保卫人员和结伙聚集在商店橱窗周围，或者假装"真实"的消费者浏览展示或进入商店。难怪近年来商店变得越发严格和不妥协，引进闭路电视探头得到零售业广泛的支持。正如我们已经看到的，"监控"在这种场合必须在最广义的意义上被对待。那种将"不受欢迎者"从购物中心排除出去的需要或许只是购物中心业主和承租者而非警方的决定："购物中心是为了赚钱而存在的，是为了卖货，提供服务，不是为那些拒绝消费或无力消费的偏离者提供一个环境的地方(Bocock,1993:107)。"

这种想将一些个体从特定的公共场所驱逐出去的动机，引起了关于作为结果而被抛弃的社会问题，存在着道德工程师取代社会工程师的危险(Stanson,2001)——随着那些"差异"被消灭和那些不想遵守规则的人被挪移到黑暗的、常常是危险的地方，在那里他们"承载着负面意像"的不太重要的城市角落(Norris 和 Armstrong,1999:45)，许多作者借助引入干净和污秽的概念以尝试给当今的公共空间排序、分类。例如,Mulgan(1989)描写了闭路电视是如何被用来纯化那些无家可归者和酗酒者的活动区域以给那些遵从消费主义环境要求的人创造一个令人愉悦的氛围。Lyon(2003:22)进一步指出,贫穷者被从旅游城市中排除出来。同时,Bauman(1997:14)用"新的不洁"(new impure)这样的概念来指代那些被阻止对来自消费市场的诱惑做出反应、并作为"后现代纯洁性污垢"(the dirt of post modern purity)而被拒绝的人(参见 Norris 和 Armstrong 2002)。这些类比使人想起人类学家 Mary Douglas 的工作,她认为,"污垢"的消除对于组织环境具有正面的意义,污垢招致社会的干预是因为它被视为是对社会秩序的一种威胁。近年来,有一个对这种思想的更确实的展示,即在许多城市中心对乱扔乱丢的限制、对酒精消费的限制和对抽烟和交通的限制。McCahill 进一步指出,在她所观察的市中心的购物中心,被禁止的活动包括溜狗、推自行车、吃食物,坐卧在地面上。当闭路电视的运营者发现这类行为时,一队巡逻安保人员就会被调动,要求这些违规者"将他们的身体按照有利于购物中心商业形象的方式做出调整"(McCahill,2002:128),在这方面,很简单,那些被购物中心所监控的有瑕疵的消费者,不是属于"这个场所的东西"(Douglas,1966:2)。

窥私主义和娱乐性

虽然许多评论家认为在监控系统和社会控制方面的最新发展扩大了统观主义的强度(在这种监控中个别人监控多数人),在社会学和犯罪学中关于监管的文献不断显现的主题却是"**概观主义**"(在这种场合较多人监控较少的人)(Mathiesen,1997;Boyne,2000;McCahill,2003)正如 McCahill 指出的,朝着"概观主义"发展的趋向在大众传媒的发展中非常明显,并被这几年出现的"真人秀电视剧繁荣的事实所证实"。通过借鉴 Mathiesen "受众社会"的概念——在这个概念中,统观主义和概观主义从本质上在一个同时允许从上往下的监控和从下往上由公众进行的监督的过程中溶为一体,

McCahill(2003)认为,像《大哥大》和许多它的模仿者一样的电视节目即是统观式的又是概观式的。换句话说,这些程序被设计成允许少数人去观察多数人(节目的制作人在制作室中一天 24 小时观察着异议者的活动),而同时,概括性地允许成千上万的收视者既观察参与者,有时偶然也观察"监控者"他们自己。概观主义者也借助镜头的大量丰富而得到了促进,这导致了这样的一些例证,在这些例证中,公众成员摄录下来了那些本来没有预测到可能被看到的事件,并将这些原始镜头出卖给电视网络在世界播放。对一些人来说,这是概观主义的吸引力的精髓:"监控录像代表着嗜镜头爱好的最原始的满足,这是一种看到本该不能看到的东西时所拥有特权感:在这一点上私人的东西公开化了(Dovey 1996:127)。"

事实上,动机并不只在于去看,而且在于被看到。在 21 世纪,被监控既能引出正面的、也能引发负面的反应,这是一种概观的发展,它意味着闭路电视和便携式摄录机所拍摄的原始镜头既是一种娱乐也是一种控制的形式(Leishman 和 Mason,2003)。而且,监管和便携式摄录一体化机所催生的真人秀电视类型,已经大大地推动了并彻底变革了电视。电视和以新闻为基础的节目曾经一度是"正常的、安全的、中产阶级的和可靠的",对严重的和吸引眼球的犯罪在它们发生时摄录的原始监控镜头已经将这种安排样式带进了极端的、"未加工的"和危险的境地(Dovey,1996:129)。

其他的传媒形式同样利用了监控科技的信息和娱乐潜力。正如我们在第六章中所看到的,闭路电视剪选的片段持续地成为新闻广播和像《观察》这样的互动节目以及《警察、镜头、行动》(Police,Camera,Action!)、《流氓交易者》(Rogue Traders)这样的轻娱乐片不断增长的必要要素。在后现代主义那里,对超现实主义的需要和那种想成为"行动"(action)的一部分的渴望或许可以通过看到它被按镜头捕捉到的时候的原样被播放出来而得到满足。虽然很清楚这是一种二手的经验,但它或许可以成为"近乎完美的事"(next best thing);或者可以如可证明地那样,就可以从安全的家中"亲眼目睹"罪犯,危险的、或引人关注的事件这点来说,成为"最好的事"(best thing)。不仅新节目、记录片和民粹主义娱乐节目常常使用闭路电视和内容涉及从高速的警车追逐到空难等各种事件的家庭摄像原始镜头,而且在电视和互联网上有迅速发展的对这种东西的商业兴趣,报纸也可以使用涉及闭路电视的原始镜头来添充它们的版面。在一个对三份英国报纸的研究中,McCahill(2003)发现,因为闭路电视展示着许多的重要核心的新闻标准并且给已经符合新闻标准的事件增添了价值,因而它能构建一个好的新闻故事。正如我们在第二章中所见,大众传媒常常采用两极对立的观点,McCahill 发现对闭路电视相关的事件的报道的真实性并不亚于其他任何一种形式的新闻报道,他发现处于中心地位的一个逻辑策略是闭路电视"令人尊重的"或"有力的"的对象和偏离的"他性"之间的极端化。新闻报道因此创造了一个"我们"和"他们"的划分。"我们"由当代摩托车手的角色来体现,完全听从欧洲道路边上的超速摄影像机的最昂贵的网络的摆布,并且被一个财政困难的政府所不公平地指责;而"他们"则是被监管的合法的标靶,包括行凶、抢劫者,强盗,恐怖分子等诸如此类的人。

因此,监管在传播文化中是一个普通的主题。确实,在对这个主体的广阔范围的分析之中,Gary Marx(1995)思考了在何种程度上科学小说、喜剧书籍、笑话和卡通、电影、广告和流行音乐提前使用甚至促进了监管系统和它们的适用(詹姆斯·邦德影片,*Star Trek* 和 *Spiderman* 就是有这种特点的影片的几个例证;*Spiderman* 更是据说在新墨西哥激发了一位法官将电子定位监控设备应用到一审当中)。Marx 认为,这种文化素材能够通过提供一种替代性的视像比喻的语言进一步帮助我们理解监管(例如,Sting 的经典流行歌曲《你的每一次呼吸》(Every Breath You Take)给我们提供了对无所不在、无所不能的监管的力量的比喻说法,1995:114。)它们提醒我们对监控有不同的看法并且监管的含义常常涉及权力[查理·卓别林1927年的电影《摩登时代》包含着监控话题,以表明控制者(经理)和被控制者(工人)之间的关系]。许多文化制品承载着我们的文化对既能保护我们又能侵犯我们的监管有深刻的矛盾的态度(这里以 Bob 的两首歌为证——《Subterranean Home Sick Blues》和《Taking Jon Birch Paranoid Blues》)。然而我们常常可以看出意义不在于对象而在于背景和它如何被解释[许多人会同意《圣诞老人就要来到市镇》(Santa Claus is Coming to Town)这首歌——他知道你睡哪儿,他知道你何时苏醒,他也知道你是好是坏,那么看在上帝的份上行行好吧——是统观主义的一个例证]。正如一些评论家所言,技术本身并不存在威胁或邪恶(Pratt 2002;Lyon,2003)。最后,文化素材会引发新的社会研究,例如像这些问题:公共传媒在创造一种欢迎、忍受或反对新监控措施的效果是什么?经常的传媒暴光会不会使监管正规化、惯例化、居家化或琐碎化?(Marx,1995:106ff)。

Marx 提醒我们文化素材必须在它的背景中被认识,像这样的一种详细的分析能够给我们提供许多关于技术进步和公众对监管的深层次的知识。例如,希区柯克对窥私监控进行隐晦描写的影片《后窗》(Rear Window)(1954)在冷战的高峰期放映,在那时,怀疑的气氛弥漫,人们甚至不相信它们的邻人。电视系列剧《囚犯》(1967 年)在那个对技术进步怀有恐慌和在流行小说、电视和电影中无所不在的被有专门用途的小机械装置所连累的秘密特工之间充满抵触的时代被播放。紧随其后的麦卡锡主义将政治注意力放在反对外部的敌人的同时转向了内部的对手。《囚犯》既反映了这个主题,也预测了水门丑闻的发生,很好地用概括的话表达了当时不断升级的共谋假说。最近,像斯皮尔伯格的电影《少数派报告》(Minority Report)(2002)反映了在脸部和眼睛识别技术方面的最新发展,也支持了对新监控技术的潜在应用。将背景确定在约2054 年左右的一个警察国家中,《少数派报告》周密地将对现在犯罪预防策略的忠诚和对"新时期"先知的暂时的信任加以相结合,并提出了将预测视为事实的伦理问题[这一点使人想起最近提出的对"准备"的追究,这件事引起了公民自由团体的关注,因为它被设计用来对付那些在互联网上联系以后同儿童见面的成年人,而这时任何犯罪并未发生,这种"真实生活"的例证提出了和斯皮尔伯格电影相同的问题,即是否要将"构思犯罪行为"和实施犯罪行为同样处罚。参见 Jewkes,2003C]。

总之,或许 Marx 的分析很有力地阐释了在过去的世纪,监管已经不断地被关注、最好时有点举棋不定、最坏时被偏执化或被敌视的现实。确实,所有的讨论的例证都将压制和利用与监管的技术相联系。监管技术和其应用或许已经演化到了连 George Orwell 也只有做噩梦的份儿的程度,但此技术被社会思考时怀有的情感在总体上显示了很大程度文化的连续性(Marx,2002)。

从统观设计到监管措施综合再到回复传统

当然,包括身体控制、政府管理、安全和娱乐等这些方面并非互相排斥的。近期对工作间监管的一个简明的考量就说明了监管原理的建设性性质。从最初的对外部威胁的担心之中到得到合理性的证明,监管技术已经不可避免地被向内部转向了,各种行业的雇用单位现在都处在经营者们的审查之下。曾经一度作为劳资关系的重要因素的劳资双方的互相信任,现在已经不容置疑地被监管系统所取代,这种监管系统现在常常用来防盗、监控原来属于监督者责任的区域、评估培训需要、确保正确的组织程序被遵循、监控健康和安全的规章被遵守、观察在装卸程序有无货物被损坏、确定员工是否进行了非授权的休息并鼓励保持准点(参见 McCahill,2002,153 ff)。在所有这些实践中,治理—安全—利润的联络能在各种伪饰和形式中分辨出来。不仅已雇员工,而且就是潜在的雇员也易受监管形式的影响。正如我在其他地方阐释的那样(Jewkes,2003a),现在有了能够筛选任何书面的交流物和测定辨认何时作者撒谎或对事实感到迷惑的软件,这种高科技测谎仪器的潜在的应用价值是可以使公司识别伪造的或虚假的简历,这些公司可以根据和上文讨论过的和治理—安全—利润动机非常协调的原则对它们加以拒绝。

但正如可以证明的那样,对于大部分雇员来说,最令人忧虑的是将身体作为一个监督和控制的对象。在全球范围的工作环境中引入监管技术的例证是可以自动感应吸毒的厕所抽水马桶的桶身、小空间里对检查为阳性的人进行录像的闭路电视镜头、监控员工是否在上完厕所后洗手的传感器、追踪员工活动的智能徽章、自动计时程序以及监督在电话中心和其他以电话为基础工作条件的——包括所接到的电话以及在某个时间内成功地处理的电话号码——员工的工作质量的"大哥大"式的各种系统(Hamelink,2000;Jewkes,2003a)。更阴险的是监管员工自我表情的工作间监管系统,例如,为了确保服务行业的员工总是微笑和做出恰当的身体语言所采取的监控措施。在这些环境之中,这些员工成为"自我监管的载体",统观设计模式再一次被唤醒:

> 在封闭的被控制的工作场所的背景之中,闭路电视很容易变成一种在统观设计中间贯彻的有力的惩戒式的工具,它允许资方在自己不被发觉的前提下监控所有的东西……打着为消费者服务的名义,雇员姿态、面部表情、肢体语言都变成了纪律注视的对象……这种作法所能引出的那些认为自己始终处于被监控之下的雇员预期的服从,给管理者带来了一种极端有力的经营工具。(McCahill,2002:162—163)

如果在这些工场例证中几乎显示不出窥私的娱乐性,那么请想想1996年在澳大利亚被镜头捕捉到的警察在上班时间做爱、喝酒和吸食麻药的例证吧,这些不当行为被后来在数家电视网络和世界范围内的播放而搞得更加让人难堪。更加到位的一个例证是,2001年7月Clair Swire从她工作专用的电子邮件地址给她在另一家公司工作的男友发送一封有伤风化的信息后被她的雇主严厉斥责的事例,在很短的时间内,该电子邮件被发送给大约1000万人,他们中有许多自身就曾受过纪律处分或被暂时停职;一系列的个人的不幸催生了BBC电视系列片《电子邮件,你希望你从来未发过》(Email, you wish you'd Never sent)。

"大哥大"或"勇敢新世界":一些总结性思考

本章许多内容涉及监管系统和权力、纪律建立起来的更广泛的联系,并因而加强了已经存在的关于阶级性别、人种和年龄的传统的不公平。这种姿态和一般持怀疑态度(如果不是彻底的仇视观点)的批判主义犯罪学家相符合,他们怀疑监控技术能够解放、增强公民权利或使一般公众感到舒服。统观式的从上而下的严密的监控被 Coleman 和 Sim(2000)对利物浦市中心的闭路电视的分析所举例论证,在该分析中,他们认为监控镜头的注视几乎持续地向下瞄准在那些本已经被剥夺了权利的人身上。他们认为,相比而言,实际上缺乏一个对上层的监控,他们的一些行为常常对社会有害,他们的行为却常常超越审查和规制(2000:637)。该论断虽然对于闭路电视而言可能成立,但却不能更广泛地应用于所有监管措施。相反,那些最易受到各种形式监管的人恰恰就是那些使用信用卡、移动电话和电脑的有很多特权的人(Marx,2002)。一些评论家开始给上述思想添加了例外,即他们不受监视器的监控,并认为权力并不都在那些处于或接近社会和职业顶尖等级的人的掌控之中。Haggerty 和 Ericson(2000:617)承认监控的目标有不同,但断言通过允许机构或一般人群对权力阶层的仔细审查,反而能"实现监控等级的转型"(Newburn 和 Hayman,2001),而且全球范围的摄像镜头数量的急剧增多已带来了对警察粗暴和政府对人权虐待的无数的记录(Dovey,1996)。还有人认为监管有利于"通过把它作为可以得到的工具实现以民主为中心的政治多元化,通过使用这种可得的工具,公民和互相竞争的团体可以互相反对或反对政府以增进责任"(Marx,2002;22,着重由引者添加)。Dovey(1996:126)扩展了这种"横向的、社会交互的(lateral, intrasocial)监管"概念,他认为警察向邻里看护队发放便携式录摄像机、邻居们拍摄彼此间的反社会的行为以作为法庭证据、父母监控孩子的吸毒行为时会回到大家熟悉的主题,"这里有一个统观设计,它的守望塔内的看守可以回家了,因为他们感到安全——他们意识到所有的狱囚都忙碌着在用录像带录制彼此之间的不当行为"(1996:126)。

不仅从下往上或横向的监控能够加强正当程序、公正和守法(Marx,2002),那些操控传统的自上而下的闭路电视系统的人也在一次节目中因和他的监控对象团结一致以反对"更高"权威的警务机关而闻名。McCahill 认为,他观察的购物中心的许多安保人士都来自一个市镇的同一区域。他们一起去上学,在同一个足球队踢球,认识彼此的家人。监控者和被监控者之间这种程度的熟识因为 3 个方面的原因使人产生兴趣,首先,它支持 Gillespie 和 Mclaughlin(2002)在前几章讨论过的发现,即当对犯罪人的背景的认知程度越深时,对"罪犯"的苛刻的态度显得就越少;其次,它挑战道德恐慌主题中隐含的公众对违法犯罪的过度反应会在认为危险近在咫尺时被进一步放大的观念(参见第三章);第三,监控者和被监控者之间的熟识会不可避免地给监管系统的惩戒潜力带来限制。

一些安全监控人员并非总是乐意和警方合作,例如地方巡逻警官会给安保人员一个列明"通缉者"的名单,如果他们在镜头上看到任何一个嫌犯,他们被要求向警局打电话,然而,这些信息能否传递到巡逻警那里取决于安保人员和当地被监控人口的熟识程度……例如,让我们想想那个说出下列谈话的的安全监控人员的态度吧:"我不会鸡蛋里挑骨头,因为他很听话,他从来不给我找麻烦。无论如何,他现在并没有涉足毒品"。(McCahill,2002:19)

即使在工作场所,统观主义的观念也没有被普通赞同。Zureik(2003:44ff)总结了几个挑战管理方对工人监管是榨取和没有法律依据的观点。由 Mason 等人(2000)出台的一份报告提出了一些来自一些工作场所的支持他们下列观点的证据,即工人和工会都将监管视为一种传统的工作场所监督的扩展而接受,只要这种监管是透明的、征得集体同意并不和法律相抵触就没有问题(引自Zureik,2003)。事实上,因为它有助于防止不公平的工作分配、暴力和欺侮以及对玩忽职守和低下的工作效率提出指责,所以许多工人欢迎这种"电子监工"。然而,从总体上讲,对工作的监管和对工作者的监管之间还是存在区别,只有前者才是可以接受的(Marx,1999)。一份来自"数据保护专员办公室"(office of the Data Protection Commissioner)(2002:28)的报告建议,监控不应损坏信任并且不应该、不必要地过度侵犯雇员的隐私和自主权(引自 Zureik,2003),Marx 相信这个建议并不为很多的雇主所留意,信息收集的网络常常扩展到包括工人私生活、个人性格、外表等等方面。基因检测和扫描被引进工作场所以允许雇主去评测雇员潜在的行为偏好和他们在某种疾病上的倾向性。因为他们声称,由于以精确的科学证据为依据,所以他们具备了"完全的监管"的特点(Regan 1996:23)。这是使这些监管模式本质上区别于闭路电视镜头和 McCahill 的英国购物中心的闭路电视的操控者的特征。

因此或许有人会认为,对监管的讨论有一个夷平个人在社会系统中的权利、控制和作用领域的倾向,需要一种更加精细、细腻表达的方法。统观主义已经成了一种对作为社会控制的监管概念的有用表达,它还促进了原始概念的若干理论表达:例如,概观主义(synopticism)(Mathiesen,1997)、"超级统观主义"(super-panopticism)(Poster,1990)和"后统观主义"(post-panopticism)(Boyne,2000)。但是统观主义主题的主要限制在于它忽略了系统机构和程序的作用,没有充分发挥个体行动者的重要性,人的因素常常被忘记或忽视(这种反应被视为"技术决定主义")。但正如 Lyon 提醒我们的,社会科技监控系统受遵守它、和它讨价还价以及抑制它的人们的影响(Lyon,2003:14)。作为对监控和社会分类最深刻的评论之一,Lyon 始终认为监控是摇摆的、支持监控的技术可以是积极的有利的,它可以使新的机动性、效率、创造力、便利和舒适成为可能,在今天这个每天电话联络、网上冲浪、能够负担国内、国际旅行、安全和工作做到了街道这一层级的世界,大哥大和统观主义的隐喻或许确实越发显得缺少相关性。而且,广泛的自我监控的精神特质不断被允许人们自我检测酒精水平、怀孕、艾滋病和遗传及潜在疾病的医疗状况的家庭检测小设备、自助健康检查所鼓励(Marx,2002)。这种革新增强了人们的力量,并且在前所未有的水平上给他们提供了个人选择(例如,存在孩子具有先天疾病的风险时是否要孩子)。

  监管的主体因此仍然有争议。在对本章讨论过的目标的追求过程中——控制、管理、安全、利润和窥私娱乐性——监管似乎会和怀疑、分割和偶然有机的诱惑连结在一起。但是,正如 Pratt 指出的,我们中的大多数人几乎没有意识到我们处在一个监管社会的中心程序之中,我们太容易把我们行为中的变化内在化(使用刷卡而不是钥匙进入我们的工作场所,通过电话或计算机而非"当面"等)。举两个来自相同地域的例子,在道路上设置超速摄像头已经对我们来说变得和装在车内当超速时自动交罚单、使用收费公路时自动买单的全球定位系统一样"普通"(《观察家报》2003 年 8 月 3 日第 1 页报道了车辆中装配黑匣子以侦测超速行驶的驾驶员)。非常清楚地是,像许多科技发明一样,监控必须被视为在一个更广阔的政治、文化和经济转型背景中起作用的一个网络系统的组成部分,它的长期的抛物线轨迹现在还不明晰。是极糟的社会还是乌托邦?用另一个(4 频道)大哥大的话说就是——你说了算!

总结

- 监管手段在当代生活的许多领域中的急剧增加,引发了一些评论家认为科技发展的主要好处是在长效中应对风险运作的潜能。对监管的讨论被"大哥大"和统观设计这样的悲观主义的形象所主宰,这些形象都是使下列观念经久不衰的隐痛,即监管手段同邪恶的、压迫性的规制和社会控制相联,然而,在最近几年出现的概观观念已经对这种讽世和绝望的认识提出了挑战,监管体系的观念已经造成了那些认为像闭路电视摄像这样的技术主要起到了限制人们的活动、约束人们的行为、控制那些被妖魔化的"他性"作用的人和那些将监管视为主要是解放的和民主的手段的人们之间的意见分歧。

- 有人认为,我们不断地经历着曾经一度分割孤立的体系聚集的过程,这种聚集已经到了可以使我们断言一种"监管措施综合"(Haggerty 和 Ericson,2000)的地步。由曾经一度割裂的体系形成的这种汇聚的惩戒和主导系统主要受五大动机所驱策:身体控制、政府管制、安全性、利润和娱乐,这五点都是有意义的社会和文化应用。对工作场所的监管分析被用来作为说明这些现场目的的实施,并且用来说明支持和反对个人规制和监控的观点。

- 监管的问题是思维方式领域的战场。但是无论对监管的目的和结果持何种观点,必须记住的是,像闭路摄像这样的技术手段不是存在于真空之中,它们和人的目的、价值和监视者和被监视者的行动相互交织。

研究的问题

1. 限于篇幅,本章只详细讨论了能在广义上被限定为"监管"的一些体系和实践,有多少其他的形式的监管(以它的伪装成编码数据和视像监控的形式)可以在当今的英国找到?

2. Gary Marx(1995)认为,监管主题在公众文化中非常普遍,它们从性幻想的窥私癖(即偷看)到对"内部敌人"的政治偏执狂。从总体上,广泛存在的把文化的监管方法作为能给人带来兴趣事物的作法给公众带来了何种影响?这些影响是否有助于监管的可接受性?还是增加了公众对犯罪的恐慌和焦虑?

3. 英国基因库现在储存着超过 200 万的档案,但现在对要不要扩展它存在着争议,赞成和反对从全民中抽取样本形成国家 DNA 库的意义是什么?这样一种步骤是否像揭示了基因酶解图谱的英国科学家 Jeffreys 爵士所指出的那样减少了歧视?还是制造了加强种族和人种方面陈词滥调的"有危险"种类?(Nelkin 和 Andrews,2003)

4. 从你对本章主题的阅读,总体上监管体系是授权性的还是限制性的?

进一步的阅读

Lyon 的 *Surveillance As Social Sorting*(2003)一书所有章节都值得一读。尤其值得注意的是 Nelkin 和 Andrews 撰写的"Surveillance creep in the genetic age",该章仔细计划了 DNA 实验和分类的扩张,并讨论了不断增长的依赖 DNA 作为识别方式所引发的伦理问题。Lyon 本人在监管方面进行了大量的创作,例如 *The Information Society*(Polity,1988 版,)、*The Electronic Eye:The Rise of Surveillance Society*(Polity)和 *Surveillance Society:Monitoring Everyday Life*(Open University Press,2001)。Norris,C. 和 Armstrong,G. 所著 *The Maximum Surveillance Society:The Rise of CCTV*(Berg,1999 年版)和 McCahill,M. 的 *The Surveillance Web: the Rise of Visual Surveillance In an English City*(Willian,2002 年版)都很优秀。Bogard, W. 的 *The Simulation of Surveillance*(Cambridge,1996 年版)是一本极好的著作,它将监管问题超脱具体的物象达到了超现实主义的领域,而该书在理论上较深奥,因此推荐给高级研究者。

最后,Bright,M. 在 Y. Jewkes 和 G. Letherby(2002)所编辑的书籍中发表的"They Are Watching You"对更多地应用于工作场所的监控技巧进行了进一步的阐明。目前有了一个关于监管的电子期刊,可以在 www.urbaneye.net 这个网址找到。*Crime, Media, Culture:An International Journal* 不仅介绍了其他的"新"的替代性的传媒,而且还包括对一些新的监管技巧的研究。

贬损、感情用事和神圣化：
总结性的思考

虽然从表面上看，本书是一部关于犯罪和传播关系的著作，但本书已经触及到许多持续在传媒说教中传播、并在某种程度上解释着当代英国社会的更广泛的问题——这些问题包括对儿童的在性方面的不道德地利用、不同文化对犯杀人罪的男性和妇女的反应、警察内部的种族主义以及偏离行为和"外人"带来的威胁。这种在年龄、种族、时尚和其他大量的可见标志物的基础上取得对某些个体妖魔化的合法性以及在证明对公共场所进行压迫性监管的合理性的尝试遇到了非常多的麻烦。全书讨论的例证显示着传媒促成的对犯罪和罪犯的构建以及能够紧紧抓住公共注意力的对被害人的选择。在我们日益个体化的文化中，犯罪被视为是一些个体将损害强加给其他一些个体的行为，传媒促成的对犯罪和惩罚的阐述仍然被视为是联结人们的一种平台（Spark，2001）。正如在第四章中所提及的，关于犯罪和司法的事件在将社区联合在一起和调动共同反应的过程中起到和神圣的婚礼、国葬和"必须观看（must see）"的电视事件一样的作用，然而，即使是最极端的犯罪——谋杀，也要服从各种层次的兴趣，只有那些针对某些被害人的谋杀才包含着足以引起人们的兴趣并达到为每个人构建一种公共唾弃和哀悼的气氛所必需的情绪强度（Greer，2003b）。为了迎合一种想象的一致性的价值，传媒贬毁犯罪人、感伤化被害人并且神圣化那些被认为尤其易变伤害或悲剧化的人。对后者来说，并非只有严重的、暴力犯罪的被害人本人才能获得这种提升的地位，在一些案件中(如 Neville 和共和国勋章获得者 Doreen Lawrence 的案件中),他们的亲属也会得到这样的待遇。

虽然本书并不声称要为所有问题提出答案,但还是想努力阐明那些一直困扰研究传媒和犯罪的学者们的问题。为何只有某些犯罪事件以足够的活力和情绪强度成为公共领域的推动力并且影响公众对于被害的恐慌?为何有些犯罪如此有力地引起公众的反应从而使它们植根于社会文化结构之中,而另一些几乎完全相同的事件几乎连传媒搜索"雷达"的范围都没有进入、并且较少地引起公众的想象?为何有些非常严重的犯罪比其他类似犯罪具有更深远的影响力,一些罪犯变成了纯粹魔鬼的肖像式地再现而另外一些则消褪进宁静的黯淡?例如,Harold Shipman 这个在英国历史上几乎毫无疑问是杀人最多的连环杀手,为何没有被大众传媒持久贬损并被归入适用 Myra Hindley、Robert Thompson 和 Jon Venables 这类的话题之中?为何那些以他们不认识的儿童为目标的恋童癖者得到了那么深的敌意——这种深深地、被激怒的敌意在社会表层下面安静地冒着骚动的气泡并且不知在何时都可能爆发成狂暴的、血腥的、常常是不分青红皂白的行动——而来自家庭内部的虐待程度却被极大地忽略?

我不准备动手写一部关于"我们"和"他们"的书,而是要论述那种"我们"——受众——在一个过度膨胀的传媒图景中理解那些僭越法律和道德界线的人如何受到影响。我将重点集中在了那些被耸人听闻化处理的案件之上,并相应地,对我们国家的文化和特性将有一个特别有力的把握。但是,存在着许多"外人"——"他们是危险的被驱逐者、可怕的陌生人、被排斥者和受难的人"(Garland,1996:46)。他们用"他性"来和我们的自我衡量相抵触。Foucault 指出(1988),我们审判的是"罪犯"而不是"犯罪",我们所有的"后现代"的复杂与精细相对,在 21 世纪初我们仍然依靠实证定义在 19 世纪犯罪学上的讲道,把非理性、过度情绪化归于妇女、儿童、青少年以及那些和我们自己的伦理背景不同的人和有精神疾患的人,把这些"次等人类"视为更易受传媒"影响"的群体或许就不再令人吃惊。是他们被传媒按照上述特征持续妖魔化,然后又成了我们可以借助来认识犯罪和暴力行为的镜头影像,居住在今天这个传媒渗透的社会中的任何人都不能免疫于"成功者—失败者"、"自己人—外人"这样的文化,因此也就难怪,对于许多英国公民而言,警察和刑事同法系统充其量被视为低效,而最糟糕时甚至被视为是一种威胁(Reiner 等,2001)。

早已成立的观点是,传媒不是世界的一扇窗,而是一个精细地折射和扭曲着我们现实图画的多棱镜,在这种观点的多种版本之中,读者、收视者或收听者被赋予了消极、无防备和准备不充分以至从认知上无法过滤掉传媒信息所承载的歧视、偏见和倾向性这些暗中或公然显露的问题的特征。但在本书中,我已经指出,传媒和受众在定义社会容忍、不容忍和社会控制的参数过程中的关系不仅复杂、而且有串通。坦白讲,犯罪以允许读者、收视者、收听者避开现实而不是坦白、爽快承认的方式被报道和消费。本书中讨论的许多案件都被描写成了不可想象和不可知的,但或许它们可以提醒我们对于想象和理解的普遍不情愿。我已经指出,符合传媒对"新闻价值"理解的犯罪会引出一种深层次的文化不安,如果我们在情感上、道德上和身体上和这些违法犯罪人隔离开,我们只能面对这种不安。通过一种边缘化和妖魔化的过程,我们给那些偏离者建立了"他性"并且再次坚持了自己的清白和正常(Blackman 和 Walkerdine,2001)

我们站在前现代的立场对后现代问题的反应在传媒压倒性地将行为公然抨击为"邪恶"的倾向中也表现的非常显著(Stoke,2000)。自从 Cohen 发布他"**公众妖魔**"的概念以来,那个形象的象征潜力已经减弱并且在最近被一个更有力的形象——"邪恶怪物"所取代,当非常严重的犯罪发生时,行为的"邪恶"本质就会折射到犯罪人身上,这时"邪恶"不被视为像异常或孤立事件那样的能使犯罪引人注目的要素,而是可以被报道作为每个道德恐慌组成的所有犯罪都具有的共同因素(Fraklin 和 Petley,1996;Stoke,2000)。因此,那些犯罪的儿童(打破了我们对儿童纯真无邪的理想)和那些犯严重罪行的妇女(挑战我们可以接受的传统的关于妇女特质的观念)变得被双重贬损。同时,恋童癖者被视为是毫不含糊的公众妖魔,他们相对于"正常"的社会显得非常突出,他们被认为本来就邪恶并且无法改造(Critcher, 2003; Greer, 2003a)。普遍能感觉到的伴随着由妇女、儿童和**恋童癖者**所实施的严重犯罪的特有的罪恶、否定和压抑情绪给了它们的犯罪一个超常的性质,这种超常将他们提升到高于其他同样触目惊心的犯罪的程度、并且在公众精神中给它们自己确保了一个有力的象征位置。通过被构建成邪恶的怪物或者次人类的野兽,他们的复杂性被否定了,用把他们驱逐出社会的方法可以驱除他们的邪恶(Kitzinger, 1999; Critcher, 2003)。

就是因为这个原因,Harold Shipman 医生的犯罪(本来就极端和恐怖)没有能体现传媒和公众的兴趣。尽管被判处了 15 次连续生命刑,并在此意义上被排除出社会,但 Shipman 并没有遭遇在他的犯罪被曝光时可以预料到的那种程度的恐慌和憎恶,牵涉到的被害人的净数目昭示着此案可能是我们这个时代最臭名昭著的由传媒报道的案件之一,也可能是在我们的有生之年被谈论的最多的案件之一——多达 350 名的被害人,而且他们绝大多数都是老年人,他们被杀死在他们自己的家中或者被害死在位于曼彻斯特郊外的 Shipman 的小诊所内。在 Shipman 案件中,他的每个被害人都处于最无力反抗和最容易受伤害的背景之下,但他们却感到他们在安全之中,Shipman 是如此受他的社区居民的尊重和信任,以至于在他被判有罪后,许多他原来的病人还为他的无辜和正直进行了辩护性的抗议。但 Shipman 非常普通,甚至有点乏味。他工作、去国外度假、喜欢在当地酒馆喝一杯、并且像我们所有人一样,喜欢和家人一起共度时光。像 Heidcamp 指出的,涉及到这样一个与众不同的案件——一位医学专家将他上了年纪的病人"送入梦乡","谋杀怎么会变得如此单调和正常?"(1993:220)。因此,问题在于,像 Shipma 医生这样的犯罪不会变成传媒的内容恰恰是因为它具有的特征(一个中产阶级的专业的男性犯罪人、年老、绝大多数被害人是女性、非暴力的死亡方式)不能够让位于未知的和不可知的极限,这些特征提醒社会认识到,不仅仅是"邪恶"或"疯狂"能够杀人,此案仅仅是一个社会不准备观摩的令人不快的事实。

　　传媒统一指挥和协调的这种不名誉受到在报道一个案件时能够得到的报道资源的影响。自从声名狼藉的扳倒一位美国总统的"水门"磁带事件以来,传媒自己的声音和形象常常成为犯罪事件的一个组成部分,这些声音、形象不仅在当时有助于提高公众意识,而且在确保一个犯罪在审判结束很长时间之后还留在公众的想象之中,有许多既骇人又体现着马后炮意味的片段和快照来自录音带、电影、便携式摄像机和闭路电视,这些资源帮助我们对某些犯罪潜在的象征意义的反响进行解释。在审理 Iran Brady 和 Hendley 一案时,法庭当场播放的儿童被害人啼哭和乞求回家的录音带;在国家电视台播放的嘲弄调查"约克郡强奸案"的警察因被欺骗而将调查几乎专门集中在了带有"Geordie"口音的人身上的恶作剧;Bootle 购物中心的蹒跚学步者 James Bulger 抓住那个将要杀死他的小男孩的手的闭路电视原始镜头;业余摄像者摄制的洛杉矶警察野蛮殴打 Rodney King 的场景;Holly Wells 和 Jessica Chapman 穿着相同的曼联衬衫在一个厨房大钟面前——实际上已经永久在时间上凝滞——的照片;从警方直升机上抓拍的 O.J. 辛普森在高速路上缓慢小心地开着他的车规避洛杉矶警察的电视原始镜头——该镜头被将近 1 亿的电视收视者看到;在法庭上播放的长达 14 分钟的 Nicole Brown Simpson 向 911 紧急操作台求助而 O.J. 辛普森在背景中威胁她、辱骂她的声音可以听到的录相记录。所有这些不易忘却的时刻都像用烙铁烙过一样停驻在那些曾经目睹过这些场景的人的脑海中。当然,这里不是说犯罪事件必须有这些传媒辅助以确保具有新闻价值。在本书中讨论的很多案例并没有这种声像的"附加"。不过,在当代社会中将真实从报道分离出来实际上已经不可能做到,引起公众注意的每一个"真实的犯罪"已经变得和报道它的传媒的论述和影像不可分。并不存在 Stephen Lawrence 被谋杀的闭路电视原始镜头,但是没有《每日电讯》(1997

年 2 月 14 日)"杀人犯"这样的只有一个词的头版头条题目和题目下面 5 个被判有罪的人的照片以及他们在离开 Maspherson 拘留所时向人群和电视镜头咆哮和讥笑的照片的帮助,该案实际上是不可想象的。

  作为一个最后的思考,必须记住,为了将罪犯构建成"他性",他们的"外人"的身份必须明白无误和不容置疑。所有的传媒报道都是叙述性工具,但即使他们没有被传媒报道也常常会有相反的叙述。复仇常常是用来为许多臭名昭著的杀人犯辩护的一个常用的套话,许多人声称他们由于一种不公平感而采取行动,他们认为这种委屈感可以使他们的犯罪合法化。Tracie Wingginton 声称她谋杀一个她以前从来没有见过的人并不是嗜血的吸血鬼的行径,只是她充满暴力和虐待的童年的一个后果;Aileen Wuornos 对她杀死 7 名男性的解释是为了自卫;Thomas Hamilton 在 1996 年 3 月在苏格兰的都柏林残杀了一所中学的 16 名儿童和他们的老师的原因据说是为了报复那个她感觉在迫害她、驱逐她的社区;Timothy McVeigh 对其在俄克拉荷马的一座政府建筑埋设一枚炸弹并炸死了 168 人的解释是,他认为他的行为是对美国政府对位于得克萨斯的 Waco 市的邪教司令部拙劣的搜捕、他们对待伊利克人的手段和他们美国自己的军队也借助使用化学武器的一种"报复性打击和反攻击"(2001 年 5 月 6 日《观察家报》)。大量犯罪的实施者或者在少年时被忽略或者在管教中长大,在任何一种情况下,都会常常成为他们本来应该能够相信的成年人性侵犯的被害人或身体虐待的牺牲品。与此同时,有一些犯罪是如此可怕以至它们的实施者被判终生监禁,而一方面这些犯罪又是如此平凡(因为由男人针对妇女和儿童实施)而几乎激不起传媒的一丝兴趣。甚至 Jon Venables 和 Robert Thompson 在受审的时刻还没有成熟到给出一个杀害 James Bulger 的理由,据说他们有包括官能紊乱在内的情有可原的情节,而且 Thompson 还受一个充满暴力的家庭生活的影响。Venables 和 Thompson 之间形成了一种给他们一种生命力量感的联盟,在这个联盟中,残忍就是标准,年仅 2 岁的被害人或许就是他们所憎恶的兄弟姐妹的一个替身或者是一个发泄他们所有的失望和精神错乱的一个容器。

当然,所有这些辩护都可以视为是牵涉到的行为人或者他们支持者所借助的一种玩世不恭的将他们的身份从犯罪人转换为被害人的计谋。但是,关键在于,在低估他们的辩护的过程中,传媒展示了我们的文化在对待这些相反叙事者时所表现出的深刻的局促和拒绝。是否这种否认来自于对我们所有人心灵深处潜在邪恶的一种恐慌,或者是来自于更普遍地不愿意接受的"有时候恐惧躲藏在最普通的外表之下"这种说法,还有探讨的余地,但是,事实仍然是,那些真正的"不可想象"和"不可知"的东西是那些发生在关闭之门后面的从来没有引起公众注意的犯罪。

参考文献

Abrams, M. (1959) *The Teenage Consumer*, London: Routledge and Kegan Paul
Ainsworth, P.B. (2000) *Psychology and Crime: Myths and Reality*, Harlow: Pearson
Alder, C.M. and Baker, J. (1997) 'Maternal filicide: more than one story to be told', *Women and Criminal Justice*, 9 (15): 39
Alder, C.M. and Polk, K. (1996) 'Masculinity and child homicide', *British Journal of Criminology*, 36 (3): 396–411
Aldridge, M. (2003) 'The ties that divide: regional press campaigns, community and populism', *Media, Culture & Society*, 25: 491–509
Anderson, B. (1983) *Imagined Communities: Reflections on the Origins and Spread of Nationalism*, London: Verso
Ashenden, S. (2002) 'Policing perversion: the contemporary governance of paedophilia', *Cultural Values* 6 (1 and 2): 197–222
Ball, K. (2003) 'Editorial. The labours of surveillance', *Surveillance and Society*, 1 (2): 125–37, http://www.surveillance-and-society.org
Bannister, J., Fyfe, N. and Kearns, A. (1998) 'Closed circuit television and the city', in C. Norris, J. Moran and G. Armstrong (eds) *Surveillance, Closed Circuit Television and Social Control*, Aldershot: Ashgate
Barak, G. (ed.) (1994a) *Media, Process, and the Social Construction of Crime*, New York: Garland
Barak, G. (1994b) 'Media, Society, and Criminology', in G. Barak (ed.) *Media, Process, and the Social Construction of Crime*, New York: Garland
Barr, R. and Pease, K. (1990) 'Crime placement, displacement and deflection', in N. Morris and M. Tonry (eds) *Crime and Justice: A Review of Research*, Vol. 12, Chicago: University of Chicago Press
Barthes, R. (1973) *Mythologies*, London: Paladin
Baudrillard, J. (1981) *For A Critique of the Political Economy of the Sign*, St Louis: Telos
Baudrillard, J. (1983) *Simulations*, New York: Semiotext(e)
Bauman, Z. (1992) *Intimations of Postmodernity*, London: Routledge
Bauman, Z. (1997) *Postmodernity and its Discontents*, Cambridge: Polity Press
Bazelon, D. (1978) 'The hidden politics of American criminology', in J. Conrad (ed.) *The Evolution of Criminal Justice*, Newbury Park, CA: Sage
Beck, A. and Willis, A. (1995) *Crime and Security: Managing the Risk to Safe Shopping*, Leicester: Perpetuity Press
Beck, U. (1992) *Risk Society*, London: Sage
Becker, H. (1963) *Outsiders: Studies in the Sociology of Deviance*, New York: Free Press
Benedict, H. (1992) *Virgin or Vamp*, Oxford: Oxford University Press
Benn, M. (1993) 'Body talk: the sexual politics of PMT', in H. Birch (ed.) *Moving Targets: Women, Murder and Representation*, London: Virago
Bennett, T. and Gelsthorpe, L. (1994) *Public Attitudes to CCTV in Cambridge: A Report to the Safer Cambridge Steering Group*, Cambridge: Cambridge City Council
Berman, M. (1983) *All that is Solid Melts into Air: the Experience of Modernity*, London: Verso

Birch, H. (1993) 'If looks could kill: Myra Hindley and the iconography of evil', in H. Birch (ed.) *Moving Targets: Women, Murder and Representation*, London: Virago

Blackman, L. and Walkerdine, V. (2001) *Mass Hysteria: Critical Psychology and Media Studies*, Basingstoke: Palgrave

Blumler, J. (1991) 'The new television marketplace', in J. Curran and M. Gurevitch (eds) *Mass Media and Society*, London: Arnold, pp. 194–215

Bocock, R. (1993) *Consumption*, London: Routledge

Bok, S. (1998) *Mayhem: Violence as Public Entertainment*, Reading, MA: Addison-Wesley

Bowling, B. and Phillips, C. (2002) *Racism, Crime and Justice*, Harlow: Longman

Box, S. (1983) *Power, Crime and Mystification*, London: Tavistock

Boyd-Barrett, O. (2002) 'Theory in media research', in C. Newbold, O. Boyd-Barrett and H. van den Bulck (eds) *The Media Book*, London: Arnold

Boyne, R. (2000) 'Post-panopticism', *Economy and Society*, 29 (2): 285–307

Bright, M. (2002) 'The vanishing', *Observer Magazine*, 15 December

Brown, D (2002) '"Losing my religion": reflections on critical criminology in Australia', in K. Carrington and R. Hogg (eds) *Critical Criminology: Issues, Debates, Challenges*, Cullompton: Willan

Brake, M. (1980) *The Sociology of Youth Cultures and Youth Subcultures*, London: Routledge

Browne, A. (1987) *When Battered Women Kill*, New York: Macmillan/Free Press

Brownmiller, S. (1975) *Against Our Will: Men, Women and Rape*, London: Secker and Warburg

Buckingham, D. (2000) *After the Death of Childhood: Growing Up in the Age of Electronic Media*, Cambridge: Polity

Burke, R. and Sunley, R. (1996) *Hanging Out in the 1990s: Young People and the Post-Modern Condition*, Crime, Order and Policing Occasional Paper Series (11), Scarman Centre, University of Leicester

Burney, E. (1990) *Putting Street Crime in its Place: A Report to the Community/Police Consultative Group for Lambeth*, London: Goldsmiths College

Cameron, D. and Frazer, E. (1987) *The Lust to Kill: A Feminist Investigation of Sexual Murder*, Cambridge: Polity Press

Campbell, D. (2000) 'Echelon: world under watch, an introduction', 29 June www.zdnet.co.uk/news/specials/2000/06/echelon/

Campbell, M. (1995) 'Partnerships of perversion under study', *The Globe and Mail* [Toronto], 9 February

Cantril, H. (1997) 'The invasion from Mars', in T. O'Sullivan, T. and Y. Jewkes (eds) *The Media Studies Reader*, London: Arnold. Originally published in 1940 as *The Invasion from Mars: A Study in the Psychology of Panic* with H. Gaudet and H. Herzog (Princeton University Press)

Carter, C. (1998) 'When the "extraordinary" becomes "ordinary": everyday news of sexual violence', in C. Carter, G. Branston and S. Allen (1998) *News, Gender and Power*, London: Routledge

Cavender, G. and Mulcahy, A. (1998) 'Trial by fire: media constructions of corporate deviance', *Justice Quarterly*, 15 (4): 697–719

Chadwick, K. and Little, C. (1987) 'The criminalisation of women', in P. Scraton (ed.) *Law, Order and the Authoritarian State*, Buckingham: Open University Press

Chermak, S. (1994) 'Crime in the news media: a refined understanding of how crimes become news', in G. Barak (ed.) *Media, Process, and the Social Construction of Crime*, New York: Garland

Chibnall, S. (1977) *Law and Order News*, London: Tavistock
Christie, N. (1993) *Crime Control as Industry*, London: Routledge
Clarke, R. (1994) 'Human identification in information systems: management challenges and public policy issues', *Information Technology and People*, 7: 6-37
Clarke, R. (1997) *Situational Crime Prevention: Successful Case Studies*, 2nd edn, Albany, NY: Harrow and Heston
Cloward, R.A. and Ohlin, L.E. (1960) *Delinquency and Opportunity: A Theory of Delinquent Gangs*, New York: Free Press
Cohen, A. (1955) *Delinquent Boys: The Culture of the Gang*, New York: Free Press
Cohen, N. (1999) *Cruel Britannia: Reports on the Sinister and the Preposterous*, London: Verso
Cohen, S. (1972/2002) *Folk Devils and Moral Panics: The Creation of Mods and Rockers*, London: MacGibbon and Kee; 3rd edn with revised Introduction, London: Routledge
Cohen, S. (1980) *Folk Devils and Moral Panics: The Creation of Mods and Rockers*, Oxford: Martin Robertson; 2nd edn with revised Introduction
Cohen, S. (1985) *Visions of Social Control: Crime, Punishment and Classification*, Cambridge: Polity Press
Cohen, S. (1994) 'Social control and the politics of reconstruction', in D. Nelken (ed.) *The Futures of Criminology*, London: Sage
Cohen, S. and Young, J. (1973) *The Manufacture of News: Deviance Social Problems and the Mass Media*, London: Constable
Coleman, C. and Moynihan, J. (1996) *Understanding Crime Data: Haunted by the Dark Figure*, Buckingham: Open University Press
Coleman, C. and Norris, C. (2000) *Introducing Criminology*, Cullompton: Willan
Coleman, R. and Sim, J. (2000) '"You'll never walk alone": CCTV surveillance, order and neo-liberal rule in Liverpool city centre', *British Journal of Criminology*, 41 (4): 623-39
Connell, R. (1985) 'Fabulous powers: blaming the media', in L. Masterman (ed.) *Television Mythologies*, London: Comedia
Coward, R. (1990) 'Innocent pleasure', *New Statesman & Society*, 13 April: 12-14
Cowburn, M. and Dominelli, L. (2001) 'Masking hegemonic masculinity: reconstructing the paedophile as the dangerous stranger', *British Journal of Social Work*, 31: 399-415
Craib, I. (1998) *Experiencing Identity*, London: Sage
Crawford, A., Jones, T., Woodhouse, T. and Young, J. (1990) *Second Islington Crime Survey*, London: Middlesex Polytechnic
Creed, B. (1996) 'Bitch queen or backlash? Media portrayals of female murderers', in K. Greenwood (ed.) *The Things She Loves: Why Women Kill*, Sydney: Allen & Unwin
Critcher, C. (2003) *Moral Panics and the Media*, Buckingham: Open University Press
Croall, H. (2001) *Understanding White Collar Crime*, Buckingham: Open University Press
Cullen, D. (2003) 'Child porn list leaked to Sunday Times', www.theregister.co.uk
Daly, K. (1994) *Gender, Crime and Punishment*, New Haven, CT: Yale University Press
Daniels, A. (1997) *What Access do Prisoners in English Prisons have to the Media of Mass Communications and What Use do they Make of them?* Unpublished MA dissertation, Centre for Mass Communications Research: University of Leicester
Davies, P. (2003) 'Women, crime and work: gender and the labour market', *Criminal Justice Matters*, 53, Autumn: 46-7
Davis, M. (1994) *Beyond Blade Runner: Urban Control – the Ecology of Fear*, Open Magazine Pamphlet series, New York: The New Press

Debord, G. (1967/1997) *The Society of the Spectacle*, London: Verso
De Certeau, M. (1984) *The Practice of Everyday Life*, California: University of California Press
Ditton, J., Bannister, J., Gilchrist, E. and Farrall, S. (1999) 'Afraid or angry? Recalibrating the "fear" of crime', *International Review of Victimology*, 6 (2): 83-99
Ditton, J. and Duffy, J. (1983) 'Bias in the newspaper reporting of crime news', *British Journal of Criminology*, 23 (2)
Dobash, R. and Dobash, R. (1922) *Women, Violence and Social Change*, London Routledge
Dobash, R., Dobash, R. and Gutteridge, S. (1986) *The Imprisonment of Women*, Oxford: Blackwell
Dobash, R., Dobash, R. and Noaks, L. (eds) (1995) *Gender and Crime*, Cardiff: University of Wales Press
Douglas, M. (1966) *Purity and Danger: An Analysis of Concepts of Pollution and Taboo*, London: Routledge and Kegan Paul
Dovey, J. (1996) 'The revelation of unguessed worlds', in J. Dovey (ed.) *Fractal Dreams: New Media in Social Context*, London: Lawrence & Wishart
Downes, D. (1988) 'The sociology of crime and social control in Britain, 1960-87', in P. Rock (ed.) *A History of British Criminology*, Oxford: Oxford University Press
Downes, D. and Morgan, R. (2002) 'The skeletons in the cupboard: the politics of law and order in the new millennium', in M. Maguire, R. Morgan and R. Reiner (eds) *The Oxford Handbook of Criminology*, 3rd edn, Oxford: Oxford University Press.
Downes, D. and Rock, P. (1988) *Understanding Deviance: A Guide to the Sociology of Crime and Rule Breaking*, Oxford: Oxford University Press
Durkheim, E. (1893/1933) *The Division of Labour in Society*, Glencoe, IL: Free Press
Durkheim, E. (1895/1964) *The Rules of Sociological Method*, New York: Free Press
Ericson, R., Baranek, P. and Chan, J. (1987) *Visualising Deviance: A Study of News Organisations*, Buckingham: Open University Press
Ericson, R., Baranek, P. and Chan, J. (1989) *Negotiating Control: A Study of News Sources*, Buckingham: Open University Press
Ericson, R., Baranek, P. and Chan, J. (1991) *Representing Order: Crime, Law and Justice in the News Media*, Buckingham: Open University Press
Ericson, R.V. and Haggerty, K.D. (1997) *Policing the Risk Society*, Oxford: Oxford University Press
Fenwick, M. and Hayward, K.J. (2000) 'Youth crime, excitement and consumer culture: the reconstruction of aetiology in contemporary theoretical criminology', in J. Pickford (ed.) *Youth Justice: Theory and Practice*, London: Cavendish
Ferrell, J. (2001) 'Cultural criminology', in E. McLaughlin and J. Muncie (eds) *The Sage Dictionary of Criminology*, London: Sage
Ferrell, J. (2002) *Tearing Down the Streets: Adventures in Urban Anarchy*, New York: Palgrave/St Martins
Ferrell, J. and Hamm, M. (1998) *Ethnography at the Edge*, Boston, MA: Norteastern University Press
Ferrell, J. and Sanders, C.R. (eds) (1995) *Cultural Criminology*, Boston, MA: Northeastern University Press
Ferrell, J. and Websdale, N. (1999) *Making Trouble: Cultural Constructions of Crime, Deviance and Control*, New York: Aldine De Gruyter
Finch, E. (2003) 'What a tangled web we weave: identity theft and the Internet', in Y. Jewkes (ed.) *Dot.cons: Crime, Deviance and Identity on the Internet*, Cullompton: Willan

Fishman, M. (1981) *Manufacturing the News*, Austin, TX: University of Texas Press
Fiske, J. (1982) *Introduction to Communication Studies*, London: Routledge
Fiske, J. (1989) *Reading the Popular*, London: Routledge
Foucault, M. (1977) *Discipline and Punish*, London: Allen Lane
Foucault, M. (1988) *Politics, Philosophy, Culture: Interviews and Other Writings, 1977–1984*, London: Routledge
Fowler, R. (1991) *Language in the News*, London: Routledge
Franklin, B. and Petley, J. (1996) 'Killing the age of innocence: newspaper reporting of the death of James Bulger', in J. Pilchar and S. Wagg (eds) *Thatcher's Children? Politics, Childhood and Society in the 1980s and 1990s*, London: Falmer Press
Frayn, M. (1965) *The Tin Men*, London: Collins
Freeman, M. (1997) 'The James Bulger tragedy: childish innocence and the construction of guilt', in A. McGillivray (ed.) *Governing Childhood*, Aldershot: Dartmouth
Frith, S. (1983) *Sound Effects: Youth, Leisure and the Politics of Rock 'n' Roll*, London: Constable
Furedi, F. (1997) *Culture of Fear: Risk-Taking and the Morality of Low Expectation*, London: Cassell
Gadd, D., Farrell, S., Dallimore, D. and Lombard, N. (2003) 'Male victims of domestic violence', *Criminal Justice Matters*, 53, Autumn
Galtung, J. and Ruge, M. (1973) 'Structuring and selecting the news', in S. Cohen and J. Young (eds) *The Manufacture of News: Deviance, Social Problems and the Mass Media*, London: Constable
Gandy, O. (1993) *The Panoptic Sort*, Boulder, CO: Westview Press
Garland, D. (1996) 'The limits of the sovereign state: strategies of crime control in contemporary society', *British Journal of Criminology*, 36 (4): 445–71
Garland, D. (1999) '"Governmentality" and the problem of crime', in R. Smandych (ed.) *Governable Places: Readings on Governmentality and Crime Control*, Aldershot: Ashgate
Garside, R. (2001) 'Putting the emotion back into crime: or how we can start to win the war of the headlines', *Criminal Justice Matters*, 43, Spring: 32–3
Gauntlett, D. (1995) *Moving Experiences: Understanding Television's Influences and Effects*, Luton: John Libbey
Geertz, C. (1983) *Local Knowledge: Further Essays in Interpretive Anthropology*, New York: Basic Books
Gelsthorpe, L. (2002) 'Feminism and criminology', in M. Maguire, R. Morgan and R. Reiner (eds) *The Oxford Handbook of Criminology*, 3rd edn, Oxford: Oxford University Press
Gelsthorpe, L. and Morris, A. (eds) (1990) *Feminist Perspectives in Criminology*, Buckingham: Open University Press
Geraghty, C. (undated) www.frameworkonline.com/42cg.htm
Gergen, K.J. (1991) *The Saturated Self*, New York: Basic Books
Giddens, A. (1985) *The Nation State and Violence*, Cambridge: Polity Press
Giddens, A. (1991) *Modernity and Self-Identity: Self and Society in the Late Modern Age*, Cambridge: Polity Press
Gillespie, M. and McLaughlin, E. (2002) 'Media and the making of public attitudes', *Criminal Justice Matters*, 49, Autumn: 8–9
Gilliom, J. (2001) *Overseers of the Poor*, Chicago: University of Chicago Press
Girling, E., Loader, I. and Sparks, R. (2000) *Crime and Social Change in Middle England: Questions of Order in an English Town*, London: Routledge

Girling, E., Loader, I. and Sparks, R. (2002) 'Public sensibilities towards crime: anxieties of affluence', in A. Boran (ed.) *Crime: Fear or Fascination*, Chester: Chester Academic Press

Glancey, J. (2002) 'Image that for 36 years fixed a killer in the public mind', *Guardian*, 16th November

Goffman, E. (1963) *Stigma: Notes on the Management of Spoiled Identity*, New Jersey: Prentice-Hall

Golding, P. and Murdock, G. (2000) 'Culture, communications and political economy', in J. Curran and M. Gurevitch (eds) *Mass Media and Society*, revised 3rd edn, London: Arnold

Goldson, B. (2003) 'Tough on children ... tough on justice'. Paper presented to *Tough On Crime ... Tough on Freedoms*, The European Group for the Study of Deviance and Social Control Conference, Centre for Studies in Crime and Social Justice, Edge Hill College, Liverpool, 22-24 April

Goode, E. and Ben-Yehuda, N. (1994) *Moral Panics: The Social Construction of Deviance*, Oxford: Blackwell

Graber, D. (1980) *Crime, News and the Public*, New York: Praeger

Graef, R. (1989) *Talking Blues*, London: Collins

Gramsci, A. (1971) *Selections from Prison Notebooks*, London: Lawrence & Wishart

Greer, C. (2003a) *Sex Crime and the Media: Sex Offending and the Press in a Divided Society*, Cullompton: Willan

Greer, C. (2003b) Response to paper by Claire Valier, Cultural Criminology Conference, University of London, 9-10 May

Greer, C. (2003c) 'Media representations of dangerousness', *Criminal Justice Matters*, 51, Spring

Greer, C. (2004) Review of F. Leishman and P. Mason (2003) *Policing and the Media: Facts, Fictions and Factions*, Cullompton: Willan, *British Journal of Criminology*, 44 (2)

Groombridge, N. (1999) 'Perverse criminologies: the closet of Dr Lombroso', *Social and Legal Studies*, 8 (4): 531-48

Haggerty, K.D. and Ericson, R.V. (2000) 'The surveillant assemblage', *British Journal of Sociology*, 51 (4): 605-22

Hall, S. (1978) 'The treatment of football hooliganism in the press', in R. Ingham (ed.) *Football Hooliganism*, London: Inter-Action

Hall, S., Critcher, C., Jefferson, T., Clarke, J. and Roberts, B. (eds) (1978) *Policing the Crisis: Mugging, the State and Law and Order*, London: Macmillan

Hall, S., Held, D. and McGrew, T. (1992) *Modernity and its Futures*, Cambridge: Polity Press

Hall, S. and Jefferson, T. (eds) (1975) *Resistance Through Rituals: Youth Subcultures in Post-War Britain*, London: Hutchinson

Halloran, J. (1970) *The Effects of Television*, London: Panther

Halloran, J., Elliott, P. and Murdock, G. (1970) *Demonstrations and Communication: A Case Study*, Harmondsworth: Penguin

Hamelink, C.J. (2000) *The Ethics of Cyberspace*, London: Sage

Haraway, D. (1991) *Simians, Cyborgs and Women: The Reinvention of Nature*, New York: Routledge

Hart, L. (1994) *Fatal Women: Lesbian Sexuality and the Mark of Aggression*, London: Routledge

Hartley, J. (1982) *Understanding News*, London: Routledge
Hartman, P. and Husband, C. (1974) *Racism and Mass Media*, London: Davis Poynter
Hebdige, D. (1979) *Subculture: The Meaning of Style*, London: Routledge
Hebdige, D. (1989) 'After the masses', *Marxism Today*, January
Heidensohn, F. (1985) *Women and Crime*, New York: New York University Press
Heidensohn, F. (2000) *Sexual Politics and Social Control*, Buckingham: Open University Press
Heidkamp, B. (1993) '"Angels of death": the Lainz Hospital murders', in H. Birch (ed.) *Moving Targets: Women, Murder and Representation*, London: Virago
Hellawell, K. (2002) *The Outsider*, London: HarperCollins
Hendrick, G.H. (1977) 'When television is a school for criminals', *TV Guide*, 29 January: 118
Henry, S. and Milovanovic, D. (1996) *Constitutive Criminology*, London: Sage
Herman, E. and Chomsky, N. (1992) *Manufacturing Consent: The Political Economy of Mass Media*, New York: Vintage
Hetherington, A. (1985) *News, Newspapers and Television*, London: Macmillan
Higgins, C. (1994) 'Tales of gothic horror', in J.N. Turner and P. Williams (eds) *The Happy Couple: Law and Literature*, Sydney: Federation Press
Hillyard, P. and Percy-Smith, J. (1988) *The Coercive State: The Decline of Democracy in Britain*, London: Fontana
Hobbs, D. (1995) *Bad Business: Professional Crime in Modern Britain*, Oxford: Oxford University Press
Hogg, R. (2002) 'Criminology beyond the nation state: global conflicts, human rights and the "new world order"', in K. Carrington and R. Hogg (eds) *Critical Criminology: Issues, Debates, Challenges*, Cullompton: Willan
Hornby, S. (1997) *Challenging Masculinity in the Supervision of Male Offenders*, Social Work Monograph 157, University of East Anglia, Norwich
Horton, D. and Wohl, R. (1956) 'Mass communication and para-social interaction', *Psychiatry*, 19: 215–19
Hough, M. and Roberts, J. (1998) *Attitudes to Punishment*, Home Office Research Study no. 179, London: HMSO
Howe, A. (1994) *Punish and Critique: Towards a Feminist Analysis of Penality*, London: Routledge
Hudson, B. (2002) 'Social control', in M. Maguire, R. Morgan and R. Reiner (eds) *The Oxford Handbook of Criminology*, 3rd edn, Oxford: Oxford University Press
Hughes, G. with Langan, M. (2001) 'Good or bad business?: exploring corporate and organized crime', in J. Muncie and E. McLaughlin (eds) (2001) *The Problem of Crime*, 2nd edn, London: Sage
James, O. (1995) *Juvenile Violence in a Winner–Loser Culture: Socio-Economic and Familial Origins of the Rise of Violence against the Person*, London: Free Association
Jefferson, T. (2002) 'For a psychosocial criminology', in K. Carrington and R. Hogg (eds) *Critical Criminology: Issues, Debates, Challenges*, Cullompton: Willan
Jenkins, P. (1992) *Intimate Enemies: Moral Panics in Contemporary Great Britain*, New York: Aldine de Gruyter
Jenkins, P. (1994) *Using Murder: The Social Construction of Serial Homicide*, New York: Aldine de Gruyter
Jenkins, P. (2001) *Beyond Tolerance: Child Pornography on the Internet*, New York: New York University Press

Jermyn, D. (2003) 'Photo stories and family albums: imaging criminals and victims on *Crimewatch UK*', in P. Mason (ed.) *Criminal Visions: Media Representations of Crime and Justice*, Cullompton: Willan

Jewkes, Y. (1999) *Moral Panics in a Risk Society: A Critical Evaluation*, Crime, Order and Policing Occasional Paper Series (15), Scarman Centre, University of Leicester

Jewkes, Y. (2002) *Captive Audience: Media, Masculinity and Power in Prisons*, Cullompton: Willan

Jewkes, Y. (2003a) *Dot.cons: Crime, Deviance and Identity on the Internet*, Cullompton: Willan

Jewkes, Y. (2003b) 'Policing the net: crime, regulation and surveillance in cyberspace' in Y. Jewkes (ed.) *Dot.cons: Crime, Deviance and Identity on the Internet*, Cullompton: Willan

Jewkes, Y. (2003c) 'Policing cybercrime', in T. Newburn (ed.) *Handbook of Policing*, Cullompton: Willan

Jewkes, Y. and Letherby, G. (eds) (2002) *Criminology: A Reader*, London: Sage

Jewkes, Y. and Sharp, K. (2003) 'Crime, deviance and the disembodied self: transcending the dangers of corporeality', in Y. Jewkes (ed.) *Dot.cons: Criminal and Deviant Identities on the Internet*, Cullompton: Willan

Jones, T., MacLean, B. and Young, J. (1986) *The Islington Crime Survey: Crime, Victimization and Policing in Inner-City London*, Aldershot: Gower

'Kavangh on Saturday' 'Compassion? It's time for real justice', (1990) *Courier-Mail* [Brisbane], 20 October

Keating, M. (2002) 'Media most foul: fear of crime and media', in A. Boran (ed.) *Crime: Fear or Fascination*, Chester: Chester Academic Press

Kennedy, H. (1992) *Eve Was Framed*, London: Chatto & Windus

Kidd-Hewitt, D. (1995) 'Crime and the media: a criminological perspective', in D. Kidd-Hewitt and R. Osborne (eds) *Crime and the Media: A Post-Modern Spectacle*, London: Pluto

Kidd-Hewitt, D. and Osborne, R. (eds) (1995) *Crime and the Media: The Post-Modern Spectacle*, London: Pluto

Kitzinger, J. (1999) 'The ultimate neighbour from hell? Stranger danger and the media framing of paedophiles', in B. Franklin (ed.) *Social Policy, the Media and Misrepresentation*, London: Routledge

Knopf, T. (1970) 'Media myths on violence', *Columbia Journalism Review*, Spring: 17–18

Lacey, N. (1995) 'Contingency and criminalisation', in I. Loveland (ed.) *Frontiers of Criminality*, London: Sweet & Maxwell

Laming, Lord (2003) 'Victoria Climblié ... does the deliberate harm of children matter?', *Criminal Justice Matters*, 53 (Autumn): 46–7

Langman, L. (1992) 'Neon cages: shopping for subjectivity', in R. Shields (ed.) *Lifestyle Shopping: The Subject of Consumption*, London: Routledge

Lea, J. and Young, J. (1984) *What is to be Done about Law and Order?* Harmondsworth: Penguin

Lea, J. and Young, J. (1993) *What is to be Done about Law and Order? Crisis in the Nineties*, London: Pluto Press

Leacock, V. and Sparks, R. (2002) 'Riskiness and at-risk-ness: some ambiguous features of the current penal landscape', in N. Gray, J. Laing and L. Noaks (eds) *Criminal Justice, Mental Health and the Politics of Risk*, London: Cavendish

Lees, S. (1997) *Ruling Passions*, London: Sage
Le Bon, G. (1895/1960) *The Crowd: A Study of the Popular Mind*, New York: Viking
Leishman, F. and Mason, P. (2003) *Policing and the Media: Facts, Fictions and Factions*, Cullompton: Willan
Lemert, E. (1951) *Social Pathology: A Systematic Approach to the Theory of Sociopathic Behaviour*, New York: McGraw-Hill
Lévi-Strauss, C. (1979) *The Raw and the Cooked*, London: Cape
Leyton, E. (1989) *Hunting Humans: The Rise of the Modern Multiple Murderer*, Harmondsworth: Penguin
Lloyd, A. (1995) *Doubly Deviant, Doubly Damned: Society's Treatment of Violent Women*, Harmondsworth: Penguin
Lombroso, C. (1876) *L'uomo delinquente (The Criminal Man)*, Milan: Hoepli
Lombroso, C. and Ferrero, W. (1895) *The Female Offender*, London: Unwin
Lyon, D. (2001) *Surveillance Society: Monitoring Everyday Life*, Buckingham: Open University Press
Lyon, D. (2003) 'Surveillance as social sorting: computer codes and mobile bodies', in D. Lyon (ed.) *Surveillance As Social Sorting: Privacy, Risk and Digital Discrimination*, London: Routledge
McArthur, S. (2002) 'Representing crime: an exercise in fear', in A. Boran (ed.) *Crime: Fear or Fascination*, Chester: Chester Academic Press
McCahill, M. (2002) *The Surveillance Web: The Rise of Visual Surveillance in an English City*, Cullompton: Willan
McCahill, M. (2003) 'Media representations of surveillance', in P. Mason (ed.) *Criminal Visions: Media Representations of Crime and Justice*, Cullompton: Willan
McCahill, M. and Norris, C. (2002) *Literature Review: Working Paper No. 2*, at www.urbaneye.net/results/ue_wp2.pdf
McCahill, M. and Norris, C. (2003) 'Estimating the extent, sophistication and legality of CCTV in London', in M. Gill (ed.) *CCTV*, Leicester: Perpetuity Press
McKay, C. (1841) *Extraordinary Popular Delusions and the Madness of Crowds*, Michigan: Three Rivers Press [reprinted 1995]
McLaughlin, E. and Muncie, J. (eds) (2001) *The Sage Dictionary of Criminology*, London: Sage
McLean, G. (2003) 'Family fortunes', *Guardian*, 30 July
McNair, B. (1993) *News and Journalism in the UK*, London: Routledge
McNair, B. (1998) *The Sociology of Journalism*, London: Arnold
McQuail, D. (2000) *Mass Communication Theory: An Introduction*, 4th edn, London: Sage
McQueen, D. (1998) *Television: A Media Student's Guide*, London: Arnold
McRobbie, A. (1994) *Postmodernism and Popular Culture*, London: Routledge
Mander, J. (1980) *Four Arguments for the Elimination of Television*, New York: Harvester
Manning, P. (1997) *Police Work*, 2nd edn, Prospect Heights, IL: Waveland Press
Manning, P. (2001) *News and News Sources: A Critical Introduction*, London: Sage
Marks, M. and Kumar, R.C. (1993) 'Infanticide in England and Wales', *Medicine the Law*, 33/4: 329–39
Marx, G.T. (1995) 'Electric eye in the sky: some reflections on the new surveillance and popular culture', in J. Ferrell and C.R. Sanders (eds) *Cultural Criminology*, Boston: Northeastern University Press
Marx, G.T. (1999) 'Measuring everything that moves', *Research in the Sociology of Work*, 8: 165–89

Marx, G. T. (2002) 'What's new about the "new surveillance"? Classifying for change and continuity', in *Surveillance & Society* 1 (1): 9-29. Available at: www.surveillance-and-society.org

Mason, D., Button, G., Lankshear, G. and Coats, S. (2000) *On the Poverty of a Priorism: Technology, Surveillance in the Workplace and Employee Responses*, pre-publication draft, Plymouth: University of Plymouth

Mathiesen, T. (1997) 'The viewer society: Michel Foucault's "Panopticon" Revisited', *Theoretical Criminology*, 1 (2): 215-34

Matthews, R. (2002) *Armed Robbery*, Cullompton: Willan

Matza, D. (1964) *Delinquency and Drift*, New York: Wiley

Mawby, R. (2002) *Policing Images: Policing, Communication and Legitimacy*, Cullompton: Willan

Messerschmidt, J. (1986) *Capitalism, Patriarchy and Crime*, Totowa, NJ: Rowman & Littlefield

Merton, R.K. (1938) 'Social structure and anomie', *American Sociological Review*, 3: 672-82

Meyrowitz, J. (1985) *No Sense of Place: The Impact of Electronic Media on Social Behaviour*, Oxford: Oxford University Press

Miedzian, M. (1991) *Boys Will Be Boys: Breaking the Link Between Masculinity and Violence*, New York: Anchor

Millbank, J. (1996) 'From butch to butcher's knife: film, crime and lesbian sexuality', *Sydney Law Review*, 18 (4): 451-73

Minsky, R. (1996) *Psychoanalysis and Gender: An Introductory Reader*, London: Routledge

Minsky, R. (1998) *Psychoanalysis and Culture: Contemporary States of Mind*, Cambridge: Polity Press

Morley, D. (1992) *Television Audiences and Cultural Studies*, London: Routledge

Morris, A. (1987) *Women, Crime and Criminal Justice*, Oxford: Blackwell

Morris, A. and Wilczynski, A. (1993) 'Rocking the cradle: mothers who kill their children', in H. Birch (ed.) *Moving Targets: Women, Murder and Representation*, London: Virago

Morris, S. and al Yafai, F. (2003) 'Shevaun flies home to family as US marine arrested in Germany', *Guardian*, 17 July, www.guardian.co.uk

Morrison, B. (1997) *As If*, London: Granta

Morrison, W. (1995) *Theoretical Criminology: From Modernity to Postmodernism*, London: Cavendish

Morrissey, B. (2003) *When Women Kill: Questions of Agency and Subjectivity*, London: Routledge

Mulgan, G. (1989) 'A tale of two cities', *Marxism Today*, March: 18-25

Muncie, J. (1987) 'Much ado about nothing? The sociology of moral panics', *Social Studies Review*, 3 (2): 42-7

Muncie, J. (1999a) *Youth and Crime: A Critical Introduction*, London: Sage

Muncie, J. (1999b) 'Exorcising demons: media, politics and criminal justice', in B. Franklin (ed.) *Social Policy, the Media and Misrepresentation*, London: Routledge

Muncie, J. (2001) 'The construction and deconstruction of crime', in J. Muncie and E. McLaughlin (eds) *The Problem of Crime*, 2nd edn, London: Sage

Muncie, J. and McLaughlin, E. (eds) (2001) *The Problem of Crime*, 2nd edn, London: Sage

Murdock, G. (1997) 'Reservoirs of dogma: an archaeology of popular anxieties', in M. Barker and J. Petley (eds) *Ill Effects: the Media/Violence Debate*, London: Routledge
Naughton, J. (1994) 'Smile, you're on TV', *Observer Life*, 13 November, in Y. Jewkes and G. Letherby (eds) (2002) *Criminology: A Reader*, London: Sage
Naylor, B. (2001) 'Reporting violence in the British print media: gendered stories', *Howard Journal*, 40 (2): 180-94
Nelkin, D. and Andrews, L. (2003) 'Surveillance creep in the genetic age', in D. Lyon (ed.) *Surveillance As Social Sorting*, London: Routledge
Newburn, T. (1996) 'Back to the future? Youth crime, youth justice and the rediscovery of "authoritarian populism"', in J. Pilcher and S. Wagg (eds) *Thatcher's Children*, London: Falmer
Newburn, T. (2002) 'Young people, crime, and youth justice', in M. Maguire, R. Morgan and R. Reiner (eds) *The Oxford Handbook of Criminology*, 3rd edn, Oxford: Oxford University Press
Newburn, T. (2003) 'Introduction: understanding policing', in T. Newburn (ed.) *Handbook of Policing*, Cullompton: Willan
Newburn, T. and Hayman, S. (2001) *Policing, Surveillance and Social Control: CCTV and Police Monitoring of Suspects*, Cullompton: Willan
Newman, O. (1972) *Defensible Space: People and Design in the Violent City*, London: Architectural Press
Newson, E. (1994) 'Video violence and the protection of children', University of Nottingham (reprinted as Memorandum 13 in House of Commons Home Affairs Committee, *Video Violence and Young Offenders*, Session 1993-4, 4th Report, London: HMSO, pp. 45-59)
Norris, C. (2003) 'From personal to digital: CCTV, the panopticon, and the technological mediation of suspicion and social control', in D. Lyon (ed.) *Surveillance As Social Sorting: Privacy, Risk and Digital Discrimination*, London: Routledge
Norris, C. and Armstrong, G. (1999) *The Maximum Surveillance Society: The Rise of CCTV*, Oxford: Berg
Oaff, B. (2003) 'Is Britain about to close the gates?' *Guardian*, 15 March, www.guardian.co.uk
Oakley, A. (1986) *From Here to Maternity: Becoming a Mother*, Harmondsworth: Penguin
Office of the Data Protection Commissioner (2000) *The Use of Personal Data in Employer/Employee Relationships*, draft report, Winslow: ODPC
O'Malley, P. (2001) 'Governmentality', in E. McLaughlin and J. Muncie (eds) *The Sage Dictionary of Criminology*, London: Sage
Osborne, R. (1995) 'Crime and the media: from media studies to post-modernism', in D. Kidd-Hewitt and R. Osborne (eds) *Crime and the Media: The Postmodern Spectacle*, London: Pluto
Osborne, R. (2002) *Megawords*, London: Sage
Osgerby, B. (1998) *Youth in Britain Since 1945*, Oxford: Blackwell
O'Sullivan, T. and Jewkes, Y. (eds) (1997) *The Media Studies Reader*, London: Arnold
Pearson, G. (1983) *Hooligan: A History of Respectable Fears*, Basingstoke: Macmillan
Pearson, P. (1998) *When She Was Bad: How and Why Women Get Away With Murder*, Toronto: Random House
Pengelly, R. (1999) 'Crimewatch: a voyeur's paradise or public service?', *Police Magazine*, January, www.polfed.org/magazine/01_1999/01_1999_voyeurs.htm

Petley, J. (1997) 'In defence of video nasties', in T. O'Sullivan and Y. Jewkes (eds) *The Media Studies Reader*, London: Arnold. Originally published in 1994 in *British Journalism Review*, 5 (3): 52-7

Philo, G. (ed.) (1995) *The Glasgow University Media Group Reader*, Vols. I and II, London: Routledge

Pilger, J. (1999) 'Blood on our hands', *Guardian*, www.guardian.co.uk

Polk, K. (1993) 'Homicide: women as offenders', in P. Easteal and S. McKillop (eds) *Women and the Law*, Canberra: Australian Institute of Criminology

Pollak, O. (1950/61) *The Criminality Women*, New York: Perpetua

Poster, M. (1990) *The Mode of Information*, Chicago: University of Chicago Press

Postman, N. (1985) *Amusing Ourselves to Death*, London: Methuen

Potter, G.W. and Kappeler, V.E. (1998) *Constructing Crime: Perspectives on Making News and Social Problems*, Prospect Heights, IL: Waveland Press

Pratt, J. (2002) 'Critical criminology and the punitive society: some new "visions of social control"', in K. Carrington and R. Hogg (eds) *Critical Criminology: Issues, Debates, Challenges*, Cullompton: Willan

Presdee, M. (1986) *Agony or Ecstasy: Broken Transitions and the New Social State of Working-class Youth in Australia*, South Australian Centre for Youth Studies Occasional Paper

Presdee, M. (2000) *Cultural Criminology and the Carnival of Crime*, London: Routledge

Punch, M. (1996) *Dirty Business: Exploring Corporate Misconduct*, London: Sage

Radford, L. (1993) 'Pleading for time: justice for battered women who kill', in H. Birch (ed.) *Moving Targets: Women, Murder and Representation*, London: Virago

Radford, T. (2002) 'DNA database "has to cover everyone"', *Guardian*, 13 September, www.guardian.co.uk

Regan, P.M. (1996) 'Genetic testing and workplace surveillance: implications for privacy', in D. Lyon and E. Zureik (eds) *Computers, Surveillance and Privacy*, Minneapolis: University of Minnesota Press

Reiner, R. (2000) *The Politics of the Police*, 3rd edn, Oxford: Oxford University Press

Reiner, R. (2001) 'The rise of virtual vigilantism: crime reporting since World War II', *Criminal Justice Matters*, 43, Spring

Reiner, R., Livingstone, S. and Allen, J. (2001) 'Casino culture: media and crime in a winner-loser society', in K. Stenson and R.R. Sullivan (eds) *Crime, Risk and Justice: the Politics of Crime Control in Liberal Democracies*, Cullompton: Willan

Roshier, B. (1973) 'The selection of crime news by the press', in S. Cohen and J. Young (eds) *The Manufacture of News*, London: Constable

Sarri, R.C. (1983) 'Gender issues in juvenile justice', *Crime and Delinquency*, 29: 381

Schlesinger, P. and Tumber, H. (1994) *Reporting Crime: the Media Politics of Criminal Justice*, Oxford: Clarendon

Schlesinger, P., Tumber, H. and Murdock, G. (1991) 'The media politics of crime and criminal justice', *British Journal of Sociology*, 423: 397-420

Scraton, P. (2003) 'The demonisation, exclusion and regulation of children: from moral panic to moral renewal', in A. Boran (ed.) *Crime: Fear or Fascination*, Chester: Chester Academic Press

Shields, R. (1992) 'Spaces for the subject of consumption', in R. Shields (ed.) *Lifestyle Shopping: The Subject of Consumption*, London: Routledge

Short, E. and Ditton, J. (1995) 'Does closed circuit television prevent crime? An evaluation of the use of CCTV surveillance cameras in Airdrie town centre', *The Scottish Office Central Research Unit Research Findings*, (8): 4.

Signorielli, N. (1990) 'Television's mean and dangerous world: a continuation of the cultural indicators project', in N. Signorielli and M. Morgan (eds) *Cultivation Analysis: New Directions in Media Effects Research*, Newbury Park, CA: Sage

Sim, J. (1990) *Medical Power in Prisons*, Buckingham: Open University Press

Silverman, J. and Wilson, D. (2002) *Innocence Betrayed: Paedophilia, the Media and Society*, Cambridge: Polity

Simon, J. (1997) 'Governing through crime', in G. Fisher and L. Friedman (eds) *The Crime Conundrum: Essays on Criminal Justice*, Boulder, CO: Westview Press

Skogan, W. and Maxfield, M. (1981) *Coping With Crime*, London: Sage

Slapper, G. and Tombs, S. (1999) *Corporate Crime*, London: Longman

Smith, J. (1997) *Different for Girls: How Culture Creates Women*, London: Chatto & Windus

Smith, S.J. (1984) 'Crime in the news', *British Journal of Criminology*, 24 (3)

Soothill, K., Francis, B. and Ackerley, E. (1998) 'Paedophilia and paedophiles', *New Law Journal*, 12 June: 882–3

Soothill, K. and Walby, S. (1991) *Sex Crime in the News*, London: Routledge

Sounes, H. (1995) *Fred and Rose*, London: Warner Books

South, N. (1997) 'Late-modern criminology: "late" as in "dead" or "modern" as in "new"?', in D. Owen (ed.) *Sociology After Postmodernism*, London: Sage

Sparks, R. (1992) *Television and the Drama of Crime: Moral Tales and the Place of Crime in Public Life*, Buckingham: Open University Press

Sparks, R. (2001) '"Bringin' it all back home": populism, media coverage and the dynamics of locality and globality in the politics of crime control', in K. Stenson and R.R. Sullivan (eds) *Crime, Risk and Justice: the Politics of Crime Control in Liberal Democracies*, Cullompton: Willan

Stalder, F. and Lyon, D. (2003) 'Electronic identity cards and social classification', in D. Lyon (ed.) *Surveillance As Social Sorting: Privacy, Risk and Digital Discrimination*, London: Routledge

Stanko, E.A. (1985) *Intimate Intrusions: Women's Experience of Male Violence*, London: Routledge

Stenson, K. (2001) 'The new politics of crime control', in K. Stenson and R.R. Sullivan (eds) *Crime, Risk and Justice: the Politics of Crime Control, in Liberal Democracies*, Cullompton: Willan

Stevenson, N. (1995) *Understanding Media Cultures: Social Theory and Mass Communication*, London: Sage

Stick, N. (2003) 'An examination of the nature and influence of media representations of policing on the police themselves'. Unpublished MA thesis, University of Hull

Stokes, E. (2000) 'Abolishing the presumption of *doli incapax*: reflections on the death of a doctrine', in J. Pickford (ed.) *Youth Justice: Theory and Practice*, London: Cavendish

Surette, R. (1994) 'Predator criminals as media icons', in G. Barak (ed.) *Media, Process, and the Social Construction of Crime*, New York: Garland

Surette, R. (1998) *Media, Crime and Criminal Justice*, Belmont, CA: West/Wadsworth

Taylor, I. (1999) *Crime in Context*, Cambridge: Polity

Taylor, I., Walton, P. and Young, J. (1973) *The New Criminology: For a Social Theory of Deviance*, London: Routledge & Kegan Paul

Taylor, S. (2002) 'Much ado about nothing', *Criminal Justice Matters*, 49 (Autumn): 15
Taylor, S. (undated) www.SteTay.com (accessed 1st November 2003)
Thomson, K. (1998) *Moral Panics*, London: Routledge
Tierney, J. (1996) *Criminology: Theory and Context*, Harlow: Pearson
Tomlinson, J. (1997) '"And besides, the wench is dead": media scandals and the globalization of communication', in J. Lull and S. Hinerman (eds) *Media Scandals*, Cambridge: Polity
Townsend, M. (2003) 'Panic-room is a must-have for rich and famous', *Observer*, 23 June
Upton, J. (2000) 'The evil that women do', *Guardian*, 17 October: 6
van der Ploeg, I. (2003) 'Biometrics and the body as information: normative issues of the socio-technical coding of the body', in D. Lyon (ed.) *Surveillance As Social Sorting: Privacy, Risk and Digital Discrimination*, London: Routledge
Verhoeven, D. (1993) 'Biting the hand that breeds: the trials of Tracey Wigginton', in H. Birch (ed.) *Moving Targets: Women, Murder and Representation*, London: Virago
Waddington, P.A.J. (1986) 'Mugging as a moral panic: a question of proportion', *British Journal of Sociology*, 37 (2)
Walklate, S. (2001) *Gender, Crime and Criminal Justice*, Cullompton: Willan
Ward Jouve, N. (1988) *The Street-Cleaner: the Yorkshire Ripper Case on Trial*, London: Marion Boyars
Ward Jouve, N. (1993) 'An eye for an eye: the case of the Papin sisters', in H. Birch (ed.) *Moving Targets: Women, Murder and Representation*, London: Virago
Watney, S. (1987) *Policing Desire: Pornography, Aids and the Media*, London: Methuen
Weaver, C.K. (1998) 'Crimewatch UK: keeping women off the streets', in C. Carter, G. Branston and S. Allen (eds) *News, Gender and Power*, London: Routledge
Whiteacre, K. (undated) *The Cultural Milieu of Criminology and Drug Research*, www.lindesmith.org/docUploads/milieu.pdf (accessed 1st November 2003)
Wilczynski, A. (1997) 'Mad or bad? Child killers, gender and the courts', *British Journal of Criminology*, 37 (3): 419–36
Willis, P. (1982) 'Male school counterculture', in *U203 Popular Culture*, Milton Keynes: Open University Press
Wilkins, L. (1964) *Social Deviance: Social Policy, Action and Research*, London: Tavistock
Williams, E. (1967) *Beyond Belief*, London: Hamish Hamilton
Williams, P. and Dickinson, J. (1993) 'Fear of crime: read all about it?', *British Journal of Criminology*, 33 (1)
Wilson, J.Q. and Herrnstein, R.J. (1985) *Crime and Human Nature*, New York: Simon & Schuster
Wilson, P. (1988) 'Crime, violence and the media in the future', *Media Information Australia*, 49: 53–7
Wood, B. (1993) 'The trials of motherhood: the case of Azaria and Lindy Chamberlain', in H. Birch (ed.) *Moving Targets: Women, Murder and Representation*, London: Virago
Worrall, A. (1990) *Offending Women*, London: Routledge
Wykes, M. (1995) 'Passion, marriage and murder' in R. Dobash, R. Dobash and L. Noaks (eds) *Gender and Crime*, Cardiff: University of Wales Press
Wykes, M. (1998) 'A family affair: the British press, sex and the Wests', in C. Carter, G. Branston and S. Allen (eds) *News, Gender and Power*, London: Routledge
Wykes, M. (2001) *News, Crime and Culture*, London: Pluto

Wykes, M. and Gunter, B. (2004) *Looks Could Kill: Media Representation and Body Image*, London: Sage.
Young, J. (1971) *The Drug Takers: The Social Meaning of Drug Use*, London: MacGibbon and Kee/Paladin
Young, J. (1974) 'Mass media, drugs and deviance', in P. Rock and M. McKintosh (eds) *Deviance and Social Control*, London: Tavistock
Young, J. (1987) 'The tasks facing a realist criminology', *Contemporary Crises*, 11: 337-56
Young, J. (1992) 'Ten points of realism', in J. Young and R. Matthews (eds) *Rethinking Criminology: the Realist Debate*, London: Sage
Young, J. (1999) *The Exclusive Society*, London: Sage
Younge, G. (2002) 'The politics of partying', *Guardian*, 17 August, www.guardian.co.uk
Zureik, E. (2003) 'Theorizing surveillance: the case of the workplace', in D. Lyon (ed.) *Surveillance As Social Sorting: Privacy, Risk and Digital Discrimination*, London: Routledge

术语表

成人化(adultification) 这是一个暗指错误界定和儿童具有多变特质的术语,指那种将儿童和青年人视为拥有和成年人一样的推理能力和知识的倾向。从人权的角度来看,这样做可能对他们有利,但至少在英国它也同样,导致了一种使儿童在很小的年龄就承担刑事责任的倾向。

能动性(agency) 该术语意指出于一种道德选择感和自由意志独立做出一定的行为,以区别于受社会和结构的力量所驱使而做出行为。

设置议事日程(agenda-setting) 这是一种在传媒机构内部工作的人决定哪些东西足够重要可以报道以及什么可以置之不理,从而设定公众讨论内容的行为。犯罪是一种特殊的令人印象深刻的设置议事日程的例证,尽管某些类型的犯罪、违法和被害人在新闻日程上比其他犯罪、违法和被害人更加突出,但是,和犯罪有关的报道在总体上被认为具有根本的**新闻性**。

失范(anomie) 这是源自 Durkheim 并由 Merton 加以发展的一个概念,他们认为,失范意味着某些在文化上需要的目标(例如,物质财富)和合法达到该目标的手段之间的冲突。常常有人认为,传媒和文化产业是产生对成功、财富等等不用犯罪或偏离的方法很难实现的渴望的罪魁祸首。

受众(audience) 是指传媒**话题**瞄准的假定群体。最近的传媒理论已经重新用概念的方式把受众从分裂的、被动的个体接受者的聚合发展到了将他们视为复杂和主动的意义制造者来加以解释。从"现实电视"的角度看,或许有人主张制片者和受众之间的界限在不断地变得模糊。

行为主义(behaviourism) 这是经验主义者处理在 20 世纪早期由 J. B. Watson 创立起来的心理学时所使用的一种方法。在 20 世纪 60 年代的心理学领域,行为主义变成一种占主导地位的学派,该学派因涉及对能够观察的行为的客观研究从而代表对心理分析学说的一种直接挑战。

两极对立(binary oppositions) 传媒(借助促进了人们做同样事的倾向的方式)通过将固定的永恒不变的**差别**极端结构化的办法来报道世界的概念——男人和女人,黑人和白人,善和恶,**悲惨的被害人/邪恶怪物**等等。有人认为,传媒的这种倾向加深了公众对边缘人士的偏见并导致先入为主。

监狱化社会(carceral society) 这是来自 1997 年 Foucault 著作的一种思想,它认为,监控系统正在遍及社会以至于社会生活中的许多其他领域将会处于观察、分类和控制之下,结果是民众越来越服从。

名人(celebrity) 这是 20 世纪末和 21 世纪初 12 个核心的**新闻标准**之一,它用来指那些全球闻名的人物。名人据说承载着作为传媒文化如何运作的指南针的功能(Osborne,2002),在名人犯罪,或者成为被害人的时候,他们在具有非常好的**新闻性**这一点上,和犯罪相交叉,而"普通的"犯罪者和被害人通过和他们相连的犯罪成为新的名人。

儿童(children) 这是一个相当中性(相比更加负面描述的措词"青少年"(adolescents)或"少年"(Juvenile))的概念,在由非常年少者所实施的严重犯罪的余波里,它依然有某种隐藏的邪恶的意味。

一致性(consensus) 指通过相同的观点所获得的社会统一性。**批判主义犯罪学**认为,社会远非我们想象的那么一致,它实际上以利益相对立并不能共存的社会阶层和群体的冲突为特点。一些群体拥有权力并且相比他人占据着位置优势。在这种解释之中,一致性被视为是被建构和被强加的以维持占主导地位阶层的特权地位的工具。一致性可以通过巧妙的方法或通过**霸权地位**获得。

对身体的控制(control of the body)　这是通过科技和肉体的结合实现的监管的一个方面,它可以是肉体和科技手段之间的直接的身体接触,也可以是更多间接或暗中的监控或对身体的立法化的方式。

犯罪(crime)　从传统上讲,犯罪是对法的违反,但是它不是一个统一的概念,并且它的范围已经延伸到包括社会损害行为。它的意思具有历史和文化的相对性,并在很大程度上取决于定义它的人所持有的理论角度。

犯罪化(criminalization)　指将"犯罪"标签适用于某种特殊行为或类型,该措词反映了国家通过传媒在其他的机构中传播的规制、控制和有选择地惩罚的权力。

批判犯罪学(critical criminology)　这是一种从马克思主义那里获得灵感的、极端的犯罪学学派,它强调常规的、日常的生活和社会环境结构。批判犯罪学和政治经济学在传媒研究中将重点放在犯罪和犯罪控制的结构上的方法有某些类似。

文化犯罪学(cultural criminology)　这是一种赞成后现代对意义的崩溃的关注,以及满足、消费和快乐的直接性的正在形成的观点,它强调犯罪和犯罪控制的文化结构以及在偏离亚文化中意象、时尚、再现和实施的作用。

犯罪新闻(crime news)　关于**犯罪**的新闻在当代社会无处不在,并且不可避免地在本质上是新奇和负面的。而且,它适应12个不仅帮助我们理解新闻记者、编辑和**受众**之间关系而且告诉我们许多流行文化的和意识形态的假设的**新闻标准**。

危险性(dangerousness)　这是一个对广泛存在的、看起来给秩序和个体的私人安全(在19世纪,对"危险阶层"的引用非常普遍)带来威胁的个人和群体进行概括的措词,但是该词不断地被统计学和充满政治感情的"**风险**"所取代。

妖魔化(demonization)　该词指给那些规范、态度或行为被视为构建着"邪恶"的个人或群体贴标签的行为。虽然"纯粹邪恶"这种描绘正在变得比潜力小得多的公众邪恶的形象更加突出,但被妖魔化的人是指那些传统上被描绘成是**公众妖魔**和常常成为**道德恐慌**的主体的人(Cohen,1972/2002)。

偏离(deviance) 一种社会的、通常是在道德(相对于法律)层面的概念,用来描述打破规则的行为。

偏离放大螺旋(deviancy amplification spiral) 这是一种由记者和各种其他的当权者、意识形态主导者和道德贩卖者创造的一种道德说教,这些人把可见的做错事的人(或一群做错事的人)妖魔化为一种道德下降和社会分解的源泉,并引起公众、政治和警方反应的链式联结。

差别(difference) 这是一个经常在负面意义上使用以概括文化多样性的概念。通过它,某个集团的行为被视作和一些虚构的规范有"差异",文化不同——绝大多数毫不含糊地表达为**两极分化**的观点——常常被视为是将某些群体列为具有"异端"、"外来人"或"奇异者"的因素,这都导致了**犯罪化**或**妖魔化**的产生。

有犯罪能力(*doli incapax*) 这是一种原则,即在某个年龄段下面的未成年人被认为不具有理解对和错的能力,从而不能对他们的行为承担刑事责任。

"效果"研究("effect" research) 一种传统的调查方法,这种方法集中在传媒话题效果对受众态度或行为的影响上。尽管这是对严重的犯罪或青少年犯罪最流行一种解释(特别地,并且有点讽刺意味的是,在传媒内部),但是许多调查效果因为它们将传媒效果从其他变量中分离出来使而其科学性遭到怀疑。

实质独立说(essentialism) 这是一种相信行为受一些暗藏的力量或内在的本质所决定或推动的学说,该说在犯罪与犯罪性中间渗入了许多"常识"的成分,从而给犯罪者提供了大量的陈词滥调的基本解释。

邪恶怪物(evil monsters) 这是**公众怪物**的一种(后)现代的说法,通过它,传媒、政治和法律的说教就可以相互联结,在将**道德**

主体结合在一起的道德原则之外,将严重的罪犯用**实质独立主义**的措词构建为绝对的"他性"。

毁灭家庭(者)(familicide or family annihilation) 据报道,这已经成为日益普遍的现象。一个男人可以因为惧怕失败而杀死自己和他的家庭。这种现象常被错误地描述成"误导的利他主义",或者说是一种面对无法抵抗的、涉及到男人对他的家庭的幸福所承担的责任的社会期待时,男性的荣誉和骄傲的问题。传媒对那些实施家庭杀害行为的男人的相对有同情心的报道和对犯有同样罪行的女人的报道形成了对比,这显示着公众对男性暴力的容忍。

犯罪恐慌(fear of crime) 这是一种因感到自己可能成为犯罪被害人这种危险所引发的焦虑或警戒的状态,许多关于个体对犯罪恐慌的讨论集中在这种恐慌是理性的(也就是说,对于恐慌,有许多可以触及的基础,例如先前的被害经历)或者是非理性的(即这种恐慌是因为传媒对严重的但不典型的犯罪过度夸大或情绪化地报道而引发)上面。

女权主义(feminism) 在犯罪学中,女权主义出现于20世纪70年代,它的出现挑战了传统的犯罪学方法和它们对解释性/性别和犯罪及犯罪司法关系的无能或不情愿。女权主义犯罪学有多种表现并处于进化之中,并且已经成为介绍从心理分析和文化研究到犯罪学的一个有用的工具。最近关注的一个焦点是将犯罪妇女描绘为积极的、有主观能动性地做出选择的有自由意志的人,而不是仅仅作为男性压迫者的消极的被害人。

杀害子女(filicide) 指父母或养父母杀害其子女,这是唯一的妇女和男人在犯罪数量上大致相等的杀人犯罪。

公众妖魔(folk devils) 这是一个由Cohen推动成为众所周知的术语,它用来描述一个被定义为对社会的价值及其利益构成威胁的个体或团体,它成为传媒促成的**道德恐慌**的主体,公众妖魔常常以将年青人描述为社会问题的标志的形式将他们定型化和替罪羊化。

功能主义(functionalism) 这是一种与 Durkeim 和 Parson 相联系的将社会描述为一个"社会系统"的理念,这种社会理想化地发生着作用以维持社会的一致性和秩序。社会系统和社会机构以它对社会整体所具有的功能被评价,例如,大众传媒以它的维护平衡和一致的功能以及它们和其他社会功能的互动被评价。

政府监管(governmentality) Foucault 创造了这个词用来描写国家不断增长的干涉公民生活的倾向,这种倾向表现在:国家不仅通过监管系统这样的公开的规则,而且借助以语言和思想的形式循环于组织间的动态的权力和知识的互动来干涉公民的生活。

支配权(hegemony) 这是一个来自 Gramsci 的概念,它指占主导地位的统治阶级行使文化和社会领导权的能力,并能过这种能力,通过一个自愿同意的,而非强制的程序来维持它的权力。支配权的概念在下列研究中很常见,即试图揭示日常意义和表达(例如,在"犯罪问题上态度强硬")如何被组织起来并被赋予意义,其方式是将当权者的阶级利益描述成一种自然的、不可避免的、无可争议的,且声称是全体成员的利益。

异性家长统治(heteropatriarchy) 一个异性家长(男性或女性)统治的社会被虚构为一个标准的社会,与此不同的任何人和任何东西被定义为"他性"并遭受谴责和歧视。

皮下注射方式(hypodermic syringe model) 这是一种不复杂的传媒效果描述方式,借助该词,传媒被视为是直接给被动的接受者注射思想、价值和信息,从而产生一种直接的和没有中介的效果。

意识形态(ideology) 这是一个复杂的争论激烈的术语,它指在社会中循环的观点,以及它如何再现或扭曲社会生活。它经常被还原为维护统治阶级利益的不平等的社会关系。

想象的同一性(imagined community) 这是一个用来指示并包含着以阶级、性别、生活方式和民族为基础的、共同的身份。一种想象的同一性通过它的报道、表达和包括各种社会和文化结构(包括媒体)的象征化得以维持。

杀婴罪(infanticide) 指母亲因受怀孕和哺乳期的影响对一个小于12个月的婴儿的杀害。

婴儿化(infantilization) 虽然近年来,尤其在法律和刑事说教中,有一种对儿童的**成人化**的倾向,他们也同时受到相比以前更大程度地保护性控制的规制。而且,社会、政治和经济力量导致了许多年轻人不得不推迟举行在传统上标志着从青少年向成年人过渡的"成人仪式"(结婚、拥有家庭等等),从而在一个延长的婴儿时期受到谴责。

贴标签(labelling) 这是一种由Becker(1963)使之闻名的社会学的方法,它指某些团体(政治家、警察、传媒等等)对"他性"分类的一种社会过程。偏离因此并不生根于特定的人的行为之中,而是被用标签贴成了这样。

左翼现实主义(left realism) 这是一种"极端主义的"犯罪学流派,它出现在20世纪80年代的英国,它将犯罪视为一种自然的不可避免的阶级不平等和等级制度的产物,这种观点认为应当严肃对待犯罪和犯罪带来的恐慌。

合法性(legitimancy) 通过它一个群体或一个组织机构获得和维持公众对他们的行为支持的一种状态,例如,**批判犯罪学家**认为,尽管抗议者常常抗议传媒通常将暴力构建成不可接受和偏离,但对于警方而言,暴力却在被视为是必要和报应性的行为时是合法的。

马克思主义(Marxism) 这是一种认为传媒和其他的资本主义机构一样都为资产阶级的精英所控制,并为了该阶级的利益发生作用的学说,它否认有相反或替代性的观点。犯罪被视为是在一个分层社会中阶级冲突的表现方式。

大众传媒(mass media) 该术语用来指公众通讯通过电子的或印刷的传媒方式传播,它随着19世纪公众报纸发行的增加和20世纪收音机的长足发展而兴起。它建立起了大量的个体成为同一受众群体有机组成部分的观念,从而在本书中,此概念被保守地使用。在后现代的传媒环境中,可以得到传媒**话题**的多样性和不断增长的朝着"狭窄的演员角色"的选择,而不是"更多的角色"的选择导致了大众传媒的概念中的"公众"概念变得站不住脚。

大众社会(mass society) 这是来自社会学的一个术语,它指在工业化/资本主义社会中,个人被那些当权的人直接控制、原子化,或被从传统的纽带、地域或亲缘关系中孤立出来,这使得他们尤其容易受到**大众传媒**有害的**影响**。

传媒促成(mediated) 在一般的用法中,促成意味着非直接地、通过一些其他的人或物的联结。在本书中,促成这个概念在通过传媒促成的意义上使用。尽管在语义学上不正确,而本术语的使用可以避免使用更笨拙的其他术语,而且本术语或许更少不明确性。

道德多数(moral majority) 这是一个大众传媒标榜自己的对**想象**的**同一性**的概括表达。包含着保守主义的概念以及对法及其执行者的尊重,它是"英国式"的某种版本,它站在读者的角度假设了一种虚构的一致性,它可以被概括为《每日电讯》对世界的观点。

道德恐慌(moral panic) 指社会对被定义为是种威胁的某种境况、事件、个人或群体敌视的、不成比例的反应。相应地,犯罪已经如此突出地成为了传媒报道的中心,并且已经变得如此商业化,以至于实际上一种持续的道德恐慌状态一直存在。

新闻性(newsworthiness) 这是一个概括任何一种潜在的新闻事件可想象的"公众吸引力"和"公众兴趣"的术语。新闻性由**新闻标准**所决定;一个潜在的事件符合越多的新闻的标准,它越被视为具有新闻性。

新闻标准(news values) 指在选择、建构和报道新闻事件时,职业的但又是非正式的规则。

他性(otherness) "他性"这个词代表着一种存在于自身以外的象征的整体(例如,一个或更多的个体),它包含着将非自身视为和自身相区分的含义,非自身是按照所习知的**差别**所做的一个大类别的分类。异端常常被用来对那些在背景、外表等方面与"我们"不同的人进行**妖魔化**和**犯罪化**的解释,它常常借助于**道德恐慌**、**想象的一致性**等等这样的概念以提供别人一个被思考和判断的标准。

恋童癖者(paedophiles) 这是一个至少由传媒独一无二地用来指那些被儿童唤醒性冲动的男人,该术语不加区别地适用于"观看者"(例如,那些从互联网上下载虐待儿童图片的人)和"实施者"(那些亲自实施虐待行为的人)。

统观设计和统观主义(panopticon and panopticism) (作为统观设计的一种)圆形监狱是一种由 Jeremy Bentham 所设计的监狱类型,它被作为一种分析监管、社会控制和作为一个整体在社会中运用权力的蓝图使用。统观主义能被概括为"少数监控多数"。

范式(paradigm) 它是一组观念,指在任何特定时间占主导地位的思考方式。对理论理解的变迁(例如,从现代性到后现代或者从马克思主义到多元主义)常常被称作范式转换。

持续犯罪(persistent offending) 这是一个小的群体(通常是年轻)犯罪者对于一个特定地域不成比例的大量的犯罪负有责任的概念。

多元主义(pluralism) 这是一种来自社会学的观念,代表着所有的思想和利益都应该平等地被再现和机会均等。多元主义的发展已经导致了有人将其批评为文化"倾倒"的因素。

警察和维护秩序(police and policing) "维护秩序"这一术语是指包括监控、规制、保护和执行的各种任务、技巧和程序的部署。甚至"警察"自己都变成了具备这种功能的多种分类的一部分,我们称之为"维护秩序"的术语也不断地扩展。维护秩序这个词已经成为作为一套和传媒促成的文化相互盘根错节的符号学实践。它现在已经既是一种象征又是一种实际存在。

政治经济(political economy) 这是一种社会学传统,它用来分析社会和社会现象,包括在政治之间起到中介作用的传媒、经济学和意识形态。

实证主义(positivism) 这是一种 19 世纪的理论方法,它认为社会关系能够使用从自然科学中得到的方法进行科学、系统地研究。在犯罪学中,它使用生物学、心理学和社会学的方法以期识别一般认为超出人们控制范围的犯罪的原因。在传媒研究中,实证主义的方法已经被实验——尤其是**行为主义者**——的研究所影响,并且成为传媒**效果**研究的特殊中心。

后现代主义(postmodernism) 后现代主义者否定过去由"宏大理论"所声称的所谓的真理,挑战地指出我们生活在一个充满抵触和不连贯的世界。这种理论认为它没有义务服从客观主义的思想类型。后现代主义很显然在文化研究中优势明显,在文化研究中,后现代主义被用来从传统用法中释放含义,强调快乐、情感、狂欢、无节制和移位。在犯罪学中,后现代主义暗指对犯罪概念的摒弃和一种新语言和思维模式的建构,以此来定义犯罪化和谴责的过程。

利润(profit) 在本书的场合中,"利润"被用作和监管及社会控制相联系的关键因素。监管和**安全**代表着巨大的商业机会,并受到那些希望自己的产品对那些"适当的类型"的人有吸引力的、以利润为动机的公司的驱动。

心理分析(psychoanalysis) 这是一种由弗洛伊德发展起来的方法,最近因 Lacan 的著作变得流行,心理分析研究人们行为的潜意识动机,它作为一种建构性行为和男性/女性特征的理论尤其具有影响。

心理社会学解释(psychosocial explanations) 这是一种借助**心理分析**和社会理解,尤其在追求关于性别特性的知识中所适用的一种学说。它常常在运用和来自受社会学影响的女权主义、传媒和文化研究理论的一些观点相结合的心理分析概念中作用显著,目的在于揭示为什么一些个体引发了某种程度的、传媒指挥的、公开表达的和实际犯罪相比不协调的歇斯底里、污蔑和中伤。

公共吸引力/公共兴趣(public appeal/public interest) 这是两个相关的但又不同的常常被混淆的概念。"公共吸引力"能通过销售额和发行量被量化计算,并常用来证明对具有戏剧性、耸人听闻或名人要素的故事加大依赖的合理性。"公共兴趣"或许包括对公众应该或不应该知悉的内容的性质的评估。因此，它常常包含着来自组织体或更常见地，来自政治家的干涉。

理性/非理性（rationality/irrationality） 在讨论公众对犯罪的恐慌的时候，常常有人认为这种恐慌是不理智的，因为人们恐惧的犯罪是那些最不可能使他们成为被害人的犯罪。然而，在近年来，**左翼现实主义者**和**文化犯罪学家**认为绝大多数人们的焦虑有一个理性的内核。例如，前者认为，如果他们曾经被害过，他们就会惧怕犯罪。而后者则认为现代传媒充满着关于犯罪的说教和影像，这不断地使将传媒促成的犯罪和实际的犯罪区分出来变得困难。

接受分析（reception analysis） 该术语是对不断地使传媒话题的接受变得复杂的"受众研究"的一个替代性表达，它不再考量传媒对受众做了什么，接受分析的关注点在于"受众能对传媒发生什么样的影响？"。

再现/虚假再现（representation/misrepresentation） 是指意义被描述、交换和流转的方式。尽管传媒有时被认为是面对现实的一面镜子，事实上它们如可证明的那样被设想成以一套连贯性的措词来反映世界——如果说常常是有限的和不精确的——更加合适。

右翼现实主义（right realism） 这是一种在20世纪80年代流行的犯罪学派，它对如何控制犯罪表现出了较大的兴趣而对提示犯罪的原因不太热衷。

风险（risk） 此概念的出现是为了主导在20世纪90年代对后现代的讨论，"风险社会"的概念被Beck创造出来以指代社会从前工业社会将负面事件视为上帝注定或自然偶然的发生倾向向后现代的人造的危险和危害的专注。传媒常常被认为是风险的最明显的宣示器（从而成为人们**对犯罪恐慌**的主要的源泉），因为他们对健康的担心、对食物和饮食的恐慌和——当然地——对犯罪的担心。

窥私癖（scopophilia） 偷看的乐趣；希望看到不能看的东西。

安全(security) 这是监控具有的明显的社会和文化暗示的五个方面之一。自相矛盾的是,监控技术或许已经使人们感到更加安全和更加对他们私人安全的多疑。

社会建构主义(social constructionism) 这是一种强调社会预期在分析想当然的或明显是自然社会进程中的作用的方法。建构主义通过提出在意义中不存在内在含义、而是按照所共有的文化参照和文化经历来传播的观点、来避免传统在**再现/**事实中的**两极对立**。

社会反应(social reaction) 这是一种对犯罪和偏离进行特征描述的社会过程。它包括公众的、政治的、刑事司法和传媒的反应,该措词常常被用来表示**标签化**、**污蔑化**和**定型化**某些个体、或群体的过程。

婚内杀人(spousal homicide) 意指由配偶或伴侣对个体的不合法的杀害,这种犯罪,尤其在**女权主义**犯罪学中,导致了大量的关于传媒促成的、在对犯罪与**被害**进行研究中必须考虑的要素的研究。

定型化(stereotyping) 这是一个将个体或群体减化为过于简单的或一般化的特征的过程,这导致了粗线条的,常常是负面的分类。

污蔑(stigmatizing) 在此过程中,因为他们的相貌和行为的某些方面的特征而使个体和团体失信化。它有助于解释为何一些可以想象的**偏离者**常常被边缘化和被社会排除在外,并成为仇视性报道和谴责的载体。

亚文化(subculture) 一般用在描写一群他们的外表、规范和行为不同于那些主流或他们"父母文化"的年轻人。

监管系列措施(surveillant assemblage) 指通过多种过去曾经是相互孤立的技术手段(例如数字化的闭路电视和计算机数据库)和组织机构(例如,警方和私人的安全公司)的联结获得的监管的深度和密度(Haggerty 和 Ericson)。

概观主义(synopticism) 这是一种在社会学和犯罪学关于监

管的文献中出现的一个措施。它用来指这样一种场景,在这种场合中多人监控少数(这和**统观主义**的观点正好相反)。近来的后现代朝着概观主义发展的趋势在**大众传媒**的发展中非常明显,近几年兴旺发达的"真人秀电视"成为这种思想的一个明显的例证。

话题(text) 传媒话题是任何一种传媒的产品(例如电影、广告、电视节目、互联网家庭主页、广播广告诗和报纸题目),通过它,意义得以形成并可以被推测出来。

悲惨的被害人(tragic victims) 该措词常用在**两极对立**中的相对于**邪恶怪物**的另一端,通过它犯罪被害人的无辜和脆弱性成为他们在传媒中被报道的主要方面,并到了伤感化和神圣化的地步。

无意识(unconscious) 该措词用于心理分析场合,是弗洛伊德著作的核心概念,它用来指那些被意识所压抑的方面。

被害化(victimization) 成为犯罪被害人的经历,对被害人和犯罪人关系的研究——或称为被害人学——已经成为一种核心的关注并或许被认为在犯罪学内部构建着一种亚学科。

窥淫癖(voyeurism) 该词最初被用来描写观看他人性活动的行为,现在被在更广泛的场合里用来描述对通常认为是私人世界的窥视。

年轻人(youth) 这是介于儿童期和成人期之间的一种不甚精确的一个时期,青年人常常被和犯罪而不是和被害相联系。

索 引

（本索引所标页码为英文版页码，中译本边码）

11 September attacks 9·11 袭击
　　postmodern performance 后现代表现 27
　　risk 风险 47
　　spatial proximity 空间的相似性 51
　　surveillance 监控 183, 184
acceleration of drama 戏剧化的提升 26—27
adultification 成人化 89—90, 91
advertising campaigns 广告运动 82—83
age of consent 同意年龄 105
age of criminal responsibility 刑事责任年龄 89, 90, 91—92
agency 能动性 129, 129—131
agenda-setting, 设置议事日程; newsworthiness 新闻价值 37
aggression 好斗 9, 116—117
Allitt, Beverly 123, 130
America 见"United States"
American Dream 美国之梦 14
amplification 见"deviancy amplification spiral" 放大, 参见"偏离放大螺旋"
Andrews Tracie 119, 121
anomalous categories 反常类型
　　lesbians 女同性恋者 116—117
　　mythical monster motifs 神秘的怪物话题 123—124
　　women rapist 女强奸犯 117
anomie 失范 13—16, 32, 78
anxieties 焦虑 10
Appleyard, Brain 93—94
Archer, Jeffrey 50
attractiveness, physical 吸引力, 肉体的 118—119
audience 受众 37—39, 82—83
authorities, deviancy amplification Spiral 权威, 偏离放大螺旋 69—70
bad mother motif 坏母亲话题 121—123, 127
Bad News books 坏新闻丛书 17
bad wife motif 坏妻子话题 119—121
Bandura, Albert 9

Barings 46
BBC 38, 152—167
Beck, Valmae 117, 118—119, 122
behaviourism 行为主义 5, 7—11, 13—14
Bentham, Jeremy 173—174
Big Brother 大哥大 189
Binary oppositions 两极对立
   CCTV stories 闭路电视事件 190
   child constructions 儿童建构 100, 105
   lesbian as anomalous category 作为异常类型的女同性恋 116—117
   news simplification 新闻的简约化 45
binary oppositions 两极对立
   otherness 他性 110—111
   stranger danger 陌生人带来的危险 101
   women 妇女 113—114
biological criminology 生物犯罪学 8, 127
biological essentialism 生物实质独立主义 111, 126—129, 136—137
biometrics 生物统计学 178—179
Bobo dolls 波波娃娃 9
body surveillance 身体控制 177—179, 193
Brady, Ian 128—129
Brass Eye spoof *Brass Eye* 节目的戏说 55—56
Britain 见 United Kingdom, Britain

British Broadcasting Corporation (BBC) 英国广播公司 145, 152—167
British Crime Survey (BCS)《英国犯罪调查法》145, 167
Britishness 英国式 13, 58—60
Bulger, James
   children as evil monsters 作为邪恶怪物的儿童 91—93, 94, 105
   children as news value 作为新闻标准的儿童 57
   condemnation of mother by press 传媒对母亲的谴责 121—122
   effects research 效果研究 12
   moral panic 道德恐慌 72
   news simplification 新闻简约化 44
   potitical exploitation 政治利用 105
   shame and guilt 耻辱与罪过 98—99
Burney, Elizabeth 15

Campbell, Stuart 48—49
Capper, Suzanne 93
carceral society 监狱化社会 177, 183
carnival of crime 嘉年华会犯罪 29—30, 31, 54—55
carnivals, Notting Hill 诺丁山嘉年华会 42—43
catastrophes 大灾难 73
CCTV see closed circuit television CCTV 参见"闭路电视"

celebrity 名人 49—51
Chamberlain, Lindy 121
Chapman, Jessica 52—53
Chibnall, Steve 38,39
children 儿童
    abuse 虐待 94,98,101
    construction of crime news 犯罪新闻的构建 56—58
    criminalization 犯罪化 71
    evil monster construction 邪恶怪物构建 89—94,105
    fear of crime 对犯罪的恐慌 143—144
    sexualization 泛性化 77—78, 99—101
    social construction 社会构建 57—58
    tragic victim construction 悲剧的被害人的建构 94—98,105
    另见 individual names "个体的名字"
chivalry hypothesis 骑士假设 112,119
Chomsky, Noam 18
Chucky 12
circulation issues, moral panics 流转问题,道德恐慌 82
civil liberty 民事自由 181,183—184,192
Clacton, mods and rockers 摩登派和摇滚族 67—68
class 阶级
    conservative ideology 保守意识形态 59

effects research 效果调查 13
    hegemonic approach 支配权方法 16—17
classicism 古典主义 89
cleanliness 干净 188—189
Climbie, Victoria 94
closed circuit television (CCTV) 闭路电视
    crime associated images 与犯罪相联的意象 202—203
    Crimewatch UK《英国犯罪观察》152,153—154
    panoptic limitation 统观设计的限制 175
    profit 利润 185—187,188—189
    spectacle and graphic imagery 过度展示和生动的影像 56
    surveillance 监管 177,190, 194—195
Cohen, Stanley 64,66,75,81,83—85
collective grief 共同悲伤 28
collective, memories 集体性的记忆 103—104
commodification of violence 暴力的商品化 54—55
common sense 常识 5—6,12
community 共同一致性
    gated 装上大门 182
    imagined 想象的 104
    mass media 大众传媒 103—104
    moral panics 道德恐慌 102—103
    policing 维持秩序 145—146
competition 竞争 21—24

condition reflex 条件反射 8,9
consensus 一致性 70—72,82,97
conservative ideology 保守意识形态 58—60,71,72
conspicuous consumption 挥霍性消费 15,186—189
construction of news 新闻的构建 35—62
consumption 消费 15,186—189
copycat crime 盲目照搬犯罪 12,163
corporate crime 组织犯罪
 Crimewatch UK《英国犯罪观察》166,168
 dominant ideology 主导意识形态 20—21
 lack of graphic imagery 缺乏生动的影像 55
Crime and Disorder Act(1998)《犯罪和秩序法》71,105
Crimewatch UK《英国犯罪观察》152—168,175
crime waves 犯罪浪潮 5,141,161
criminal celebrities 犯罪的名人 50
criminalization 犯罪化
 carnival participation 参与嘉年华会 29—30
 children and youth 儿童和年轻人 71
 deviancy amplification spiral 偏离放大螺旋 69—70
 media role 传媒的作用 17—19
 structural inequalities 结构不平等 17

criminal responsibility 刑事责任 89,90,91—92
criminology 犯罪学
 biological 生物学的 8,127
 critical 批判的 17,20,141—142,194
 cultural 文化的 28—31,33
  feminist perspectives 女权主义方法 111—113
  moral panic importance 道德恐慌的重要性 84
 sociological 社会学的 13—16
critical criminology 批判犯罪学 17,20,141—142,194
critical interpretation 批判解释 44
crowds 公众
 mass society theory 大众社会理论 6—7
 media effects 传媒效果 6
 vigilantism 治安维持会政策制度 103
cultural criminology 文化犯罪学 28—31,33,54—55
cultural goals 文化目标 14—15
cultural proximity 文化的相似性 52—53,134—135
culture, surveillance 文化,监控 191

Dando, Jill 159,176
dangerousness 危险性 94,96
democratic development 民主发展 61
 另见 pluralism "多元主义"
demonization 妖魔化 97—98

demonstrations 举例说明 42
deregulation 异常 21—24
deviance 偏离
    celebrity 名人 49—50
    difference constructed as 将差异构建为 109
    female offender sexual 女性犯罪 113—118
    high-status individuals 高阶人士 51
    labeled behavior 被贴了标签的行为 17
    moral panics 道德恐慌 76—77
    youth as social barometer 作为社会晴雨表的年轻人 58
deviancy amplification spiral 偏离放大螺旋 69—70,76—77
difference 差异
    construction as deviance 被构建成偏离 109
    cultural criminology 文化犯罪学 30
    psychoanalytic interpretation 心理分析解释 110—111
dingo baby case 澳洲野狗案件 121
dirt 污垢 188—189
disappearance cases 失踪案件 52—53,99—100
Discipline and Punish (Foucault)《纪律与惩罚》177—178
diversionary politics 转移注意力政治学 59—60
diversity 多样性 79—80

Dixon of Dock Green 147—149,168
DNA testing DNA 实验 179,181
doli incapax 无犯罪能力 91—92,105
domestic vioience 家庭暴力 120
dominant ideology 主导意识形态 16—21,32—33
Dowler, Milly 52—53

Echelon 梯队 184
effects research 效果研究 5—13,32
    behaviorisms 行为主义 7—11
    legacy 遗产 11—13
    limitations 限制 11
    mass society theory 大众社会理论 6—7
    positivism 实证主义 7—11
    strain theory 紧张理论 15
elderly, attacks on 老年人，袭击 41
electronic communications 电子通讯 16,31
electronic indentities 电子身份证 175—176
electronic tagging 电子标签 178
email 电子邮件 184,193
entertainment 娱乐
    Crimewatch UK《观察》154—155,164
    fear of crime 犯罪恐慌 143
    postmodernism 后现代主义 25—31
    surveillance 监控 189—192
essentialism 实质独立说 111,126—129,136—137

ethnicity 种族划分 161—162
evil manipulator motif 邪恶操控话题 128—129
"evil monsters" "邪恶怪物" 57—58, 89—94, 105, 201
excitement 兴奋 16, 29, 31
extraordinary-ordinary fusion 异常—普通的溶合 28

fake TV 虚构电视 55—56
familicide 毁灭家庭(者) 132—133
family 家庭 159, 162
fascination with crime 对犯罪的强烈爱好 3, 28, 28—31
fathers 父亲们 132—133
fear 恐慌
    of crime 犯罪的 141—146, 160—161, 167
    Crimewatch UK 155, 160—161
    Surveillance 监管 185
femininity 妇女特质 118—119
feminist Criminologies 女权主义犯罪学 111—113
femmes fatales 致命的女人 119
Fergus, Denise 121—122
filicide 杀害子女 126
folk devils 公众妖魔
    children 儿童 89—94
    complexity denial 复杂性否认 201
    construction of offenders as 将犯罪人构建成 108—109
    criminal celebrities 犯罪的名人 50

deviancy amplification 偏离放大 70
paedophiles 恋童癖 94—98
professionals 专家 83
sexually deviant women 性偏离妇女 114
Folk Devils and Moral Panics: The Creation of the Mods and Rockers (Cohen) 64, 76, 79, 81, 83—85
fortress mentality 堡垒思想 182
Foucault, M
    control of the body 身体的控制 177—178
    panopticism 统观主义 174
    survceillance 监控 186
fragmentation of society 分裂的社会 7
fragrancy test 芳香试验 112
functionalism 功能主义 9
future-oriented risk assessments 以未来为导向的评价 95—96

Galtung, J, 38, 39
gated communities 封闭的社区 182
Glasgow University Media Group 哥拉斯哥大学媒介研究小组 (GUMG) 17
globalization 全球化 13
goals, strain theory 目标, 紧张理论 14—15
governance 治理 179—181
governance-security-profit alliance 管理—安全—利润相结合
governmentality 控制 180

Gramsci, Antonio 16—17
graphic imagery 生动的影像 55—56
grief, collective 悲痛,共同的 28
group identity 群体特征 79—80
gullibility 易上当 82,83
GUMG 见 Glasgow University Media Group

Hall, Stuart 17,18—19,53—54
Harvey, Marcus 134
hegemony 支配权 16—21,32—33
heteropatriarchy 异性家长统治 132
high-status persons see celebrity 高级人士参见"名人"
Hindley, Myra 50,92
 alleged lesbianism 所谓的同性恋 117
 bad mother archetype 坏母亲的原型 122—123
 blamed for Brady's crimes 因为 Brady 的犯罪而受处罚 128—129
 Marcus Harvey portrait Marcus Harvey 的肖像 134
 Medusa figure 美杜莎的形象 123—124
 selective reporting of crimes 对犯罪的选择报道 131
 she-devil archetype 女性妖魔原型 135—136
Homilka, Karla 117,119,128
hormonal imbalance 激素失衡 127
Hutton inquiry Hutton 式讯问 38

hypodermic syringe model 皮下注射方式 9—10,32
hysteria 歇斯底里 127

identification 确认身份特征 179—180
identity 身份特征
 cards 卡片 182,183
 electronic 电子的 175—176
 electronic communication 电子通讯 31
 theft 盗窃 182—183
 vigilante action 警戒行动 103
ideology 意识形态
 conservative 保守的 58—60,71,72
 dominant 主导的 16—21,32—33
 journalists and audience 新闻记者和受众 38
 moral panics 道德恐慌 81
image, police 意象,警方 147—152
imagined community 想象的同一性 104
individualism 个体主义 44,45—47
infanticide 杀婴罪 126,127,130
infantilization 婴儿化 91
infotainment 娱乐片 91
 Crimewatch UK《英国犯罪观察》154—155,164—165
 media competition 传媒竞争 23
 spectacle of news reporting 新闻报道的奇观 55—56
Intenet 互联网

identity theft 身份证盗窃 183
paedophiles 恋童癖 97,99,100,176—177
postmodernism 后现代 31
interview techniques 采访技巧 157—159
Iraq 伊拉克 52

Jenkins, Philip 56—57,83,98
joyriding 飙车 29
justice system 司法系统 12,119—120

Kelly, David 38

labeling 贴标签 17,20,71—72
Law and Order News《法与秩序新闻》（Chibnall）38
law and order society 道德和秩序的社会 19
Lawrence, Stephen 203
Le Bon, Gustave 6
Leeson, Nick 46
left realism 左翼现实主义 24,142
leftwing anxiety 左派焦虑 10
lesbianism 女同性恋主义
    aggression 进攻性 116—117
    male-female partner killers 男女结伙杀人犯 128
    mythical monster motif 神秘怪物话题 123,124
    vampirism 吸血鬼 124
lowest common denominator 最小公分母 60—61

McVeigh, Timothy 56,203
mad cow motif 疯狂母牛话题 126—127
manipulation 操控 81,82—83
Martin, Tony 46
Marx, Karl 16,17,191,192
mass society theory 大众社会理论 5,6—7
meaning 意义 43—44,165—166
Medea 123—124
media-as-hegemony model see dominant 作为等级的传媒 参见"dominant" ideology 意识形态
media effects 传媒效果 5—13,32,144,150—152,167
Medusa 123—124
Megan's Law《Megan法》95
men 男人
    domestic violence 家庭暴力 120
    familicide 毁灭家庭（者）132—133
    filicide 杀子女 126
    rapist with female partners 和女同伙一起犯罪的强奸犯 117
    reporting of crimes committed by 报道由某人实施的犯罪 118
military campaigns 军事运动 27
Minority Report《少数派报告》191—192
Mochrie, Robert 132—133
misogyny, media 女性厌恶,传媒 107—136
modernity 现代性 73—74,80

mods and rockers 摩登派和摇滚族 67—68,78

monsters 妖魔
 complexity denial 否定复杂性 201
 evil 邪恶 89—94,105,201
 female offender stereotype 女性犯罪人定型化 123—126
  women as 作为……的妇女 115—118

moral anxiety 道德焦虑 77—78

morality 道德性 77—78

moral majority 道德多数 59,103

moral panics 道德恐慌
 background 背景 66—75
 longevity and legacy 长寿与遗产 83—85
  paedophilia 恋童癖 94—95,97,102
 problems with model 类型问题 75—83

Morrison, B. 92,93,99

mothers, bad 母亲,坏的 121—123,99

Munchausen's syndrome by proxy 通过中介的孟乔森综合症（MSBP）

mythical monster motif 神秘怪物话题 123—126

name and shame campaigns 出名和耻辱运动 96,145

negativity 负面 40

"new" crimes 新型犯罪 42

news construction 新闻构建 35—62

Newson, Elizabeth 12,93

news organizations 新闻组织
 Corporate crime 组织犯罪 20—21
 hegemony 等级 19—20
 media channel expansion 传媒频道扩张 21—24
 production processes and reality 生产过程和现实 37

news values 新闻标准 37—61,68—9,134

News of the World《世界新闻》96,145

newsworthiness 新闻性
 construction of crime news 犯罪新闻的构建 37—40
 female offender sexuality 女性犯罪人的性特征化 113—114
 prime example 主要的例证 48

Nineteen Eighty Four《1984》(Orwell) 186

non-agent motif 129—131

normlessness see anomie 没有规则,参见"失范"

Notting Hill Carnival 诺丁山嘉年华会 42—43

novelty 新奇 40

oedipal conflict 恋母情结的 110

offenders 罪犯
 Crime Watch UK《英国犯罪观察》161—163
 folk devil construction 民间妖魔

的构建 108—109
representations 再现 162—163
Sex 95—98
Operational Policing Review《警务运作评论》146,147
oppositions see binary oppositions 相反意见,参见"两极对立"
ordinary as extraordinary 作为异常的普通 67—69
ordinary-extraordinary fusion 普通和异常的融合 28
Osborne, Richard 28
otherness 他性
    culturally constructed scapegoats 文化上构建的替罪羊 110—111
    female offenders 妇女罪犯 109,131—132,136
    unconscious fears 潜意识恐慌 146
outsiders 外人 199,200—203

paedophilia 恋童癖
    children as tragic victims 作为悲惨被害人的儿童 94—98
    deviancy amplification s spiral 偏离放大螺旋 176
    moral panics 道德恐慌 94—95,97,102
    stereotype 定型化 96—97
panic 恐慌 10—11
    see also moral panics 另见"道德恐慌"
panic rooms 恐慌余地 182
panopticism 统观主义 173—174,175,186,195,196
para-social interactions 超越社会互动 104
Pavlov, Ivan 8
Payne, Sarah 52—53,96,145
performance 实行 27,29—30
personalization 个体化 44
    see also individualism 另见个体主义
physical attractiveness 肉体吸引力 118—119
pleasure 快乐 30,31
pluralism 多元主义 21—24,33
polarization 极端化
    attitudes towards children 对儿童的态度 89
    frameworks of understanding 理解框架 45
police 警察
    community role 社区角色 145—146
    Crimewatch UK《英国犯罪观察》152,163—165,168
    role 角色 147—152
policing 维护秩序 30,188—189
Policing the Crisis: the State and Law and Order (Hall) 53—54
political economy approach 政治经济方法 17—18

politics 政治学
　　Britishness 英国性 58—60
　　diversionary 转换注意力的 59—60
　　of substitution 代替 57
pornography, child 色情文学, 儿童 101
positivism 实证主义 7—11
　　moral panics 道德恐慌 73, 79—80
　　simulation 假装 39
　　violence as news value 作为新闻标准的暴力 54—55
power 力量 194—196
Presdee, M. 54—55
prevention of crime 犯罪预防 166—167
privatization 私有化 21—24
privileged opinions 有特权的观点 18
profit 利润 185—189
propaganda-model 宣传类型 18
proximity 相似性 51—53, 134—135
psychoanalysis 心理分析 109—111
public appeal 公众吸引力 37—38
public interest 公众兴趣 38
public spaces 公众空间 187—189
punk movement 朋客运动 79

racism 种族主义 151—152
rape 强奸 117, 142—143
reality distortion 现实扭曲 37, 60—61, 200—201
reality television 真人秀电视

Crimewatch UK《英国犯罪观察》152—167
　　entertainment/reality blurring 娱乐和现实界限的模糊 55—56
reception analysis 接受分析 24—25
reconstructions of crime 犯罪的再现 154
Regulation of Investigatory Powers Act (2000)《调查权力法案》184
religious anxiety 宗教焦虑 10
reporting 报道
　　news values 新闻标准 38
　　predictability 可预测性 42—43
　　of women 妇女的 114—145
representation 再现
　　corporate crime 组织犯罪 20—21
　　crime and criminals 犯罪和罪犯 18—19
　　meaning in 意义在于 33
　　offenders 罪犯 162—163
respectable fears 相当大的恐慌 6
responsibility, age of criminal 责任, 犯罪年龄 89, 90, 91—92
revenge 203
right wing 右翼
　　anxiety 焦虑 10
　　audience 受众 82—83
　　construction of crime news 犯罪新闻的建构 58—60
riots 骚乱 43, 67—68
risk 风险
　　construction of crime news 犯罪

新闻的建构 47—48
future-oriented assessments 以未来为导向的评测 95—96
individualism 个体主义 46—47
sex and violence 性和暴力 48
stanger danger 陌生人的危险 94
surveillance 监管 179
ritual abuse claims 仪式虐待主张 83
Ruge, M. 38,39
runaways 逃离者 99—100

satanic abuse 魔鬼虐待 83,98
scapegoats 替罪羊 110—111
scopophilia 窥私癖 190
security 安全 181—185
11 September attacks 9·11 袭击
 postmodern performance 27
 risk 风险 47
 spatial proximity 空间相似性 51
 surveillance 监管 183,184
serial killing 系列谋杀 15,45—46
sex 性
 celebrity deviance 名人偏离 50
 construction of crime news 犯罪新闻的建构 48—49
 offenders 罪犯 95—98
 unlawful 不合法 99—100
sexuality 过度的性行为 113—118
sexualization 泛性化 77—78,99—101
shopping malls 购物中心 187—189
simplification 简单化 43—45,68,77
simulation 假装 39
sociological criminology 社会犯罪学 13—16

sociology, moral panic importance 社会,道德恐慌和重要性 65,84
Soham Case Soham 案 52—53
soundbite journalism 简短的广播评论 22
spatial proximity 空间相似性 51—52
spectacle 奇观 55—56
spousal homicide 婚内杀人 120,130
stereotypes 定型化
 moral panics 道德恐慌 68—69
 paedophiles 恋童癖 96—97
 risk 风险 47
stigmatizatin 污蔑 77
stimulus-response experiments 刺激—反应实验 8
strain theory 紧张理论 13—16,32,78
stranger danger 谋生人的危险
 binary oppositions 两极对立 101
 risk 风险 47,48,49
 sex and violence 性和暴力 48,49
 societal collusion 社会共谋 100—101,105
 statistical evidence 统计证据 94
style 风尚 80
subcultures 亚文化 65,66—67,78—80
surveillance 监管 171—198
surveillant assemblage 监管系列措施 174—177
Sutcliffe, Peter 50,115
Sutcliffe, Sonia 115
symbolizatin 象征 68

synopticism 概观主义 189—190

tabloidization of news 新闻的小报化 61

tagging, electronic 标签,电子的 178

tanner, John 118

Taylor, Damilola 53,94,145

technology 技术

 body surveillancel 身体监控 178—179

 surveillant assemblage 监管措施综合 174—177

 see also closed circuit television 也参见"闭路电视"

Teddy boys Teddy 男孩 71,74

teenagers 十几岁的年轻人/青年 74—75

television 电视

 Crimewatch UK《英国犯罪观察》152—167

 immediacy 直接 156

 police dramas 警察戏剧 147—150

 spectacle and graphic imagery 过度的展示和生动的景象 55—56

 synopticism 概观主义 189—190

 terrorism as performance 作为行为的恐怖主义 27

The Blue Lamp《蓝色灯盏》147—149

"them and us" 他们和我们

 CCTV 闭路电视摄像 190

 moral panics 道德恐慌 70—72

paedophiles 恋童癖 96—97, 100—101

The Secret Policeman《秘密警察》150,151—152

Thompson, Robert 91,92,93 105,203

Thornton, Sara 120

threshold 门槛 41,68

"tough on crime" 对犯罪严厉 69,72,146

"tragic victims", chidren "悲惨的被害人",儿童 46,94—98,105

transgressive excitement 有攻击倾向的兴奋 16

unconscious fears 潜意识恐慌 110—111, 146

United Kingdom 英国

 Britishness 英国性 13,58—60

 culture proximity 文化相似性 52—53

 incarceration of children 对儿童的监狱关押 90

 post-War changes 战后的变化 39

United States 美国

 mass society theory 大众社会理论 13

 news as global interest 作为全球利益的新闻 51

 serial killing 系列谋杀 15

unlawful sex 非法性行为 99—100

unpredictability see predictability 不可预见,请参见可预测性

"us ans them" "我们和他们"

CCTV 闭路电视摄像 190
moral panics 道德恐慌 70—72
paedophiles 恋童癖 96—97,100—101

values, news 标准,新闻 37—61,68—69,134
vampire motif 吸血鬼话题 124—125
Venables, Jon 91,92,93,105,203
victims and victimization 被害人和被害化
 children as tragic 作为悲剧的儿童 94—98
 Crimewatch UK《英国犯罪观察》157—161,168
 eroticization 色情化 48—49
 fear of crime 对犯罪的恐慌 142—143,167
 indivdualism 个体主义 46
 media treatment of female 传媒对女性的处理 114—115
 murderd wives 被谋杀的妻子 120
 postmodernism 后现代主义 28
 risk 风险 47—48
video 摄像 157,189—190,194
Video Violence and the Protection of Children (Newson) 93
vigilantism 治安维持会制度 103
violence
 construction of crime news 犯罪新闻的构建 53—55
 Crimewatch UK《英国犯罪观察》157
 entertainment 娱乐 26
 fear of crime 对犯罪的恐慌 143,145
 marital relationships 婚姻关系 119—120
 moral panics 道德恐慌 68
 risk 风险 48
 screen 屏幕 12,93—94
voyeurism 窥淫癖
 children as tragic victims 作为悲惨被害人的儿童 101
 Crimewatch UK《观察》156—157,159—160
 infotainment 娱乐片 23
 spectacle and graphic imager 过度的展示和生动的景象 56

War of the Worlds broadcast《世界大战》广播 10—11,73
Wells, H.G. 10—11
Wells, Holly 52—53
West, Fred and Rose 114—115,117,118,119
white collar crime see corporate crime 白领犯罪见公司犯罪
Wiggington, Tracey 116,118,124—125,203
wives, bad 妻子,坏的 119—121
women 妇女
 censure of victims 对犯罪的谴责 159—160,167
 fear of crime 对犯罪的恐慌 143,

167

media misogyny 传媒的妇女厌恶 107—136

portrayal as predators 被塑造成捕食者 49

reporting of offences involving 对涉及到的犯罪的报道 178, 192—193, 195

Yorkshire Ripper (Peter Sutcliffe) 50, 115

Younge, Gary 43

Young, Jock 64, 66, 78

youth 年轻人

    construction as a social problem 构建成社会问题 74—75, 80

    criminalization 犯罪化 71

    moral panics 道德恐慌 66—67, 74—75, 78—80

    revered image 受尊重的意象 100

译后记

在翻译本书以前，我已经参与过几部书的翻译，所以当我被北大出版社选中并经国际著名的 Sage 出版社认可由我独自翻译本书的时候，我并没有太多的在意，那时是 2004 年的初秋，满怀着重返燕园的愉悦，还有咋凉的秋风。当进入翻译状态，才发现本书的挑战性，这本书的内容涵盖了法学、传媒学、社会学、伦理学、哲学等诸多学科；同时，它又是一部和现时的西方社会生活完全合拍的一部著作。因此，文中有相当多的术语、表达都需要在对西方尤其是英国的当代科学发展及生活图景相当熟识和了解的基础上才能实现高质量的翻译。因此，本书对译者是一个不小的挑战，好在我坚持了下来，当最终定稿时，时间已至 2005 年的岁末，红叶满地、寒风阵阵。

说到本书翻译的过程，我要感谢香山和京西充满灵气的山水园林，我常常带着文稿徜徉于这些山野之间，不仅放松了身体、恢复了身心，而且往往能得到许多灵感与体悟，得益匪浅。

更要感谢北大出版社的编辑，她们精当而又耐心指点和帮助使译文增色良多。本书翻译过程中，曾受到北大外教 Holtrop 夫妇及其他多位外教和广东外语外贸大学硕士生导师、北京大学外语学院翻译学博士方开瑞教授等人的帮助；还要感谢央视大师级专家张海潮先生和北京大学赵国玲教授百忙中抽出时间为本书做序。

能到北京来求学、治学是许多人的梦想,而我有幸攻读硕士、博士的时光都能在北大度过,更是可遇不可求。感谢上天赐给我这么美好的治学之路,让我能静居书斋、坐拥书城、快乐似天使!

赵星

2005 年 11 月 26 日夜色阑珊之时

于北大燕园 30 楼